Rainer Gmehlich
Heinrich Rust

Mehr als nur Programmieren...

Eine Einführung in die Informatik

Aufbau und Arbeitsweise von Rechenanlagen
von Wolfgang Coy

Parallelität und Transputer
von Volker Penner

Mehr als nur Programmieren...
Eine Einführung in die Informatik
von Rainer Gmehlich und Heinrich Rust

Objektorientierte Programmierung
von Dieter Monjau und Sören Schulze

Parallele Programmierung
von Thomas Bräunl

Wissensbasierte Systeme
von Doris Altenkrüger und Winfried Büttner

Grundzüge der Theoretischen Informatik
von Wolfgang Thomas

Algorithmen und Berechenbarkeit
von Manfred Bretz

Berechenbarkeit, Komplexität, Logik
von Egon Börger

Formalisieren und Beweisen
Logik für Informatiker
von Dirk Siefkes

Grundlagen des maschinellen Beweisens
von Dieter Hofbauer und Ralf-Detlef Kutsche

Computersicherheit
von Rolf Oppliger

Rainer Gmehlich
Heinrich Rust

Mehr als nur Programmieren...

Eine Einführung in die Informatik

Die Deutsche Bibliothek - CIP-Einheitsaufnahme

Gmehlich, Rainer:
Mehr als nur programmieren ... : eine Einführung in die
Informatik / Rainer Gmehlich ; Heinrich Rust. - Braunschweig
; Wiesbaden : Vieweg, 1993
  ISBN-13: 978-3-528-05248-5
NE: Rust, Heinrich:

Das in diesem Buch enthaltene Programm-Material ist mit keiner Verpflichtung oder Garantie irgendeiner Art verbunden. Die Autoren und der Verlag übernehmen infolgedessen keine Verantwortung und werden keine daraus folgende oder sonstige Haftung übernehmen, die auf irgendeine Art aus der Benutzung dieses Programm-Materials oder Teilen davon entsteht.

Umschlagsgestaltung: Klaus Birk, Wiesbaden
Gedruckt auf säurefreiem Papier

ISBN-13: 978-3-528-05248-5   e-ISBN-13: 978-3-322-85940-2
DOI: 10.1007/ 978-3-322-85940-2

Inhaltsverzeichnis

II Formale und ethische Grenzen   99

Vorwort

Dieses Buch richtet sich an Menschen, die sich bislang nicht mit Fragen der Informatik beschäftigt haben, sich aber dafür interessieren. Zum Verständnis werden keine informatikspezifischen Vorkenntnisse benötigt.

Die beiden Teile des Buches – „Grundbegriffe des Programmierens" und „Formale und ethische Grenzen" – können bei entsprechenden Vorkenntnissen unabhängig voneinander bearbeitet werden. Den Anfang bildet eine Einführung in die Programmiersprache Pascal; wir versuchen allerdings nicht, ein vollständiges Pascal–Lehrbuch zu ersetzen. Die Vorstellung von Pascal erfolgt nur insoweit, als die Sprache benötigt wird, um gewisse Prinzipien von Algorithmen zu beschreiben. Den Zweck der Sprachbestandteile illustrieren wir durch ihre Verwendung in einem über die ersten beiden Kapitel hinweg entstehenden Programm, dem sogenannten „Spiel des Lebens". Dabei werden Besonderheiten und Schwierigkeiten besprochen, die bei der Programmierung, vor allem von nicht ganz trivialen Programmen, auftreten können. Die Kapitel über die Programmierung werden mit einer Vorstellung von Sortieralgorithmen beendet, die ebenfalls im Kontext des Spiels des Lebens Verwendung finden. Im dritten Kapitel wird eine kurze Einführung in die Funktionsweise eines Rechners auf der Hardwareebene gegeben. Das nächste Kapitel befaßt sich mit der Aussagenlogik und Prädikatenlogik, die als Hilfsmittel zur Spezifikation benötigt werden. Die Spezifikation von Algorithmen ist damit das Hauptthema dieses Kapitels. Im fünften Kapitel geht es um die Fragen der Korrektheit eines Programms. Der Aufwand eines Algorithmus ist Thema des sechsten Kapitels. Im letzten Kapitel schließlich geht es um einige nichtbeabsichtigte Auswirkungen der Informatik.

In allen Kapiteln gibt es Aufgaben, die die LeserIn zum besseren Verständnis des dargebotenen Stoffes bearbeiten kann. Zu den Aufgaben, die mit einem Stern (*) versehen sind, gibt es im Anhang Musterlösungen. Am Ende jedes Kapitels erfolgt eine Zusammenfassung der wichtigsten Punkte des im Kapitel dargestellten Stoffes. Diese Zusammenfassungen bieten der LeserIn eine Möglichkeit, das eigene Verständnis zu überprüfen.

Es ist uns ein besonderes Vergnügen, unseren Dank jenen Menschen auszusprechen, die auf irgendeine Art und Weise zum Entstehen dieses Buches beigetragen haben. Ein besonderer Dank geht an Prof. Dr.-Ing. R. Vollmar und seinen Lehrstuhl „Informatik für Naturwissenschaftler und Ingenieure" an der Universität Karlsruhe, wo wir dieses Buch erstellen konnten. Ein weiterer besonderer Dank geht an unsere Korrekturleser Daniel Bohl, Susanne Mantino, Günther Menz, Matthias Nolle und Sabine Ochtrop für ihre schnellen und pünktlichen Bemühungen, dieses Buch zu verbessern. Wir danken dem

Verlag Vieweg, im besonderen dem Lektor Herrn Dr. Klockenbusch, für seine Initiative zu Beginn dieses Projektes und seine freundliche Unterstützung in dessen Verlauf. Abschließend möchten wir uns bei all den Menschen bedanken, mit denen wir während der Erstellung des Manuskripts unsere Vorstellungen diskutieren konnten und die uns mit einer Unzahl hilfreicher kritischer Bemerkungen weitergeholfen haben.

Rainer Gmehlich, Heinrich Rust
Karlsruhe, den 14. Dezember 1992

Teil I

Grundbegriffe des Programmierens

1 Eine Einführung in die Grundlagen von Pascal

1.1 Überblick

In diesem Kapitel werden wir uns mit den ersten Grundlagen des Programmierens beschäftigen. Wir werden erklären, was ein Algorithmus ist. Dafür benutzen wir ein Beispiel, das Ihnen aus Ihrem Mathematikunterricht vielleicht noch in Erinnerung ist: Es geht um die Lösung einer quadratischen Gleichung. Wir werden vorführen, wie man eine solche Gleichung löst. Ein Verfahren, das angibt, wie ein Problem zu lösen ist, wird „Algorithmus" genannt. Die ersten Algorithmen, die wir betrachten, sind „informell"; das bedeutet nicht, daß wir keine Formeln benutzen werden, sondern daß wir nicht nur Formeln benutzen werden. Formeln wollen wir nur dann benutzen, wenn man damit etwas besser erklären kann als ohne sie.

Bei der Benutzung informeller Algorithmen treten bestimmte Probleme auf: Sie sind zum Beispiel nicht eindeutig. Manche der Probleme, die im Zusammenhang mit informellen Algorithmen sichtbar werden, löst man durch Benutzung einer formalen Sprache. Man gibt sich Mühe, die Bedeutungen der Grundbegriffe von formalen Sprachen möglichst eindeutig festzulegen. Zu diesen Grundbegriffen gehören zum Beispiel häufig die Grundrechenarten. In natürlichen Sprachen haben die meisten Begriffe viele Facetten, die man sehr flexibel zu Äußerungen zusammensetzen kann, und es ist nicht immer eindeutig, welche Bedeutungsnuance jeweils gemeint ist. In formalen Sprachen möchte man das vermeiden: Algorithmen in formalen Sprachen haben eine sehr genau festgelegte Struktur mit ziemlich genau festgelegter Bedeutung.

Programmiersprachen sind eine besondere Sorte von formalen Sprachen. Mit diesen bemüht man sich, Algorithmen möglichst eindeutig zu beschreiben, die man von einer Maschine ausführen lassen will.

Wir werden die Grundlagen einer Programmiersprache darstellen; diese Sprache hat den Namen „Pascal"; Niklaus Wirth hat sie Anfang der siebziger Jahre entworfen, und hat sie nach dem Theologen und Mathematiker Blaise Pascal (1623-1662) benannt. An einfachen Beispielen werden wir erklären, wie ein Algorithmus, der in Pascal geschrieben wird, aussehen kann. Dies wird am Beispiel der quadratischen Gleichung geschehen. Am Ende beschreiben wir die Bestandteile von Pascal mit Syntaxdiagrammen.

1.2 Beispiel: Die Lösung einer quadratischen Gleichung

Eine quadratische Gleichung kann beispielsweise folgende Form haben:

$$x^2 + 8x + 7 = 0$$

Es ist nach Werten für x gefragt, die diese Gleichung wahr machen.

Vielleicht erinnern Sie sich an eine allgemeine Darstellung für solche Gleichungen. Wenn Sie in der obigen Formel 8 durch den Buchstaben p und 7 durch q ersetzen, dann erhalten Sie eine übliche Normalform für quadratische Gleichungen:

$$x^2 + px + q = 0$$

Die Lösung einer quadratischen Gleichung besteht darin, alle Werte für die Variable x zu finden, die die Gleichung erfüllen.

Wenn man die obige Normalform nach x auflöst, erhält man folgendes Ergebnis als Lösung einer allgemeinen quadratischen Gleichung:

$$x = -\frac{p}{2} \pm \sqrt{\frac{p^2}{4} - q}$$

Wenn Sie die Zahlenwerte aus der ersten Formel in die Lösungsformel einsetzen (8 für p und 7 für q), und dann die Formel Stück für Stück auswerten, erhalten Sie folgendes:

$$\begin{aligned}
x &= -\frac{8}{2} \pm \sqrt{\frac{8^2}{4} - 7} \\
&= -4 \pm \sqrt{\frac{64}{4} - 7} \\
&= -4 \pm \sqrt{16 - 7} \\
&= -4 \pm \sqrt{9} \\
&= -4 \pm 3, \text{also} \\
x &= -1 \text{ oder } x = -7
\end{aligned}$$

1.2.1 Lösung ohne Verständnis

An diesem Beispiel ist schön zu erkennen, wie man ein Problem lösen kann, ohne daß man es unbedingt verstanden haben muß. Sie müssen nicht wissen, warum die Lösung einer quadratischen Gleichung so aussieht, wie wir sie angegeben haben. Sie müssen es nie gelernt haben, oder Sie können es ganz und gar vergessen haben. Trotzdem können Sie quadratische Gleichungen lösen.

Allerdings muß es irgendwann einmal jemanden gegeben haben, die oder der die Formel herausgefunden hat. Es ist wesentlich schwieriger, die Formel zu finden, als sie auszuwerten. Wir wollen nicht im einzelnen demonstrieren, wie die Formel bestimmt werden kann. Uns interessiert nur, daß wir die Gleichung lösen können.

Bei Rechnern ist das ganz ähnlich. Wenn Rechner Formeln auswerten, dann ähnelt es unserem eigenen Verhalten, wenn wir den Sinn der Formel nicht verstehen, aber sie trotzdem auswerten. Beim Programmieren geht es darum, Verfahren zur Lösung von Problemen aufzuschreiben. Die ProgrammiererIn muß die Lösung verstehen, der Rechner soll sie dann nur noch ausführen.

1.3   Ein informeller Algorithmus

Nicht immer sind die Problemlösungsverfahren so gut bekannt, daß man sein Gegenüber nur daran erinnern müßte. In solchen Fällen ist es nötig, möglichst genau aufzuschreiben, wie ein Problem zu lösen sei. Das kann man beispielsweise wie in einem Rezeptbuch für AnfängerInnen der Kochkunst machen, in dem jeder Schritt vorgeschrieben wird. Was in einem einzelnen Schritt passiert, wird dabei allerdings doch als bekannt vorausgesetzt. Solch eine Beschreibung, die angibt, wie ein Problem zu lösen sei, nennt man **Algorithmus**, nach dem arabischen Mathematiker al-Hwarizmi, der um das Jahr 800 lebte (das kann man zum Beispiel bei [Kraemer] auf Seite 51 nachlesen).

Wenn wir einem anderen Menschen den Algorithmus zur Lösung einer quadratischen Gleichung beibringen wollten, könnten wir dafür einen Algorithmus aufschreiben:

Quadratische Gleichung, erste Version

Algorithmus quadratische Gleichung/1

1. Lies die Zahlen p und q ein.

2. Berechne die Zahl $w = \sqrt{\frac{p^2}{4} - q}$.

3. Berechne die Zahl $x_1 = -\frac{p}{2} + w$.

4. Berechne die Zahl $x_2 = -\frac{p}{2} - w$.

5. Gib x_1 und x_2 als Ergebnisse aus.

Der Algorithmus besteht aus einer Anzahl von Schritten. Häufig wird im ersten Schritt angegeben, welches die Eingaben für den Algorithmus sind, und im letzten Schritt, welche Ausgaben gemacht werden. Die anderen Schritte müssen so einfach sein, daß man leicht erkennt, wie man sie abarbeiten muß. Diese Anforderung ist natürlich ziemlich schwammig; manche Menschen können sehr komplizierte Berechnungsschritte einsehen, andere nur einfache. Deswegen kann man sich über die Anzahl der Schritte, die ein Algorithmus hat, auch lange streiten. Wir haben den Algorithmus in diesem Fall in fünf Schritte aufgeteilt, aber es hätten auch drei oder acht sein können. Allerdings muß die Anzahl der

Schritte in einem Algorithmus endlich sein, damit er überhaupt hingeschreiben werden kann.

Aufgabe 1.1 *(Gestalt von Algorithmen) Schreiben Sie einen Algorithmus auf, der die Summe, die Differenz, das Produkt und den Quotienten zweier Zahlen bestimmt.*

Unser erster angegebener Algorithmus ist ein **informeller Algorithmus.** Auch wenn er viele Formeln enthält, nennt man einen Algorithmus informell, wenn die natürliche Sprache darin eine wichtige Rolle spielt; in unserem Algorithmus gehen wir davon aus, daß die LeserIn die deutsche Schriftsprache beherrscht. Später werden wir formale Algorithmen kennenlernen, in denen möglichst auf die natürliche Sprache verzichtet wird. Man benutzt dann „künstliche" Sprachen, um den Algorithmus aufzuschreiben, also nicht die gewöhnliche informelle Sprache, sondern formalisierte Sprachen: die Programmiersprachen. Zunächst bleiben wir aber bei den informellen Algorithmen.

Wer unseren Algorithmus verstehen soll, muß die deutsche Schriftsprache und viele mathematische Kürzel kennen, wie zum Beispiel Zeichen für Addition, Subtraktion, Division und die Quadratwurzel. Das gilt für jeden Algorithmus: Immer wird von einem breiten Grundwissen ausgegangen werden. Wenn ein Algorithmus ausgeführt werden soll, dann muß die Ausführende wissen, was die einzelnen Schritte bedeuten, und in welcher Reihenfolge die Schritte durchzuführen sind. Damit ein Algorithmus so verstanden werden kann, wie er gemeint ist, müssen sich VerfasserIn und die Ausführende über die Bedeutung der einzelnen Zeichen und der Konstruktionen einig sein. Das bedeutet, daß eine Sprache benutzt werden sollte, die möglichst eindeutig ist.

1.3.1 Auflösung komplizierter Schritte

Manche Schritte unseres Algorithmus sind ziemlich kompliziert. Wir können diese Schritte vereinfachen, indem wir sie in eine größere Anzahl von Schritten aufteilen; ein Ergebnis mit ziemlich vielen Schritten kann ungefähr so aussehen:

Quadratische Gleichung, zweite Version

Algorithmus Quadratische Gleichung/2

1. Eingaben sind die Zahlen p und q.

2. Berechne die Zahl $\frac{p}{2}$; nenne diese Zahl a.

3. Berechne die Zahl a^2; nenne diese Zahl b.

4. Berechne die Zahl $b - q$; nenne diese Zahl c.

5. Berechne die Zahl $\sqrt{c}$; nenne diese Zahl d.

6. Berechne die Zahl $-a$; nenne diese Zahl e.

7. Berechne die Zahl $e + d$; nenne diese Zahl x_1.

8. Berechne die Zahl $e - d$; nenne diese Zahl x_2.

9. Gib x_1 und x_2 als Ergebnisse aus.

1.3.2 Unübersichtlichkeit durch Länge

Dies ist ein typischer Algorithmus: Jeder Schritt dieses Algorithmus ist leicht zu verstehen, dafür ist der Algorithmus insgesamt unübersichtlich; das gilt für viele Algorithmen. Wir hatten in diesem Fall die Wahl zwischen einer Version mit wenigen schwierigen Schritten und einer Version mit vielen leichten Schritten. Häufig hat man diese Wahl nicht: Ob man schwierige oder leichte Schritte benutzt, viele Algorithmen bleiben immer lang und dadurch unübersichtlich. Das ist ein großes Problem, denn dadurch werden oft Fehler verdeckt. Das sieht man schon an unserem kleinen Beispiel. Auch wenn Sie die Lösung einer quadratischen Gleichung schon berechnen können, brauchen Sie eine Weile, um jeden Schritt des Algorithmus zu verstehen und sich davon zu überzeugen, daß der Algorithmus stimmt, daß zum Beispiel alle Namen für Zahlen richtig verwendet wurden. Der Algorithmus ist so unübersichtlich, daß sich Schreibfehler einschleichen könnten, die man nicht sofort erkennt. Daher kommt es, daß sehr viele Programme Fehler enthalten: Algorithmen sind häufig zu kompliziert, als daß ein Mensch sie ganz überblicken könnte.

1.3.3 Mehrdeutigkeiten im Algorithmus

Leider ist unser Algorithmus nicht eindeutig. Betrachten Sie als Beispiel die Zeile, in der die Wurzel aus der Zahl c gezogen werden soll. Was soll geschehen, wenn c negativ ist? Soll dann eine Fehlermeldung ausgegeben werden? Oder darf ich davon ausgehen, daß die Zahlen, mit denen hier operiert wird, auch imaginär sein dürfen? Sie müssen nichts von imaginären Zahlen verstehen, um zu erkennen, daß hier ein Problem liegt; man muß sich Gedanken darüber machen, was man tun will, wenn das Argument der Wurzel negativ ist.

Auch das ist eine typische Eigenschaft von Algorithmen: Häufig sind manche Einzelheiten nicht genau genug festgelegt; man versucht, solche Mehrdeutigkeiten zu vermeiden, aber es gelingt nicht immer, und man kann sich nie ganz sicher sein, daß man alle potentiellen Unklarheiten beseitigt hat. Zum Teil kann die Benutzung einer klareren Sprache, in der die Bedeutungen der einzelnen Bestandteile und ihrer Kombinationen sorgfältig festgelegt sind, solche Mehrdeutigkeiten ausschliesen. Aber sogar bei der Festlegung von Programmiersprachen ist man noch nicht so weit, daß tatsächlich alle Sprachbestandteile eindeutig festgelegt sind. Man kann und sollte sich um Eindeutigkeit bei Programmen sicherlich bemühen, sicher sein kann man sich aber nicht, ob nicht manches von anderen LeserInnen anders verstanden wird als von der eigenen Person.

1.3.4 Auflösung von Mehrdeutigkeiten

Wir haben immerhin eine Unklarheit entdeckt, und wir möchten sie auflösen. Wir können unsere Unklarheit nicht ausräumen, ohne zu wissen, wozu der Algorithmus benutzt werden soll. Ein Beispiel: Vielleicht kann man davon ausgehen, daß unser Algorithmus nur für

Fälle eingesetzt wird, in denen der Ausdruck unter der Wurzel nicht negativ wird; dann müssen wir uns keine weiteren Gedanken machen. Vielleicht können wir aber auch nicht davon ausgehen.

Auch dies ist eine typische Eigenschaft von Algorithmen: Wenn man Unsicherheiten klären will, muß man sich Gedanken darüber machen, wozu der Algorithmus verwendet wird. Wir haben nicht festgelegt, zu welchem Zweck wir unseren Algorithmus benutzen wollen. In diesem Fall sollte man explizit vermerken, daß der Sonderfall nicht beachtet wird. Wir entscheiden in unserem Beispiel willkürlich: Wenn der Ausdruck unter der Wurzel negativ ist, dann wollen wir kein Ergebnis berechnen. Dazu wird der Algorithmus folgendermaßen ergänzt:

Quadratische Gleichung, dritte Version

Algorithmus Quadratische Gleichung/3

1. Eingaben sind die Zahlen p und q.

2. Berechne die Zahl $a = \frac{p}{2}$.

3. Berechne die Zahl $b = a^2$.

4. Berechne die Zahl $c = b - q$.

5. Wenn c negativ ist, dann kann kein Ergebnis berechnet werden. Brich den Algorithmus ab. Sonst mache mit dem nächsten Schritt weiter.

6. Berechne die Zahl $d = \sqrt{c}$.

7. Berechne die Zahl $e = -a$.

8. Berechne die Zahl $x_1 = e + d$.

9. Berechne die Zahl $x_2 = e - d$.

10. Gib x_1 und x_2 als Ergebnisse aus.

Aufgabe 1.2 *(Unberücksichtigte Fälle in Algorithmen) Betrachten Sie Ihren Algorithmus, der zu zwei gegebenen Zahlen die Summe, die Differenz, das Produkt und den Quotienten berechnete. Gibt es dort Unklarheiten? Wie könnten Sie sie auflösen?*

1.4   Ein erstes Pascalprogramm

Programmiersprachen sind sehr eingeschränkte Sprachen. Man entwirft sie für einen ganz bestimmten Zweck: Zur Formulierung von Algorithmen, die von Computern abgearbeitet werden sollen. Darum bemüht man sich bei ihrer Definition um Eindeutigkeit. Leider gelingt das nicht immer, wie wir später noch sehen werden. Sprachen, deren Bestandteile sehr sorgfältig aufgezählt sind und bei denen man sich große Mühe gibt, die

Bedeutung der verschiedenen Bestandteile festzulegen, werden auch **formale Sprachen** genannt. Programmiersprachen sind eine spezielle Sorte von formalen Sprachen.

Das Bemühen um Eindeutigkeit ist nicht die einzige Besonderheit von Programmiersprachen. Wichtig ist auch die effiziente, das bedeutet schnelle Ausführbarkeit der Programme durch einen Rechner. Mit einem Programm legt man eine Folge von Schritten fest, die ein Rechner ausführen soll. Diese Schritte nennt man **Anweisungen** oder **Befehle**.

Pascal ist eine solche Programmiersprache. Sie ist noch heute sehr beliebt, und viele neue Sprachen bauen darauf auf. Wir werden die Beispiele in diesem Buch mit Hilfe von Pascal vorstellen. Um einzelne der Aufgaben zu lösen, müssen Sie einen Rechner zur Verfügung haben, der Pascal-Programme abarbeiten kann; wir werden im allgemeinen davon ausgehen, daß das der Fall ist. Man kann mit diesem Buch aber auch einiges über das Programmieren lernen, wenn man nicht selbst programmieren will oder kann.

Die Standardversion dieser Programmiersprache ist in dem Buch [JensenWirth] beschrieben. Fast alle Pascalversionen erweitern den Standard. Wir beschränken uns in diesem Buch meistens auf Standard-Pascal; an manchen Stellen werden wir allgemein übliche Erweiterungen verwenden. Bevor wir einen Teil der Programmiersprache benutzen, erklären wir ihn genau, so daß Sie herausfinden können, wie dieser Teil in Ihrem Pascaldialekt aussieht und was er im einzelnen bedeutet.

1.4.1 Struktur eines Pascalprogramms

Ein kleines Pascalprogramm, das in einer Zeile „Halli Hallo!" und in einer zweiten Zeile „Die zweite Zeile!" auf den Bildschirm ausgibt, sieht folgendermaßen aus:

```
PROGRAM ErstesProgramm(INPUT, OUTPUT);
(* Dieses Programm dient zur Demonstration einiger Grundlagen
 * von Pascal. *)
BEGIN
  WRITELN('Halli Hallo!');
  WRITELN('Die zweite Zeile!');
END.
```

Die **GROSS** geschriebenen Wörter sind **reservierte Wörter** von Pascal; sie haben in der Sprache vordefinierte Bedeutungen. Man muß sie nicht groß schreiben, sondern darf in den meisten Versionen auch kleine oder sowohl große als auch kleine Buchstaben benutzen; in diesem Buch wollen wir für vordefinierte Worte aber Großbuchstaben benutzen, damit man reservierte Wörter leichter von solchen Wörtern unterscheiden kann, die wir als ProgrammiererIn selbst definiert haben.

Jedes Pascalprogramm beginnt mit dem reservierten Wort **PROGRAM**; danach folgt der Programmname; oft gibt man danach noch an, ob das Programm Ein- oder Ausgaben machen soll, indem man hinter dem Programmnamen **INPUT,OUTPUT** in Klammern angibt; endlich folgt ein Semikolon.

Der Lesbarkeit halber darf man Leerzeichen und Leerzeilen fast überall einfügen – außer mitten in Namen oder reservierten Worten. Wo Leerzeichen eingefügt werden dürfen, darf man auch die Zeile beenden und in der nächsten Zeile weiterschreiben. Zwei Worte der Sprache müssen immer mit wenigstens einem Leerzeichen oder einem Zeilensprung getrennt werden.

Kommentare

Überall, wo Leerzeichen eingefügt werden dürfen, ist es erlaubt Kommentare einzufügen. Diese beginnen mit den Zeichen (* und werden mit den Zeichen *) beendet; zuweilen werden auch geschweifte Klammern { und } benutzt; Kommentare dürfen normalerweise nicht geschachtelt sein, allerdings unterscheiden sich darin die verschiedenen Pascaldialekte, was dann zu Mehrdeutigkeiten führen kann. Damit man Kommentare sofort gut erkennt, wollen wir jede Zeile, die zu einem Kommentar gehört, mit einem Stern beginnen. Das muß man nicht, Sternchen müssen eigentlich nur nach der öffnenden und vor der schließenden Klammer gesetzt werden; es erhöht aber die Lesbarkeit, wenn jede Kommentarzeile mit einem Stern versehen wird.

Die Kommentare werden von der Maschine überlesen. An dieser Stelle kann in einem Programm Fließtext benutzt werden. Das sollte auch ausführlich geschehen, denn ein Programm soll auch dann verständlich sein, wenn ein anderer Mensch es geschrieben hat oder wenn seine Erstellung schon eine gewisse Zeit zurückliegt. Die natürliche Sprache eignet sich gut dazu, Überblick und Ideen zu vermitteln, aber sie ist zu umfangreich und zu mehrdeutig, als daß sie von einer Maschine verstanden werden könnte.

BEGIN-END-Block

Die beiden Befehle, die ausgeführt werden sollen, stehen zwischen dem **BEGIN** und dem **END**. Damit man möglichst gut sieht, daß das **BEGIN** und das **END** zusammengehören, haben wir die Programmteile dazwischen um zwei Zeichen nach rechts gerückt. Außerdem haben wir die beiden Befehle in verschiedene Zeilen geschrieben. Zeilensprünge sind hilfreich für die bessere Übersicht über ein Programm. Die Programmiersprachdefinition schreibt sie nicht vor, man könnte theoretisch das ganze Programm in eine lange Zeile schreiben. Aber Programme werden auch immer für Menschen geschrieben, die das Programm lesen wollen oder müssen; deshalb lohnt sich ein bißchen Aufwand bei der Einrückung und bei der Kommentierung eines Programms.

Wir benutzen nur den Befehl **WRITELN**. Dieser Befehl kann einen beliebigen Text auf den Bildschirm ausgeben und sorgt dafür, daß die nächste Bildschirmausgabe in der nachfolgenden Ausgabezeile beginnt. Der Text, der ausgegeben werden soll, wird das **Argument** von **WRITELN** genannt. Das Argument wird in runden Klammern angegeben.

Das Argument selbst lautet `'Halli Hallo'`. Die Häkchen sorgen dafür, daß der Text wörtlich interpretiert wird und nicht als Befehl oder als reserviertes Wort. Texte, die wörtlich zu verstehen sind, müssen in Häkchen eingeschlossen werden.

Wenn zwei Anweisungen hintereinanderstehen, müssen sie mit einem Semikolon getrennt sein. Ein Semikolon darf oft auch stehen, ohne daß noch eine Anweisung folgt. Leider ist dies nicht immer erlaubt; wir werden den Fall sehr deutlich machen, in dem das Semikolon hinter einer Anweisung verboten ist. Wir werden immer, wenn es erlaubt ist, ein Semikolon hinter eine Anweisung setzen, weil wir das Gefühl haben, daß man ein solches Programm besser lesen kann. Das letzte Semikolon des Beispielprogramms hätte man auch weglassen dürfen, weil kein Befehl mehr darauf folgt.

Ganz am Ende des Programms steht ein Punkt. Dieser zeigt an, daß das Programm beendet ist.

Aufgabe 1.3 *(Das Aussehen eines Pascalprogramms) Sehen Sie sich das erste Programm genau an und legen Sie es dann weg. Schreiben Sie dann auf ein Blatt Papier ein Programm mit dem Namen „ZweitesProgramm", das genau so aussieht wie das erste (nur natürlich einen anderen Namen hat). Schreiben Sie auch genau auf, wo Einrückungen und Leerzeichen sein sollen. Vergleichen Sie die beiden Programme. Was konnten Sie sich gut merken, was nicht? Haben Sie sich gemerkt, wo die Leerzeichen wichtig sind und wo man sie weglassen kann?*

Aufgabe 1.4 *(Wo sind Leerzeichen und Zeilensprünge wichtig und wo nicht?) Schreiben Sie, wieder auf Papier, ein möglichst kurzes Pascalprogramm; lassen Sie den Kommentar weg, wählen Sie einen möglichst kurzen Namen, etwa 'a', lassen Sie Leerzeichen überall da weg, wo man sie nicht braucht, lassen Sie die Anweisungen weg, und schreiben Sie alles in eine Zeile.*

1.4.2 Deklaration von Konstanten und Variablen

In einem Pascalprogramm kann man für Zahlenwerte Namen benutzen. Manche Namen bezeichnen während des gesamten Programmlaufs den gleichen Wert. Diese Namen nennt man „Konstanten". Die anderen Namen können zu verschiedenen Zeitpunkten für verschiedene Werte stehen. Solche Namen nennt man „Variablen".

Wenn ein Name als Konstante benutzt wird, dann muß der Wert der Konstante vor ihrer Verwendung angegeben werden. Wenn ein Name als Variable benutzt werden soll, wird unterschieden, ob diese Variable beliebige ganze Zahlen aufnehmen soll, oder Kommazahlen, oder nur ganze Zahlen aus einem bestimmten Bereich; man unterscheidet die verschiedenen Arten von Zahlen, weil sie in einem Rechner intern sehr unterschiedlich dargestellt werden. Man sagt, man muß den **Typ** der Variable angeben.

Solche Vereinbarungen werden „Deklarationen" genannt. Deklarationen stehen im Pascalprogramm zwischen der **PROGRAM**-Zeile und dem **BEGIN**; das heißt, Namen müssen deklariert werden, bevor man sie in einer Anweisung benutzen kann. Man deklariert zuerst die Konstanten, dann die Variablen. Es ist unzulässig, nach einer Variablendeklaration Konstanten zu deklarieren.

Es folgt ein Programm, in dem ein paar Konstanten und Variablen deklariert und benutzt werden; die Zeilennummern links gehören nicht zum Programm, sondern dienen nur der einfacheren Bezeichnung einzelner Zeilen:

```
1 PROGRAM KonstVarDeklarationSonstSinnlos(INPUT, OUTPUT);
2 CONST
3   (* Man kann manche Zahlen im Rechner nur ungenau darstellen, zum
```

```
 4    * Beispiel Pi oder die Wurzel von Zwei. *)
 5    pi = 3.14159;
 6    wurzelzwei = 1.4142;
 7    eins = 1;
 8 VAR
 9    a: INTEGER;
10    d,e: INTEGER;
11    wert1,wert2: REAL;
12 BEGIN
13    WRITELN('Pi hat in diesem Programm den Wert ',pi);
14
15    a := 4;
16    (* An dieser Stelle hat "a" den Wert 4. *)
17
18    d := pi;
19    e := d;
20    (* An dieser Stelle haben "d" und "e" beide den Wert 3.14159 *)
21
22    wert1 := 2*pi;
23    WRITELN('Das Doppelte von Pi ist in diesem Programm =',wert1);
24    WRITELN('Das Doppelte von Pi ist in diesem Programm =',
25            pi*2);
26    WRITELN('Die Haelfte von Pi ist in diesem Programm =',pi/2);
27 END.
```

Konstantendeklarationen werden mit dem reservierten Wort CONST begonnen, dies geschieht in der Zeile 2. In den Zeilen 5 bis 7 stehen die einzelnen Konstantendeklarationen. Diese bestehen aus einem Namen, einem Gleichheitszeichen und dem Wert, und sie werden durch ein Semikolon abgeschlossen.

Variablendeklarationen werden mit dem reservierten Wort VAR eingeleitet (Zeile 8). Eine einzelne Variable wird deklariert, indem man ihren Namen, einen Doppelpunkt, den Namen des Typs (hier INTEGER; dieser Typenname bezeichnet die ganzen Zahlen) und ein Semikolon hinschreibt; betrachten Sie dazu die Zeilen 9 bis 11. In Namen dürfen auch Ziffern vorkommen, allerdings nicht als erstes Zeichen. Der Typ für Kommazahlen heißt REAL.

In der Zeile 13 wird der Gebrauch von WRITELN demonstriert. Man kann mit WRITELN neben Texten auch INTEGER- und REAL-Zahlen ausgeben. Wenn mehrere Argumente ausgegeben werden sollen, trennt man sie mit Kommata, wie hier einen Text und eine Zahl.

Zuweisungen stehen in den Zeilen 15, 18, 19 und 22 des Programms. Man kann einer Variablen mit dem Zeichen := einen neuen Wert zuweisen oder ihren Wert verändern. Am Anfang des Programmlaufs sind die Werte aller Variablen undefiniert. Konstanten oder Variablen, die einen Wert bekommen haben, können wie die Zahlen an Variablen zugewiesen werden (Zeilen 18 und 19).

Man kann mit den arithmetischen Operatoren (+-*/) die Grundrechenarten durchführen und die Ergebnisse Variablen zuweisen oder ausgeben. Bei der Auswertung von zusammengesetzten Ausdrücken wie etwa 3+5*6, mit denen ein Wert berechnet werden soll, gilt Punktrechnung vor Strichrechnung, dabei ist Klammersetzung erlaubt.

Aufgabe 1.5 *(Benutzung von Konstanten, Ausdrücken und WRITELN) Schreiben Sie, noch immer auf Papier, ein Programm „ZweiDreiVier", das das Doppelte, das Dreifache* *und das Vierfache einer Konstanten ausgibt. Benutzen Sie dazu keine Variablen, und benutzen Sie nur eine **WRITELN**-Anweisung, der sie so viele Argumente mitgeben, wie Sie es für nötig halten.*

Aufgabe 1.6 *(Grundrechenarten, Variablen, Namen für Variablen) Schreiben Sie ein Programm „SumDifProdQuot", das die Summe, die Differenz, das Produkt und den Quotienten zweier Konstanten vier Variablen zuweist, und geben Sie diese Werte aus. Denken Sie sich gute Namen für die Variablen aus. Würden Sie etwas besonderes erwarten, wenn der Nenner des Quotienten Null ist?*

Ein Pascalprogramm, das die Gleichung $x^2 + 8x + 7 = 0$ löst und die Ergebnisse auf dem Bildschirm ausgibt, ist folgendes:

```
 1 PROGRAM Gleichung(INPUT, OUTPUT);
 2  (* Die Namen "p" und "q" stehen fuer die
 3   * Parameter der Formel.  Dieses sind Konstanten, d.h. die Namen
 4   * behalten ihren Wert im gesamten Programm.
 5   *)
 6 CONST p=8; q=7;
 7  (* Die Ergebnisse werden in den Variablen x1 und x2 abgelegt *)
 8 VAR x1, x2: REAL;
 9 BEGIN
10    x1 := -p/2 + SQRT(p*p/4-q);
11    x2 := -p/2 - SQRT(p*p/4-q);
12    WRITELN('Die Loesungen sind ',x1,' und ',x2,'.');
13 END.
```

In Zeile 6 werden die Konstanten **p** und **q** angegeben. Sie haben die gleiche Bedeutung wie in den ersten informellen Algorithmen.

Zeile 8 enthält die Deklaration zweier Variablen für den Datentyp **REAL**. In den Variaben **x1** und **x2** können Kommazahlen abgelegt werden.

In den Zeilen 10 und 11 werden die Werte von **x1** und **x2** festgelegt. Die arithmetischen Ausdrücke auf der rechten Seite entsprechen den beiden Lösungsmöglichkeiten für die im informellen Anfangsalgorithmus angegebene Normalform. Für die Operation des Wurzelziehens wird die Funktion **SQRT** benutzt; diese liefert die Quadratwurzel ihres Argumentes.

In Zeile 12 wird das Endergebnis ausgegeben. Mit **WRITELN** werden hier nicht nur Texte, sondern auch Zahlenwerte ausgegeben. Was in einfachen Häkchen geschrieben ist, wird so, wie es im Programm steht, als Text auf den Bildschirm ausgegeben; was ohne Häkchen dasteht, wird ausgewertet. Die verschiedenen Argumente werden durch Kommata getrennt.

1.5   Übersetzung der ersten Programme

Bislang haben Sie die Programme nur auf dem Papier erstellt. Vieles haben Sie so lernen können. Wenn Sie aber Zugang zu einem Rechner haben, auf dem Sie Pascalprogramme laufen lassen können, dann sollten Sie diese Möglichkeit nutzen. Manche der Aufgaben, die wir stellen werden, können Sie nur mit einem Rechner lösen. Die bloße Lektüre der Lösung am Ende des Buches verschafft Ihnen kaum die Befriedigung, die Sie erleben können, wenn Sie den Rechner tatsächlich einmal dazu gebracht haben, die Ausgaben zu machen, die Sie sich erhofft haben.

Wenn Sie ein Programm auf dem Papier entworfen hat, dann müssen Sie es zur Ausführung als erstes dem Rechner eingeben. In früheren Jahren hätten Sie für jede Programmzeile eine Lochkarte stanzen müssen, und mit Ihrem Stapel hätten Sie dann einen Rechner gefüttert. Heute kann man die Texte den Rechnern direkt eingeben. Das geschieht mit Hilfe eines Programms, das Zeichen von der Tastatur liest, sie im Speicher des Rechners ablegt und auf einem Bildschirm darstellt. Solch ein Programm wird **Editor** genannt. Sie brauchen als erstes einen Editor, mit dem Sie den Programmtext in den Rechner eingeben können.

Zweitens muß der Rechner die Buchstabenfolge ihres Programms in eine andere Repräsentation umsetzen, mit der er besser umgehen kann. Er wirft zum Beispiel alle Kommentare weg; er übersetzt die komplizierten Schritte in viele sehr einfache Rechenschritte. Der Rechner übersetzt das Pascalprogramm dabei in eine andere Programmiersprache, in die **Maschinensprache**. Diese Sprache ist viel unkomfortabler als Pascal und nicht für die Belange eines menschlichen Lesers oder Schreibers ausgelegt. Es gibt viele verschiedene Rechnertypen mit ganz verschiedenen Maschinensprachen; Sie müßten Maschinensprachprogramme für jeden neuen Rechnertyp auch neu schreiben. Heute benutzt man nur noch in wenigen Fällen solche auf einen bestimmten Rechnertyp bezogenen und unkomfortablen Maschinensprachen; normalerweise bedient man sich sogenannter **Hochsprachen**; auch Pascal ist eine Hochsprache.

Das Programm, das das Pascalprogramm in die Maschinensprache eines Rechners übersetzt, heißt **Compiler**, oder genauer in diesem Fall: **Pascal-Compiler.**

Wie man in Ihrem Rechner Pascalprogramme eingibt und dann übersetzt, können wir nicht wissen. Dazu fragen Sie eine Bekannte oder einen Bekannten, oder Sie versuchen sich an der Bedienungsanleitung Ihres Rechners. Das ist häufig kein erfreuliches Unterfangen, weil die Erklärungen kompliziert sind und fast nie alles so glatt läuft, wie es in dem Anleitungsbuch steht. Darum besorgen Sie sich besser jemanden, der Ihnen erklären kann, wie Sie einen Rechner anschalten, ein Programm eingeben und es übersetzen können.

Das Ablaufsystem Ihres Rechners ermöglicht es Ihnen, die Befehle eines Maschinensprachprogramms abarbeiten zu lassen. Auch das Ablaufsystem selbst ist ein Programm. Ablaufsystem, Editoren und Compiler werden auch Dienstprogramme genannt. Es gibt oft noch viele weitere Programme, die die Benutzung eines Rechners erst ermöglichen. Die Gesamtheit der zu einem Rechner gehörigen Dienstprogramme wird als das Betriebssystem des Rechners bezeichnet.

Am Anfang wird Ihnen der Compiler viele Tippfehler melden. Das ist normal, bis Sie besser gelernt haben, wie ein Pascalprogramm aufgebaut ist und bis Ihnen das Einrücken und die Kommentierung so in Ihr Gefühl übergegangen ist, daß sie manche Fehler fast automatisch sehen, ohne danach suchen zu müssen. Aber das dauert eine Weile und braucht Übung.

In dieser Aufgabe sollen Sie die Bedienung Ihres Editors, Compilers und Ablaufsystems üben:

Aufgabe 1.7 *(Es geht um eine helfende Hand, die Benutzung des Editors, des Compilers und des Ablaufsystems.) Besorgen Sie sich eine HelferIn und tippen Sie das Programm „ErstesProgramm" ein, übersetzen Sie es, entfernen Sie die Fehler, die Sie beim Abtippen gemacht haben und auf die Sie der Compiler hinweist, und lassen Sie es ablaufen.*

Aufgabe 1.8 **(Es geht wieder um das Eintippen, das Übersetzen und das Anstarten eines Programms sowie um die Ausgabe von Zahlen.) Tippen Sie die Programme „ZweiDrei-Vier" und „SumDifProdQuot" in Ihren Rechner ein, übersetzen Sie sie und lassen Sie sie ablaufen. Betrachten Sie sich genau die Ausgaben, und versuchen Sie, sie zu verstehen!*

1.6   Ausgabe von Zahlen

Sie wundern sich vielleicht über die merkwürdige Darstellung der mit **WRITELN** ausgegebenen Zahlen. Verschiedene Pascal-Dialekte unterscheiden sich darin, wie eine Zahl ausgegeben wird. Es gibt allerdings Möglichkeiten, auf die Ausgabe Einfluß zu nehmen. Das geht folgendermaßen:

```
 1 PROGRAM Ausgabeformate(INPUT, OUTPUT);
 2 CONST
 3    pi = 3.14159265;
 4    klein = 0.000034;
 5    gross = 12345000000000.0;
 6    dreihundert = 300;
 7 BEGIN
 8    WRITELN('$',dreihundert,'$');
 9
10    WRITELN('$',dreihundert:7,'$');
11
12    WRITELN('$',dreihundert:2,'$');
13
14    WRITELN('$',pi,'$',klein,'$',gross,'$');
15
16    WRITELN('$',pi:10,'$',klein:10,'$',gross:10,'$');
17
18    WRITELN('$',pi:10:2,'$',klein:10:2,'$',gross:10:2,'$');
19 END.
```

In der Zeile 8 wird eine ganze Zahl ausgegeben. Die Dollarzeichen umschließen die Ausgabe, um eventuelle Leerzeichen in der Ausgabe deutlich erkennbar zu machen.

Zu Zeile 10: Nach dem ersten Doppelpunkt gibt man die minimale Anzahl der Stellen an. In der Zeile 12 sind zu wenig Stellen für die Ausgabe vorgesehen; die Frage ist: Was geshieht in diesem Fall auf Ihrem Rechner?

In der Zeile 14 werden Kommazahlen ausgegeben; auch bei diesen wird nach einem Doppelpunkt die Stellenzahl vorgegeben (Zeile 16). Nach einem zweiten Doppelpunkt kann man die Anzahl der Nachkommastellen festlegen. (Zeile 18)

Aufgabe 1.9 *(Ausgabeformat für Zahlen) Betrachten Sie die Ausgaben des Programms „Ausgabeformate". Verändern Sie das Programm so, daß auch bei Kommazahlen einmal zu wenige Stellen angegeben werden.*

1.7　Rechnerzahlen sind mangelhaft

Man kann zur Berechnung des neuen Wertes, der in einer Variable abgelegt werden soll, auch den alten Wert der Variable benutzen. Hier ein Programm, das eine Tabelle der ersten fünf ungeraden Zahlen erstellt:

```
 1 PROGRAM UngeradeZahlen(INPUT, OUTPUT);
 2 VAR laufvariable: INTEGER;
 3 BEGIN
 4    laufvariable := 0;
 5
 6    laufvariable := laufvariable+1;
 7 WRITELN(laufvariable:3,'-->',laufvariable*2-1);
 8
 9    laufvariable := laufvariable+1;
10 WRITELN(laufvariable:3,'-->',laufvariable*2-1);
11
12    laufvariable := laufvariable+1;
13 WRITELN(laufvariable:3,'-->',laufvariable*2-1);
14
15    laufvariable := laufvariable+1;
16 WRITELN(laufvariable:3,'-->',laufvariable*2 1);
17
18    laufvariable := laufvariable+1;
19 WRITELN(laufvariable:3,'-->',laufvariable*2-1);
20 END.
```

Es ist sehr wichtig, daß Sie verstehen, wie die Zuweisung (in Zeichen: :=) funktioniert. Erst wird die rechte Seite der Zuweisung ausgewertet; während dieser Zeit hat die Variable noch ihren alten Wert. Wenn das Ergebnis ausgerechnet wurde, wird es in der links angegebenen Variable abgelegt. Jetzt erst hat die Variable ihren neuen Wert. Die Zuweisung darf man nicht mit einem Gleichheitszeichen verwechseln! Leider benutzen manche Programmiersprachen für die Zuweisung ein einfaches Gleichheitszeichen, was am Anfang oft zu Fehlern führt.

Aufgabe 1.10 *Machen Sie sich klar, wie die Zuweisung funktioniert!*

Aufgabe 1.11 *(Kopierkommando) Tippen Sie das Programm „UngeradeZahlen" ein und lassen Sie es laufen. Lassen Sie sich dabei von ihrer helfenden Hand erklären, wie man einen Text, den man ein einziges Mal in den Editor getippt hat, an andere Stellen kopieren kann.*

Aufgabe 1.12 *(Endlichkeit der Zahlen) Schreiben Sie ein Programm „Zweierpotenzen", das folgende Tabelle ausgibt: Zu jedem Wert für i aus dem Zahlenbereich der ganzen Zahlen von 1 bis 40 soll der zugehörige Wert 2^i ausgegeben werden.*

Weil die Aufgabe nicht ganz einfach ist, beschreiben wir hier informell, wie man dabei vorgehen kann: Sie benutzen dazu eine **INTEGER***-Variable* **exponent***, die am Anfang den Wert 0 bekommt und deren Wert vor jeder Ausgabeanweisung um eins erhöht wird, und eine zweite* **INTEGER***-Variable* **potenz***, in der Sie am Anfang eine 1 ablegen, und die Sie vor jeder Ausgabeanweisung verdoppeln. Bei der Ausgabe werden dann* **exponent** *und* **potenz** *hübsch formatiert.*

Lassen Sie das Programm laufen und betrachten Sie die Ausgabewerte genau. Vielleicht müssen Sie mehrere Werte in einer Zeile ausgeben, um alle Zahlen gleichzeitig auf dem Bilschirm zu sehen.

Sie haben in der letzten Aufgabe gesehen (oder in der Musterlösung gelesen), daß Ihr Programm nicht mit beliebig großen Zahlen arbeitet. Die Ergebnisse jeder Berechnung dürfen einen bestimmten Wert nicht überschreiten – zum Beispiel 2^{15} oder 2^{31} – sonst gibt es einen Fehler, den **Überlauf**. In einer **INTEGER**-Variable kann man keine beliebig großen Zahlen ablegen. In verschiedenen Rechnern, und sogar von verschiedenen Pascal-compilern auf dem gleichen Rechner, wird zuweilen verschieden viel Platz für eine ganze Zahl reserviert. Viele können nur Zahlen von -2^{31} bis $2^{31}-1$ darstellen; das sind ungefähr minus zwei Milliarden bis plus zwei Milliarden; andere arbeiten sogar nur mit Zahlen im Bereich von -2^{15} bis $2^{15}-1$ (-32768 bis +32767), und bei anderen liegt der gültige Zahlenbereich noch irgendwo anders. Immer aber ist der Bereich beschränkt, und es ist ein beliebter und häufig gemachter Fehler, zu vergessen, daß die Zwischenergebnisse und die Ergebnisse einer Berechnung mit ganzen Zahlen nur begrenzt große Beträge haben dürfen.

So etwas ähnliches gilt auch für die **REAL**-Zahlen. Zahlen dieses Typs können zwar wesentlich größere Beträge haben, aber erstens sind auch hier die Beträge endlich, und zweitens ist vor allem die Anzahl der Stellen endlich! Das bedeutet zum Beispiel folgendes: Wenn man eine Zahl immer wieder durch eine feste Zahl, zum Beispiel zwei, teilt, bekommt man am Ende womöglich eine Null heraus! Man nennt das einen **Unterlauf**.

Aufgabe 1.13 *(Fehler im Programm „Gleichung" auf Seite 19) Lassen Sie das Programm „Gleichung" mit verschiedenen Konstanten laufen, und betrachten Sie das Ergebnis. Was geschieht, wenn das Argument von* **SQRT** *negativ ist? Was geschieht, wenn Sie das Programm mit $p = 1000$ und $q = 0$ laufen lassen wollen? Was geschieht bei $p = 1000000$?*

1.8 Die Auswahlanweisung

Bislang wurden alle Befehle, die in einem Programm standen, stets der Reihe nach ausgeführt. Man sagt: Der **Kontrollfluß** war linear. Der „Kontrollfluß" eines Proramms ist die Reihenfolge, in der die Anweisungen eines Programms ausgeführt werden. Wenn eine Anweisung abgearbeitet ist, dann gibt sie die Kontrolle an eine andere Anweisung ab. Wenn man Anweisungen hintereinander schreibt, so geht der Kontrollfluß sequentiell durch die Anweisungen: Nach der Abarbeitung einer Anweisung geht die Kontrolle an die nächste Anweisung; man kann sagen, die Kontrolle „fließt" von Anweisung zu Anweisung.

Der Kontrollfluß verläuft nicht immer sequentiell. An manchen Programmstellen kann er sich zum Beispiel aufspalten: Wenn eine bestimmte Bedingung erfüllt ist, dann wird bei einer Anweisung weitergemacht, wenn sie nicht erfüllt ist, bei einer anderen. Hier als Beispiel eine Erweiterung unseres Programms zur Lösung einer quadratischen Gleichung:

```
 1 PROGRAM GleichungMitIf(INPUT, OUTPUT);
 2 CONST  p = 8; q = 7;
 3 VAR
 4    (* Der Ausdruck unter der Wurzel wird in der
 5     * Variable wurzelausdruck abgelegt *)
 6 wurzelausdruck: REAL;
 7    (* Die Ergebnisse werden in x1 und x2 abgelegt *)
 8    x1, x2: REAL;
 9 BEGIN
10    (* Der Wurzelausdruck wird berechnet: *)
11    wurzelausdruck := p*p/4 - q;
12    (* Test, ob der Wurzelausdruck kleiner als Null ist: *)
13    IF wurzelausdruck < 0 THEN BEGIN
14       (* Wenn der obige Ausdruck wahr ist, wenn also der
15        * Wurzelausdruck negativ ist, dann liefere eine
16        * Fehlermeldung: *)
17       WRITELN('Fehler! Wurzelausdruck ist negativ:',Wurzelausdruck);
18    END ELSE BEGIN
19       (* Wenn der Ausdruck nicht wahr ist, wenn also der
20        * Wurzelausdruck positiv ist, dann liefere die beiden
21        * Ergebnisse: *)
22       x1 := -p/2 + SQRT(wurzelausdruck);
23       x2 := -p/2 - SQRT(wurzelausdruck);
24       WRITELN('Die Ergebnisse lauten ',x1,' und ',x2,' .');
25    END;
26    WRITELN('Das Programm ist beendet!');
27 END.
```

Zu beachten ist Zeile 26: Egal, ob der Wurzelausdruck kleiner als Null oder größer ist, in jedem Fall werden die auf die IF-Anweisung folgenden Anweisungen ausgeführt.

In diesem Beispiel benutzen wir zum ersten Mal eine zusammengesetzte Anweisung: Bislang kannten wir nur Zuweisungsanweisungen und WRITELN. Die IF-Anweisung ist komplizierter. Sie besteht aus einem reservierten Wort IF, das die IF-Anweisung einleitet. Dann folgt die Bedingung, von der der Kontrollfluß abhängig gemacht werden soll. Wie solche Bedingungen aussehen können, werden wir gleich klären. Die Bedeutung der Bedingung im Beispiel ist wohl klar: Es wird abgefragt, ob die Variable **wurzelausdruck** einen Wert enthält, der negativ ist.

Auf die Bedingung folgen zwei Alternativen, von denen die erste durch THEN BEGIN ... END und die zweite durch ELSE BEGIN ... END begrenzt wird. Zwischen BEGIN und END kann man wieder beliebige Folgen von Anweisungen aufschreiben. Die Anweisungen zwischen THEN BEGIN und dem zugehörigen END werden nur dann ausgeführt, wenn die Bedingung erfüllt ist; die Anweisungen zwischen ELSE BEGIN und dem dazugehörigen END werden nur ausgeführt, wenn die Bedingung nicht erfüllt ist. In unserem Fall wird die Fehlermeldung nur dann ausgegeben, wenn der Wurzelausdruck negativ ist, ansonsten werden die Ergebnisse berechnet.

Wenn der durch die Bedingung ausgewählte Zweig der IF-Anweisung vollständig abgearbeitet wurde, dann wird mit der Anweisung hinter der IF-Anweisung fortgefahren.

Der andere Zweig bleibt unbeachtet. Für unser Beispiel hat das zur Folge, daß in jedem Fall, ob nun eine Fehlermeldung geliefert wurde oder ob die Ergebnisse richtig berechnet wurden, am Ende ausgegeben wird, daß das Programm jetzt beendet sei.

Aufgabe 1.14 *(IF) Ändern Sie das Programm „GleichungMitIf", so daß doppelte Lösungen nur einmal ausgegeben werden. Hinweis: Man kann mit* `IF a = b THEN...` *testen, ob zwei Ausdrücke* **a** *und* **b** *den gleichen Wert haben.*

In den Zweigen einer `IF`-Anweisung können weitere `IF`-Anweisungen enthalten sein; das kann prinzipiell beliebig tief gehen, allerdings verschlechtert dies die Lesbarkeit eines Programms.

1.8.1 Abwandlungen der Auswahlanweisung

Es gibt zwei Vereinfachungen der `IF`-Anweisung, bei denen der eine oder andere Bestandteil weggelassen werden kann. Erstens: Wenn der `ELSE`-Zweig leer ist, dann kann man diesen Teil auch ganz weglassen. Zweitens: Wenn in einem Zweig nur eine einzige Anweisung ausgeführt werden soll, dann ist es erlaubt, das umschließende `BEGIN`-`END`-Paar wegzulassen. Man kann das obige Beispiel auch folgendermaßen aufschreiben:

```
 1   IF wurzelausdruck < 0
 2      (* Wenn der obige Ausdruck wahr ist, wenn  der Wurzelausdruck
 3       * negativ ist, dann liefere eine Fehlermeldung: *)
 4      THEN WRITELN('Fehler! Wurzelausdruck ist negativ:',
 5                   Wurzelausdruck)
 6      (* Wenn der Ausdruck nicht wahr ist, wenn  der Wurzelausdruck
 7       * positiv ist, dann liefere die beiden Ergebnisse: *)
 8      ELSE BEGIN
 9         x1 := -p/2 + SQRT(wurzelausdruck);
10         x2 := -p/2 + SQRT(wurzelausdruck);
11         WRITELN('Die Ergebnisse lauten ',x1,' und ',x2,' .');
12      END;
```

Beachten Sie, daß jetzt das Semikolon hinter der ersten WRITELN-Anweisung entfernt wurde. Hier tritt der einzige Fall auf, in dem man eine Anweisung oder einen Anweisungsblock nicht mit einem Semikolon beenden darf, denn vor einem `ELSE` darf kein Semikolon stehen!

Es ist unter diesen Bedingungen nicht immer eindeutig, zu welchem `IF` ein `ELSE`-Zweig gehört. Betrachten Sie etwas folgendes Beispiel:

```
IF a=1 THEN IF b=2 THEN WRITELN('aua') ELSE WRITELN('weia');
```

In welchem Falle wird **weia** ausgegeben? Nur eine der `IF`-Anweisungen enthält auch ein `ELSE`, aber welche? In Pascal ist festgelegt: Wenn nicht anderweitig eindeutig wird, welchem `IF` ein `ELSE`-Zweig zuzuordnen ist, dann ist es immer das dichteste. In unserem Beispiel bezieht sich das `ELSE` auf das zweite `IF`: Wenn a<>1 (das Zeichen <> bedeutet „ungleich") gilt, dann wird nichts ausgegeben. Wenn a=1 und b=2, dann wird **aua** ausgegeben, und wenn a=1 und b<>2, dann erscheint **weia** auf dem Bildschirm.

Solche Feinheiten muß man sich nicht merken, wenn man immer, auch wenn nur eine Anweisung ausgeführt wird, eine `BEGIN`-`END`-Schachtelung verwendet; an dieser

Schachtelung läßt sich leicht erkennen, welches **ELSE** zu welchem **IF** gehört; hier zwei
Beispiele:

```
IF a=1 THEN BEGIN
  IF b=2 THEN BEGIN
    WRITELN('aua');
  END ELSE BEGIN
    WRITELN('weia');
  END;
END;

IF a=1 THEN BEGIN
  IF b=2 THEN BEGIN
    WRITELN('aua');
  END;
END ELSE BEGIN
  WRITELN('weia');
END;
```

Die **BEGIN-END**-Stilregel vereinfacht den Umgang mit der **IF**-Anweisung, und wir emp-
fehlen Ihnen, sie zu befolgen; auch wir werden dies in unseren Beispielen tun.

1.9 Testausdrücke

Wir müssen noch erklären, wie die Tests aussehen dürfen, die in einer **IF**-Anweisung
benutzt werden dürfen. Hier sind einige zulässige Tests:

```
(* Stelle fest, ob a groesser ist als 63 . *)
  a > 63
(* Stelle fest, ob a gleich b ist. *)
  a = b
(* Stelle fest, ob a und b ungleich sind. *)
  a <> b
(* Stelle noch einmal fest, ob a und b ungleich sind. *)
  NOT( a = b )
(* Stelle fest, ob a groesser oder gleich b ist. *)
  a >= b
(* Stelle fest, ob a zwischen 3 und 10 liegt
 * (jeweils einschliesslich). *)
  (3 <= a) AND (a <= 10)
(* Stelle noch einmal fest, ob a zwischen 3 und 10 liegt. *)
  (a >= 3) AND (10 >= a)
(* Stelle fest, ob a groesser als 5 oder kleiner als -7 ist. *)
  (a > 5) OR (a < -7)
(* Stelle noch einmal fest, ob a groesser als 5 oder
 * kleiner als -7 ist *)
  NOT( (-7<=a) AND (a<=5) )
```

Aufgabe 1.15 *(Vergleichsoperatoren) Zählen Sie alle Operatoren für den Vergleich zweier
Zahlen aus dem Kopf auf. Es sind sechs an der Zahl. Merken Sie sich die Schreibweise
dieser Operatoren gut!*

Wir hatten zuvor arithmetische Ausdrücke kennengelernt: Das Ergebnis eines arithmetischen Ausdrucks ist eine Zahl. Bei Testausdrücken haben wir es mit einer neuen Art von Ausdrücken zu tun: Die Ergebnisse von Testausdrücken sind keine Zahlen, sondern können nur „wahr" oder „falsch" sein; solche Ausdrücke nennt man **Boolesche Ausdrücke** nach dem Mathematiker George Boole (1815-1864).

In arithmetischen Ausdrücken benutzt man die Grundrechenarten und vielleicht **SQRT** oder ähnliche arithmetische Funktionen; bei Booleschen Ausdrücken benutzt man Vergleichsoperatoren und die Booleschen Operatoren **AND, OR** und **NOT**. Das Ergebnis eines **AND**-Ausdrucks ist nur dann wahr, wenn beide Argumente wahr sind, in allen anderen Fällen ist es falsch. Das Ergebnis eines **OR**-Ausdrucks ist wahr, wenn wenigstens eines der Argumente wahr ist, sonst falsch. Und das Ergebnis eines **NOT**-Ausdrucks ist genau dann wahr, wenn das Argument falsch ist, und umgekehrt.

Die Ausdrücke, die man mit den Booleschen Operatoren miteinander verknüpft, sind häufig Vergleiche von Zahlen oder von arithmetischen Ausdrücken.

Bei der Auswertung von Booleschen Ausdrücken sollte man Klammern setzen; zwar gibt es in Pascal auch bei den Booleschen Operatoren Vorrangregeln, aber die kann man sich nicht so leicht merken wie die Vorrangregeln bei den arithmetischen Operatoren. Darum werden wir immer dann, wenn wir einen Booleschen Operator benutzen, die Argumente klammern, damit eine LeserIn auch ohne Kenntnis der Vorrangregeln erkennt, was gemeint ist.

Die Grundbestandteile von Tests können Zahlenvergleiche sein, deren Ergebnisse mit den Booleschen Operatoren verknüpft werden können. Zusätzlich gibt es zwei Konstanten, die man in Tests benutzen kann: **TRUE** ist ein Testausdruck, der immer wahr ist, und **FALSE** ist ein Testausdruck, der immer falsch ist.

Wie man Zahlen nicht nur mit anderen Zahlen verrechnen, sondern auch in Variablen ablegen kann, so kann man dies auch mit Booleschen Werten machen. Dafür kann keine Variable vom Typ **INTEGER** oder vom Typ **REAL** benutzt werden. Variablen, in denen Boolesche Werte abgelegt werden, müssen vom vordefinierten Typ **BOOLEAN** sein. In Variablen dieses Typs kann man die Ergebnisse der Auswertung von Booleschen Ausdrücken aufbewahren. Dazu ein Beispiel:

```
PROGRAM BoolDemo(INPUT, OUTPUT);
VAR   a,b: BOOLEAN;
BEGIN
   a := 10 < 43;
   b := a AND (4 < 3);

   IF a THEN BEGIN
     WRITELN('Dieser Rechner meint, dass zehn kleiner ist als 43.');
   END ELSE BEGIN
     WRITELN('Dieser Rechner meint, dass zehn groesser oder ');
     WRITELN('gleich 43 ist.')
   END;

   IF b THEN BEGIN
      (* b gilt, also gilt a und (4<3) *)
      WRITELN('Dieser Rechner meint, dass zehn kleiner ist als 43');
      WRITELN('  und vier kleiner ist als drei.');
```

```
END ELSE BEGIN
  (* b gilt nicht, also ist a falsch, oder (4<3) ist falsch, oder
   * beide sind falsch. *)
  WRITELN('Dieser Rechner meint, dass zehn groesser oder');
  WRITELN('gleich 43 oder dass drei kleiner oder gleich');
  WRITELN('vier ist.');
END
END.
```

Aufgabe 1.16 *(IF und Boolesche Variablen) Schreiben Sie ein Programm „Bereich",
daß zu einer Konstanten „a" ausgibt, ob sie negativ ist, null ist, zwischen null und eins
liegt, eins ist, zwischen eins und zwei liegt, zwei ist, oder größer als zwei ist. Benutzen Sie
dafür sieben Boolesche Variablen, die Sie zunächst alle richtig setzen, fragen Sie dann mit
sieben IF-Anweisungen ab, welche Variable auf TRUE gesetzt wurde, und geben Sie Ihr
Ergebnis aus.*

1.10 Parametereingabe

Gewöhnlich ändert man die Eingaben an ein Programm nicht, indem man die Bedeutung
von Konstanten von Programmlauf zu Programmlauf ändert und dann jedesmal das Programm neu übersetzt. Wie andere Programmiersprachen auch stellt Pascal einen Befehl
zur Verfügung, mit dem man Zahlen von der Tastatur einlesen und sie in einer Variable
ablegen kann. Dieser Befehl heißt READLN. Man gibt als Argument die Variable an, in der
der Wert abgelegt werden soll. Während der Ausführungszeit wartet der Rechner, wenn er
das READLN ausführt, auf eine Eingabe von der Tastatur. Mit der Programmausführung
wird erst dann fortgefahren, wenn eine Zahl und ein Zeilensprung eingegeben wurde. Hier
ein einfaches Programm, das zwei Zahlen einliest und ihren Quotienten ausgibt:

```
PROGRAM QuotientInteraktiv(INPUT, OUTPUT);
VAR zaehler, nenner: REAL;
BEGIN
  WRITELN('Dieses Programm liest einen Zaehler und einen Nenner');
  WRITELN('ein und wertet dann den Bruch aus.')
  WRITELN('Geben Sie den Zaehler des Bruches ein:');
  READLN(zaehler);
  WRITELN('Geben Sie den Nenner des Bruches ein:');
  READLN(nenner);
  WRITELN('Das Ergebnis: ',zaehler,'/',nenner,
          '=',zaehler/nenner,' .');
END.
```

Aufgabe 1.17 *(IF) Ergänzen Sie das Programm „QuotientInteraktiv" um eine Abfrage
für den Fall, daß der Nenner Null ist, und geben Sie in diesem Fall eine besondere Meldung
aus.*

Aufgabe 1.18 *(Benutzung von READLN) Schreiben Sie ein Programm „GleichungInteraktiv", das die Werte für p und q von der BenutzerIn erfragt und daraus dann das Ergebnis*

berechnet. Bauen Sie auch hier die Abfragen ein, die einen negativen Wurzelausdruck ge-
sondert behandeln und für den Fall, daß die beiden Lösungen identisch sind, nur eine
Lösung ausgibt.

Es gehört zum guten Stil beim Programmieren, bei fehlerhaften Eingabewerten eine
möglichst aussagekräftige Fehlermeldung zu liefern und nicht das Programm irgendwel-
chen Unfug machen zu lassen. Denken auch Sie daran, wenn Sie Programme schreiben!
Leider lassen sich die Fälle, in denen ein Programm nicht funktionieren wird, nicht immer
voraussehen. Für fast jedes umfangreichere Programm gibt es Eingabedaten, die es falsche
Ergebnisse liefern lassen.

Das gilt zum Beispiel mit großer Wahrscheinlichkeit auch für so komplizierte Programme
wie den Compiler, den Editor oder das Ablaufsystem, die Sie benutzen. Normalerweise
mögen Ihnen all diese Programme gute Dienste leisten, weil die ProgrammiererInnen,
die sie hergestellt haben, viele gewöhnliche Fälle und auch ein paar außergewöhnliche
ausprobiert haben, bevor das Programm verkauft wurde. Zuweilen aber versagen sie,
wenn zum Beispiel das Programm, das Sie übersetzen wollen, so riesig ist, wie es nicht
vorhergesehen wurde oder wenn die Datei, die Sie edieren, so groß ist, daß sie nicht in
den Speicher des Rechners paßt. Bei manchen Editoren und Compilern sind auch diese
Fälle erkannt und mit einer anständigen Fehlermeldung versehen worden, dafür versagen
sie vielleicht bei ganz leeren Dateien oder bei anderen besonderen Bedingungen.

Auch unser Programm `GleichungMitIf` krankt an solchen unvorhergesehen Fehlern:
Selbst dann, wenn wir davon ausgehen, daß der Compiler das Programm richtig in die
Maschinensprache übersetzt und das Maschinensprachprogramm von dem Rechner richtig ausgeführt wird, wissen wir nicht, ab welchen Zahlenbereichen uns die Endlichkeit
der Rechnerarithmetik einen Strich durch die Rechnung macht. Man muß sich gut mit
dem Rechner auskennen, um berechnen zu können, für welche Werte für p und q man
annehmbare Ergebnisse erreichen kann, für welche Werte die Ergebnisse sehr ungenau
sind und wann sie falsch sein können. Solche Probleme müssen untersucht werden, um
sagen zu können, für welche Zahlen das Programm geeignet ist. Wir unterlassen diese
Untersuchung an dieser Stelle allerdings, da dies ohne Kenntnisse von Maschinensprachen
nicht möglich ist, und weil Maschinensprachen an dieser Stelle nicht unser Thema sind.

1.11 Schleifen

1.11.1 Die WHILE-Schleife

Schleifen sind, ähnlich der IF-Anweisung, komplexe Anweisungen, die aus Bedingungen
und anderen Anweisungen bestehen. Es gibt in Pascal drei Schleifentypen. Wir wollen
zunächst die WHILE-Schleife vorstellen. Dafür betrachten wir noch einmal das Beispielprogramm „QuotientInteraktiv". Jetzt wollen wir aber immer wieder eine Fehlermeldung
ausgeben und die Eingabe wiederholen, solange die BenutzerIn eine Null als Nenner
eingibt. Das Programm sieht folgendermaßen aus:

```pascal
PROGRAM QuotientInteraktivMitWhile(INPUT, OUTPUT);
VAR zaehler, nenner: REAL;
BEGIN
   WRITELN('Dieses Programm liest einen Zaehler ');
   WRITELN('und einen Nenner ein und wertet dann den ');
   WRITELN('Bruch aus.')

   WRITELN('Geben Sie den Zaehler des Bruches ein:');
   READLN(zaehler);

   WRITELN('Geben Sie den Nenner des Bruches ein:');
   READLN(nenner);

   (* Frage ab, ob der Nenner Null ist.  Wenn ja, dann gib eine
    * Meldung aus und wiederhole die Eingabe des Nenners
    * so lange, bis der eingelesene Wert ungleich Null ist. *)
   WHILE nenner = 0 DO BEGIN
      WRITELN('Der Nenner darf nicht Null sein!');
      WRITELN('Geben Sie eine Zahl ungleich Null als Nenner ein:');
      READLN(nenner);
   END;

   WRITELN('Das Ergebnis: ',zaehler,'/',nenner,
           '=',zaehler/nenner,' .');
END.
```

In diesem Programm ist nur die **WHILE**-Anweisung neu. Die **WHILE**-Anweisung sieht ganz ähnlich aus wie eine **IF**-Anweisung; sie fängt mit einem **WHILE** an, dann folgt ein Test, dann ein **DO BEGIN ... END** (der sogenannte **Schleifenkörper**), und das ist die gesamte **WHILE**-Anweisung. Wie bei der **IF**-Anweisung könnte man auch hier, wenn man nur eine Anweisung hat, **BEGIN** und **END** weglassen; wir wollen es aber immer hinschreiben.

Die **WHILE**-Anweisung funktioniert in diesem Beispiel folgendermaßen: Als erstes wird getestet, ob der Nenner gleich Null ist. Wenn dies nicht der Fall ist, dann ist die Abarbeitung der **WHILE**-Anweisung beendet, und es wird mit der Anweisung im Anschluß an die Schleife fortgefahren. Wenn der Nenner aber gleich Null ist, dann werden alle Anweisungen zwischen **DO BEGIN** und **END** durchgeführt; in unserem Beispiel wird eine Fehlermeldung ausgegeben und eine neue Zahl als potentieller Nenner eingelesen.

Im Anschluß an die Abarbeitung des Schleifenkörpers wiederholt sich der gesamte Ablauf. Es wird wieder getestet, ob der Nenner gleich Null ist; wenn das nicht der Fall ist, dann ist die Schleife jetzt beendet; wenn doch, dann werden wieder die Befehle des Schleifenkörpers ausgeführt. Dieser ganze Ablauf wiederholt sich, solange (englisch: „while") beim Test die Bedingung erfüllt ist. Erst wenn die Testbedingung nicht mehr erfüllt ist, wird mit den Anweisungen nach der Schleife fortgefahren.

Aufgabe 1.19 *(WHILE) Bislang mußten Sie das Programm, das die quadratische Gleichung löste, für jeden Programmlauf wieder neu starten. Ändern Sie das Programm jetzt folgendermaßen: Im Anschluß an die Berechung einer Lösung soll nachgefragt werden, ob eine weitere Gleichung gelöst werden soll. Wenn das der Fall ist, dann soll eine Eins eingegeben werden, sonst eine Null. Die dann eingelesene Zahl legen Sie in einer Variable* *weitermachen ab. Am Anfang wird diese Variable mit einer eins belegt. Mit einer WHILE-Schleife, die abfragt, ob diese Variable Null ist, kann das Programm so lange immer wieder neue quadratische Gleichungen lösen, bis bei der Endabfrage eine Null eingegeben wird.*

Aufgabe 1.20 **(WHILE) Mit Hilfe der WHILE-Schleife kann man bequem Funktionstabellen ausgeben. Geben Sie noch einmal die Zweierpotenzen bis 2^{40} aus, wie Sie es in der Aufgabe „Zweierpotenzen" getan haben, aber jetzt mit Hilfe einer Schleife. Dafür berechnen Sie in jedem Schleifendurchlauf die Werte, die Sie in einer Zeile ausgeben wollen, geben die Zeile aus. Wenn die gewünschte Anzahl von Zeilen ausgegeben wurde, brechen Sie die Schleife ab.*

1.11.2 Die FOR-Schleife

Bei der **WHILE**-Schleife kann es geschehen, daß die Schleife niemals beendet wird, weil die Schleifenbedingung nie falsch wird. Dann liegt eine sogenannte **Endlosschleife** vor. Es gibt in Pascal einen Schleifentyp, bei dessen Anwendung man nicht in eine Endlosschleife geraten kann, weil zu Beginn vorgegeben werden muß, wie oft die Schleife durchlaufen werden soll. Dies ist die **FOR**-Schleife. Wenn von vornherein bekannt ist, wie oft die Schleife ausgeführt werden soll, wie es etwa bei der Ausgabe einer Funktionstabelle der Fall ist, dann ist die Verwendung einer **FOR**-Schleife eine elegante Lösung. Hier folgt als Beispiel ein Programm, das auf sehr einfache Weise die Summe der ersten 100 Zahlen bestimmt:

```
PROGRAM SummeErsteHundertZahlen(INPUT, OUTPUT);
VAR
   summe: INTEGER;
   zaehler: INTEGER;
BEGIN
   (* Die Summenvariable wird mit Null vorbelegt. *)
   summe := 0;

   (* "zaehler" nimmt jetzt nacheinander alle Werte von Eins
    * bis 100 an. *)
   FOR zaehler := 1 TO 100 DO BEGIN
     (* Der momentane Wert von "zaehler" wird zur Summe
      * hinzugezaehlt. *)
     summe := summe+zaehler;
   END;
   (* In "summe" steht jetzt die Summe der Zahlen 1 bis 100. *)

   WRITELN('Die Summe der Zahlen 1 bis 100 ist ',summe,' .');

END.
```

Die Form der Schleife ist deutlich. Man darf im Schleifenkörper die Schleifenvariable (in unserem Beispiel ist dies **zaehler**) nicht verändern. Die Laufgrenzen werden nur ein Mal, zu Beginn der Schleife, ausgewertet; man kann die Anzahl der Schleifendurchläufe durch Anweisungen im Schleifenkörper nicht erhöhen, indem man etwa eine Variable als obere Laufgrenze wählt und ihren Wert dann im Schleifenkörper erhöht.

Es gibt noch eine abgewandelte Form der FOR-Schleife, in der die Schleifenvariable nicht hoch-, sondern heruntergezählt wird. In dieser Form ist nur das TO durch ein DOWNTO ersetzt. Diese Form sieht folgendermaßen aus:

```
FOR zaehler := 100 DOWNTO 1 DO BEGIN
    ...
END
```

Hier beginnt der Schleifendurchlauf mit dem größeren Wert, und nach jedem Durchlauf wird die Laufvariable um Eins erniedrigt.

1.12   Syntaxdiagramme

Hier folgt eine übersichtliche Darstellung der Grundbestandteile eines Pascalprogramms, soweit wir sie bislang erklärt haben; alle mit kleinen Buchstaben geschriebenen Worte sind nur Namen für andere Syntaxdiagramme oder für Sprachbestandteile, die mit Worten erklärt werden; dazu gehören etwa **buchstabe** und **ziffer**. Dieses Unterkapitel über Syntaxdiagramme muß nicht unbedingt mitgelesen werden. Es ist eine etwas formalere Zusammenfassung der Bestandteile von Pascal, die von uns vorgestellt wurden.

Mit **buchstabe** bezeichnen wir die kleinen und großen Buchstaben des englischen Alphabets, also ohne Umlaute und ohne Es-Zet (ß). Das Symbol **ziffer** steht für die Ziffern von 0 bis 9.

Ein Name (**identifier**) beginnt mit einem Buchstaben, und dann beginnt eine möglicherweise leere Folge von Buchstaben und Ziffern. In einem Syntaxdiagramm sieht das folgendermaßen aus:

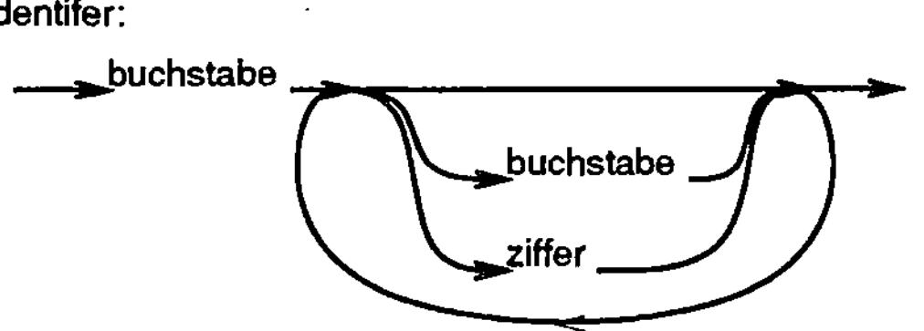

An diesem Syntaxdiagramm kann man alles erkennen, was an einem Syntaxdiagramm wichtig ist: Wo sich Pfeile spalten, gibt es Alternativen, wo Pfeile zurückgehen, da kann ein Bestandteil wiederholt werden, und wenn man auf dem Weg an einem Namen vorbeikommt, dann muß ein Wort, das diesem Namen entspricht, an dieser Stelle Bestandteil des zu definierenden Sprachbestandteils sein.

Natürlich ist das Syntaxdiagramm falsch. Man darf zwar theoretisch beliebig lange Namen benutzen, aber jeder Compiler gibt praktische Grenzen vor. In manchen Compilern dürfen die Namen nur acht Buchstaben lang sein! Außerdem darf man die reservierten Wörter von Pascal nicht als Namen für Variable oder Konstanten benutzen. All dies wird aus dem Diagramm nicht deutlich. Solche Diagramme sind nur eine Gedächtnisstütze; man kann nicht alle fehlerhaften Möglichkeiten für die Wahl eines Namens daraus erkennen.

Ein **program** besteht aus dem Schlüsselwort **PROGRAM**, einem Namen (**identifier**), einer optionalen Klammerung mit Namen, die mit Kommata abgetrennt werden, einem Semikolon und einem Block:

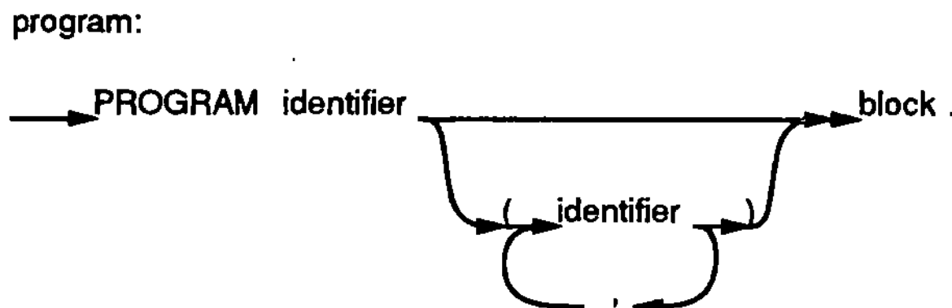

Zwischen den Klammern könnten prinzipiell beliebig viele Namen stehen, die mit Kommata getrennt werden müssen. Man erkennt, wie das Komma in den Rückpfeil eingefügt wurde. Aus dem Diagramm wird nicht klar, welche Namen in den runden Klammern hinter dem Programmnamen erlaubt sind. Solche Angaben wird man in Syntaxdiagrammen häufig vermissen.

Im Syntaxdiagramm **program** wird das Syntaxdiagramm **block** benutzt, das jetzt beschrieben werden soll. Ein **block** besteht aus Deklarationen und Anweisungen. Wir kennen bislang nur Konstanten- und Variablendeklarationen; es gibt aber noch ein paar mehr, die wir bislang nicht vorgestellt haben. Deswegen geben wir an dieser Stelle nicht das vollständige Diagramm für **block** an, sondern ein anderes Diagramm, das nur solche Blöcke beschreibt, wie wir sie bislang vorgestellt haben. Weil dieses Diagramm nur einen Teil aller möglichen Blöcke beschreibt, wollen wir es **kleinerblock** nennen.

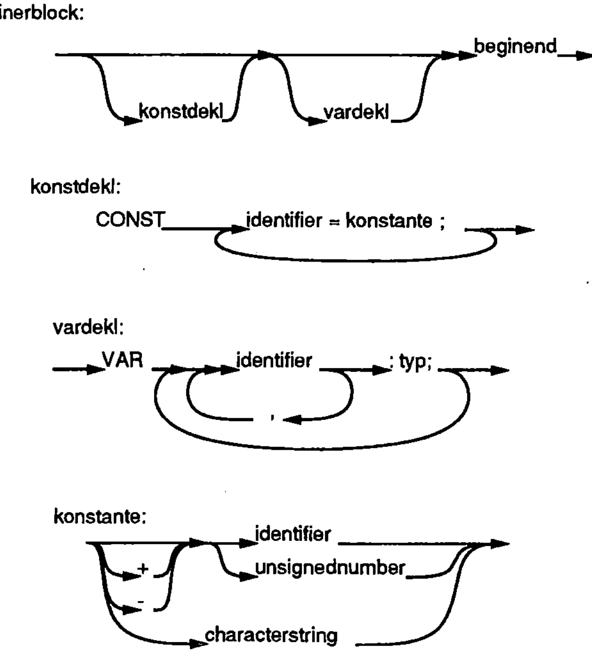

Wir werden noch häufiger Diagramme angeben, die mit **kleiner**... oder **kleine**... anfangen. Diese Diagramme sind immer als verkleinerte Versionen der vollständigen Diagramme zu verstehen; man kann sie für die vollständigen Diagramme einsetzen, hat dann aber nur einen Teil der gültigen Programme beschrieben. Das bedeutet: Wenn wir ein Diagramm **kleinessonstwas** beschreiben, dann kann man dieses Diagramm überall benutzen, wo ein **sonstwas** verlangt wird, es sind dann nur nicht alle Möglichkeiten enthalten.

Einen **characterstring** benutzen wir zum Beispiel in der **WRITELN**-Anweisung, wenn Texte ausgegeben werden sollen. Dieses Syntaxdiagramm sieht ein bißchen kompliziert aus. Ein einzelnes Häkchen bekommt man in die Zeichenkette, indem man zwei Häkchen hintereinander angibt:

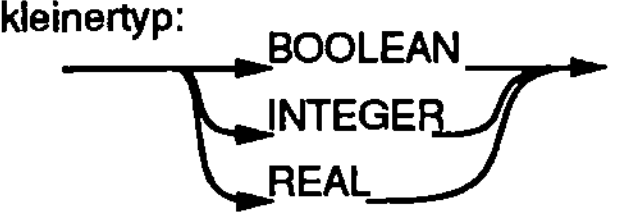

Eine vorzeichenlose Zahl kann auch einen Exponenten tragen. Hier das vollständige Diagramm zu **unsignednumber**:

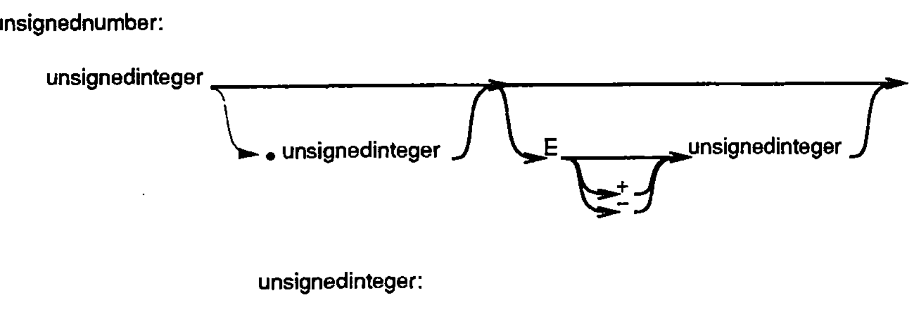

Es gibt mehr mögliche Typen, als wir bislang vorgestellt haben. Wir nennen unser Diagramm, das Typen erklärt, deswegen **kleinertyp**:

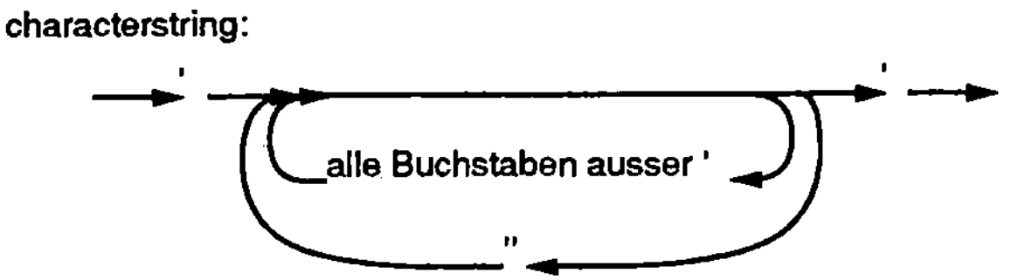

Es gibt auch mehr Anweisungen (englisch: Statements), als wir vorgestellt haben. Hier deshalb das Diagramm **kleinesstatement**; beachten Sie, daß eine Anweisung auch leer sein darf, und daß man überall, wo man eine einzelne Anweisung hinschreiben darf, auch eine **BEGIN-END**-Schachtelung mit vielen Anweisungen einzetzen darf.

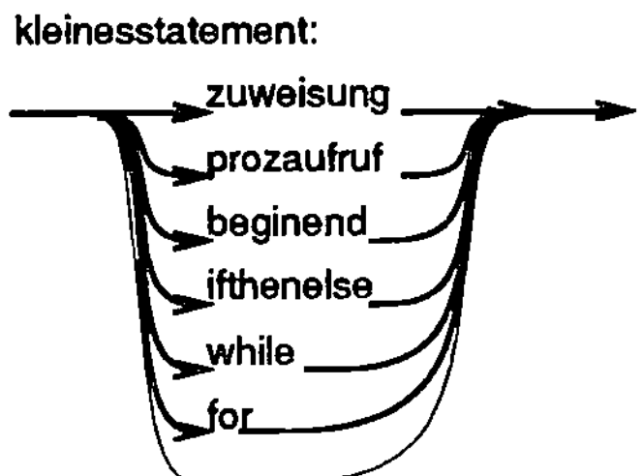

Die rechte Seite einer Zuweisung wird englisch „expression" genannt. Es gibt mehr Zuweisungen, als wir bislang beschrieben haben:

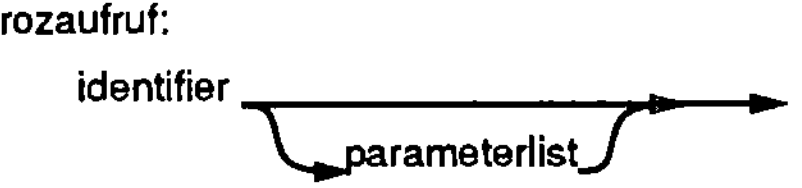

So sieht der Aufruf einer Prozedur aus, wie etwa der von **WRITELN**:

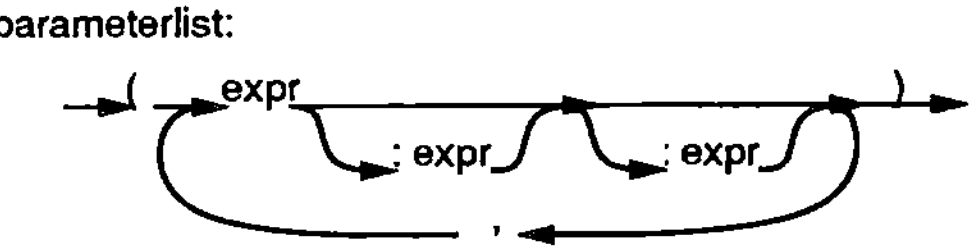

Eine Parameterliste kann Ausdrücke und Formatangaben enthalten:

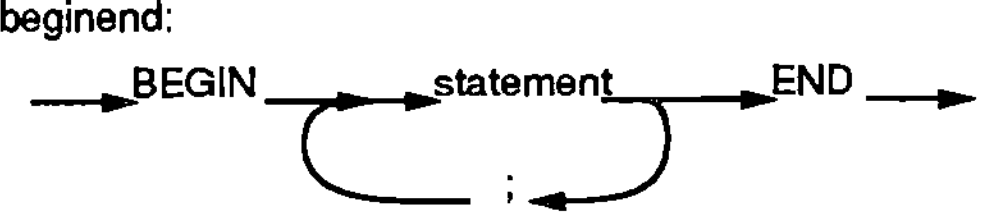

Bei dem Diagramm für **beginend** sehen Sie, daß Semikola eigentlich nur zwischen Anweisungen erlaubt sind. Weil eine Anweisung aber auch leer sein darf, kann man auch hinter eine einzelne Anweisung immer ein Semikolon setzen, wenn es in einem **BEGIN-END**-Block steht:

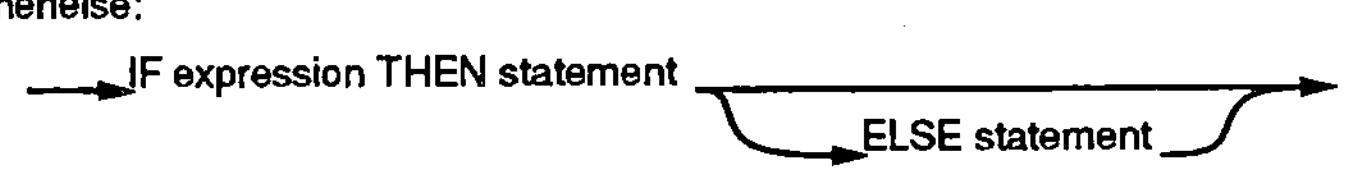

Bei dem Diagramm für **ifthenelse** sehen Sie, weshalb vor dem **ELSE** kein Semikolon stehen darf:

while:

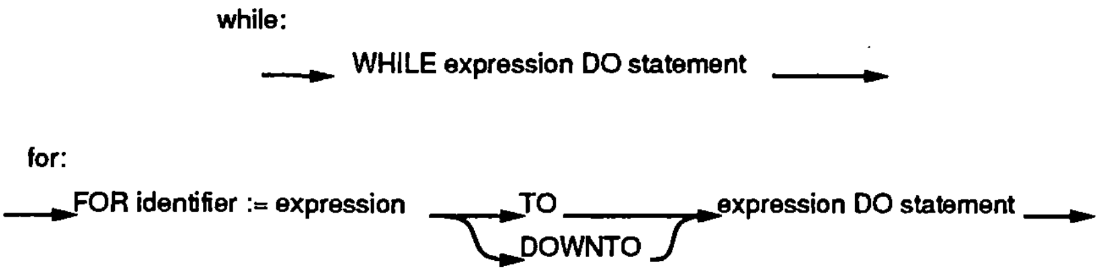

for:

Es gibt mehr Ausdrücke, als wir bislang vorstellten:

kleineexpression:

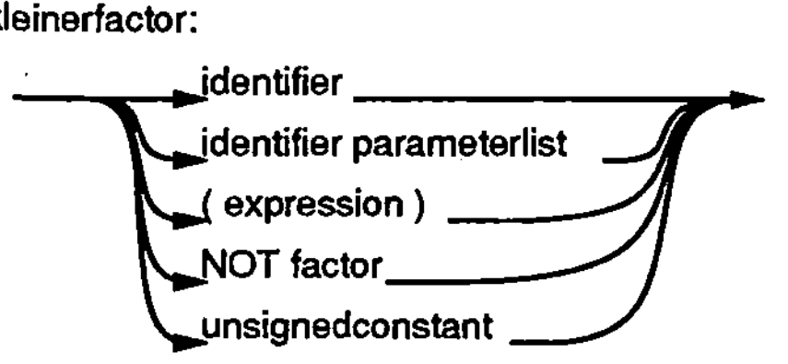

simpleexpression:

kleinerterm:

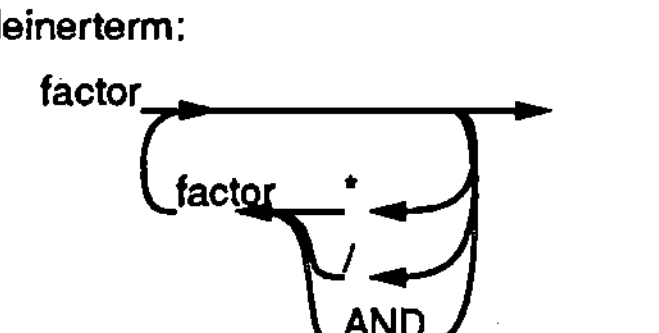

kleinerfactor:

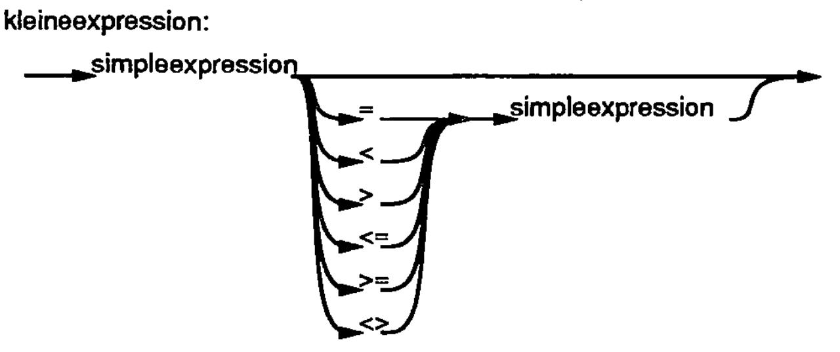

kleineunsignedconstant:

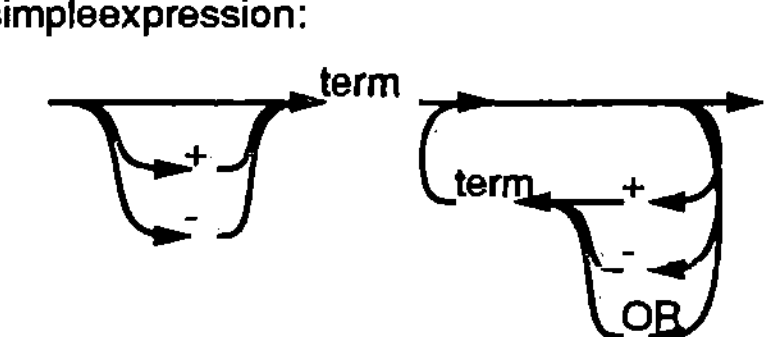

Wenn wir neue Konstrukte einführen, werden wir sie in Zukunft nicht nur mit Worten erklären, sondern auch das Diagramm angeben, aus dem man schnell aber ungenau entnehmen kann, wie es gebildet wird. Häufig werden wir Vereinfachungen benutzen, wenn eine aufwendige Schreibweise nur für Expertinnen und Experten sinnvoll ist. Im Buch von Jensen und Wirth [JensenWirth], in dem Pascal vollständig beschrieben wird, können Sie sich bei Interesse über die speziellen Schreibweisen informieren.

1.13 Zusammenfassung

- Ein Algorithmus ist eine möglichst eindeutige Beschreibung für eine Problemlösung.

- Verständnis von Algorithmen setzt immer Vorwissen voraus.

- Algorithmen sind nicht selten lang und unübersichtlich, und deshalb fehlerträchtig.

- Algorithmen sind oft, trotz vieler Mühe, nicht eindeutig. Manchmal sind die Begriffe der Sprache nicht klar, manchmal ist nicht deutlich, wozu der Algorithmus genau benutzt werden soll – soll etwa ein Quadratwurzelalgorithmus auch für negative Zahlen gelten? Es ist nie sicher, ob eine Algorithmenbeschreibung eindeutig ist.

- Zur Auflösung erkannter Mehrdeutigkeiten ist es nötig, genau zu wissen, wie ein Programm benutzt werden soll.

- Programme sind Algorithmen, die in besonderen Sprachen abgefaßt sind: in Programmiersprachen.

- Programmiersprachen sind Sprachen, bei denen man sich Mühe gegeben hat die Begriffe in ihrer Bedeutung möglichst genau festzulegen. Sie eignen sich besonders dafür, Algorithmen für ziemlich klar definierte Vorgänge, wie zum Beispiel für Zahlenmanipulationen, zu formulieren.

- Programmiersprachen sind zweitens dafür gedacht, die formulierten Programme von Rechnern ausführen zu lassen.

- Wenn man Programme schreibt, sollte man nicht nur den Rechner beachten, der das Programm abarbeiten soll, sondern auch die Menschen, die es lesen und vielleicht verändern wollen. Es ist oft sinnvoll, viel Aufwand zu treiben, um Programme übersichtlich zu gestalten. Mit Hilfe von Leerzeichen, Leerzeilen und Kommentaren kann man ein Programm oft so gliedern und erklären, daß auch Menschen es verstehen können.

- Pascalprogramme bestehen aus Deklarationen und Anweisungen.

- Namen in Programmen sollten sinnvoll gewählt werden, um menschlichen Lesern das Verständnis zu erleichtern.

- Namen für Werte, die sich während eines Programmlaufes nicht ändern, deklariert man als Konstanten.

- Namen für Werte, die sich während des Programmlaufes ändern können, deklariert man als Variablen.

- Deklarationen sind dazu da, die Bedeutung von zuvor unbekannten Namen zu klären. Damit Menschen Deklarationen verstehen, ist ein Kommentar notwendig, der nicht nur den Typ angibt, sondern der auch noch erkennen läßt, wozu eine Variable oder Konstante im Programm benutzt werden soll.

- Um Programme eingeben zu können, wird ein Editor benutzt.

- Programme werden heute oft in einer Hochsprache geschrieben, aber viele Ablaufsysteme bearbeiten nur Programme, die in der Maschinensprache des Rechners geschrieben sind. Aus diesem Grund müssen solche Programme mit einem Compiler in die Maschinensprache übersetzt werden.

- Wer einen Rechnern gut kennenlernen will, die oder der braucht normalerweise einen Menschen, der die schwierigsten Probleme erklärt. Ein Buch kann das nicht ersetzen, weil man mit einem Rechner so viele unvorhergesehene Probleme haben kann.

- Rechner sind keine idealen Algorithmenausführungsmaschinen. Sie haben Begrenzungen: Zahlen können zum Beispiel nicht beliebig groß werden und beliebig genau dargestellt werden.

- Mit einer Auswahlanweisung oder einer Schleife wird der Kontrollfluß gesteuert.

- Die Bedingungen bei Auswahlanweisungen und Schleifen sind Boolesche Ausdrücke.

- Zur Verknüpfung von Bedingungen können die Booleschen Operatoren **AND**, **OR** und **NOT** benutzt werden.

- Mit **READLN** können zur Laufzeit Zahlen eingelesen werden.

- Bei **WHILE**-Schleifen muß darauf geachtet werden, daß das Programm nicht in eine Endlosschleife gerät.

- Eine **FOR**-Schleife kann man benutzen, wenn schon vor Beginn des ersten Schleifendurchlaufs bekannt ist, wie oft die Schleife ausgeführt werden soll.

- Syntaxdiagramme sind eine Möglichkeit, gewisse Eigenschaften der Schreibweise und der Bestandteile einer Programmiersprache ziemlich eindeutig und genau anzugeben; dabei werden allerdings auch wichtige Informationen unterschlagen.

2 Ein umfangreicheres Beispiel: Das Spiel des Lebens

2.1 Überblick

In diesem Kapitel werden wir weitere Bestandteile von Pascal vorstellen. Dafür haben wir eine etwas umfangreichere Programmieraufgabe ausgewählt. Die Aufgabe besteht darin das „Spiel des Lebens" zu implementieren; John Conway hat es sich Ende der 60er/Anfang der 70er Jahre ausgedacht. Wir haben die Idee bei [Gardner1] und [Gardner2] gestohlen.

Bislang haben wir nur ein paar sehr kleine und relativ übersichtliche Beispiele programmiert. Der Sinn mancher Pascalbestandteile wird erst deutlich, wenn man sich an einem etwas größeren Problem versucht. Wir werden deshalb ein etwas größeres Programm das ganze Kapitel über hinweg implementieren. Dieses ist bei weitem nicht so umfangreich, wie es im Handel befindliche Programme gewöhnlich sind, trotzdem reicht es aus, um bestimmte Vorgehensweisen und Probleme deutlich zu machen. Wir werden die für unsere Verhältnisse große Aufgabe in kleinere Teilaufgaben aufteilen, die wir dann einzeln und möglichst unabhängig voneinander lösen. Die Einzellösungen werden „Module" genannt; eine solche Aufteilung wird in Pascal unterstützt durch die Möglichkeit, Prozeduren und Funktionen zu vereinbaren.

Nachdem wir das vollständige Programm demonstriert haben, werden wir ein paar Algorithmentypen zur Lösung typischer Probleme in der Informatik vorstellen. Die erste Technik heißt „endlicher Automat"; man setzt sie ein, um zu erkennen, ob Zeichenketten bestimmten einfachen Bedingungen genügen. Wir werden diese Technik am Beispiel einer Prozedur erklären, die prüft, ob eine Zeichenkette als Zahl interpretiert werden kann.

Ein zweiter Typ von Algorithmen benutzt sogenannte „Zufallsfunktionen". Diese heißen so, weil man sich bemüht, die Ergebnisse dieser Funktionen in irgendeinem Sinne zufällig aussehen zu lassen. Mit Algorithmen dieses Typs kann man zum Beispiel das Ergebnis eines Würfelwurfes simulieren.

Ein dritter Algorithmentyp ist das Sortieren von Listen. Am Ende des Kapitels werden wir zwei Verfahren vorstellen, wie Listen sortiert werden können. In diesem Zusammenhang werden wir auch die Technik der Rekursion behandeln.

2.2 Die Spielidee

2.2.1 Lebewesen in einer Schachbrettwelt

Das sogenannte „Spiel des Lebens" findet in einer Welt statt, in der alle Abläufe sehr einfachen Regeln gehorchen. Die Welt besteht aus einem unendlich großen Schachbrett, in dessen Feldern sehr primitive Tiere leben. Wir wollen diese Tiere „Nöpel" nennen. Auf jedem Feld des Schachbrettes kann genau ein Nöpel sitzen oder es kann frei sein.

In dieser Welt, in der es nur Schachbrettfelder und möglicherweise Nöpel darauf gibt, sind auch die Lebensprozesse sehr simpel: Alle Nöpel sitzen immer ein Jahr lang auf ihren Feldern. Um zwölf Uhr in der Sylvesternacht sterben einige Nöpel und lösen sich dabei in Luft auf, einige andere überleben diesen Augenblick, und auf einigen freien Feldern werden Nöpel geboren. Die am Neujahrsmorgen lebenden Nöpel werden auch das ganze Jahr über am Leben bleiben, bis zur nächsten Sylvesternacht, in der die nächsten Umwälzungen stattfinden.

Das ganze Jahr über geschieht nicht viel, die Nöpel bewegen sich nicht, sie essen nicht, sie bleiben nur auf ihren Feldern hocken; aber Nöpel haben ein Laster: Sie plaudern für ihr Leben gern. Sie unterhalten sich Tag und Nacht mit ihren Nachbarn, über alle möglichen Sachen. Es gibt erhitzte Diskussion, Gedichtvorträge, Tratsch und Klatsch über andere Nöpel, politische Reden und Deklamationen, Verleumdung und Schmeicheleien, bis die nächste Sylvesternacht kommt.

Das Schicksal der Nöpel schlägt nicht blind zu; es gibt genau festgelegte Regeln, nach denen Nöpel überleben, sterben oder geboren werden. Nöpel sind nämlich, wie man an ihrer Plauderleidenschaft erkennen kann, soziale Wesen, die stark von der Anwesenheit anderer Nöpel in ihrer Nachbarschaft abhängen. Jedes Nöpel kann bis zu acht Nachbarn haben: den oberen, unteren, rechten und linken Nachbarn, und die Nachbarn rechts oben, rechts unten, links unten und links oben. Wenn ein Nöpel ein Jahr lang keinen oder nur einen Nachbarn hatte, dann stirbt es in der Sylvesternacht leider an Vereinsamung. Wenn es aber vier oder noch mehr Nachbarn hatte, dann hat es in dieser Zeit so intensiv mit seinen Nachbarn geplaudert, daß es an Erschöpfung stirbt. Es überleben nur Nöpel, die genau zwei oder drei Nachbarn haben.

Wie Nöpel sich genau fortpflanzen, konnte bislang nicht geklärt werden. Es muß allerdings ein ziemlich komplizierter Prozeß sein, denn man hat beobachtet, daß leere Zellen, in deren Nachbarschaft ein Jahr lang genau drei Nöpel gelebt haben, am folgenden Neujahrsmorgen einen neugeborenen Nöpel tragen, der sofort beginnt, munter auf seine Nachbarn einzureden.

Dies ist das wichtigste, was man bislang über die Welt der Nöpel herausgefunden hat. Wir wollen nicht die Gespräche der Nöpel untersuchen, die vielleicht auch sehr spannend wären, sondern uns darauf beschränken, zu betrachten, wie sich Nöpelpopulationen im Laufe der Jahre verändern, wie sie wachsen und schrumpfen.

2.2.2 Verschiedene Nöpelvölker

Wir schauen uns einmal die Generationenfolgen von ein paar Nöpelvölkern an. Ein einsames Nöpel stirbt zum Beispiel in der folgenden Generation; ebenso zwei Nöpel. Wenn aber drei Nöpel nebeneinanderstehen, dann hängt alles davon ab, wie sie nebeneinanderstehen. Betrachten wir folgende Konstellation:

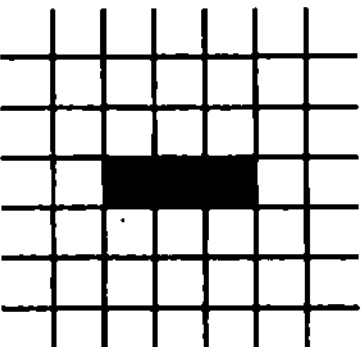

Die Nöpel an den Enden haben nur je einen Nachbar, verschwinden damit in der nächsten Generation. Das Nöpel in der Mitte hat aber zwei Nachbarn, bleibt deswegen am Leben. Die Zellen über und unter dem mittleren Nöpel haben drei Nachbarn, hier werden Nöpel geboren. Die Folgekonstellation ist diese:

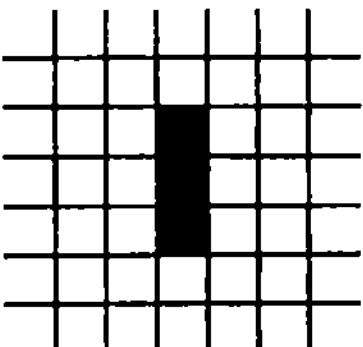

Welche Konfiguration darauf folgt, kann man sich leicht deutlich machen. Dieser Drei-Nöpel-Balken klappt in jeder Generation um, das mittlere Nöpel wird älter und älter, die anderen leben immer nur ein Jahr.

Wenn die drei Nöpel zu Beginn in einer Diagonalen standen, ist der Ablauf etwas trauriger:

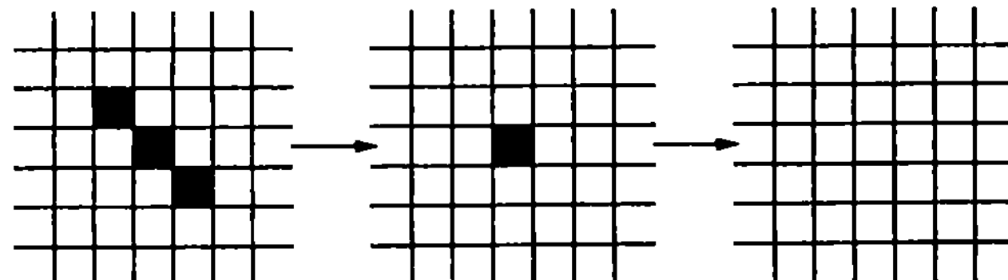

Wenn die drei Nöpel über Eck stehen, hat jedes zwei Nachbarn, und jedes Nöpel überlebt. Außerdem gibt es eine Zelle, die leer ist und drei Nachbarn hat; hier wird ein Nöpel geboren, und ein Würfel entsteht:

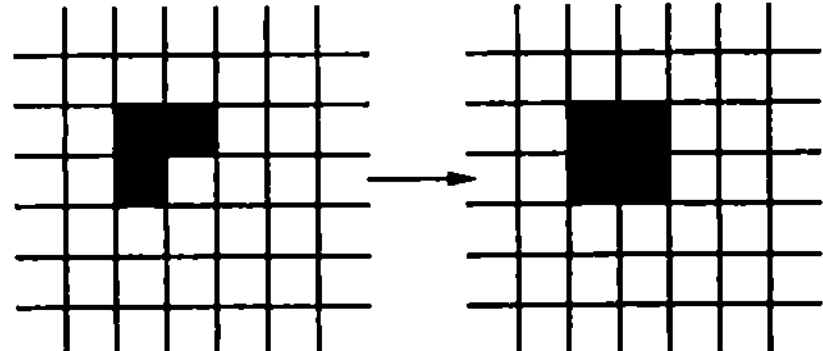

Beim Würfel hat jedes Nöpel genau drei Nachbarn, also überleben alle. Es kommt aber auch kein neues Nöpel hinzu, weil alle anderen Zellen höchstens zwei Nachbarn haben; der Würfel ist stabil:

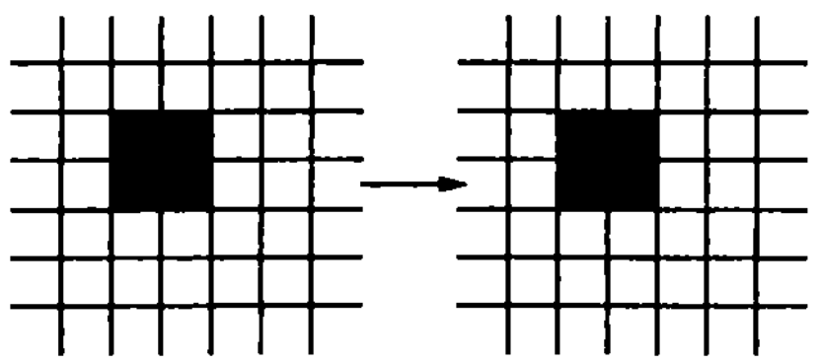

Aufgabe 2.1 *(Verständnis der Schachbrettwelt) Was geschieht mit einem Volk von vier Nöpeln, die waagerecht in einer Reihe stehen? Was geschieht mit einem Drei-Mal-Drei-Nöpel-Würfel? Was geschieht mit einem Vier-Mal-Vier-Nöpel-Würfel, bei dem der mittlere Zwei-Mal-Zwei-Nöpel-Würfel fehlt?*

Manche Nöpelvölker sind besonders interessant. Betrachten Sie zum Beispiel diese Generationenfolge:

Manche Völker wandern auch, dieses etwa nach rechts unten:

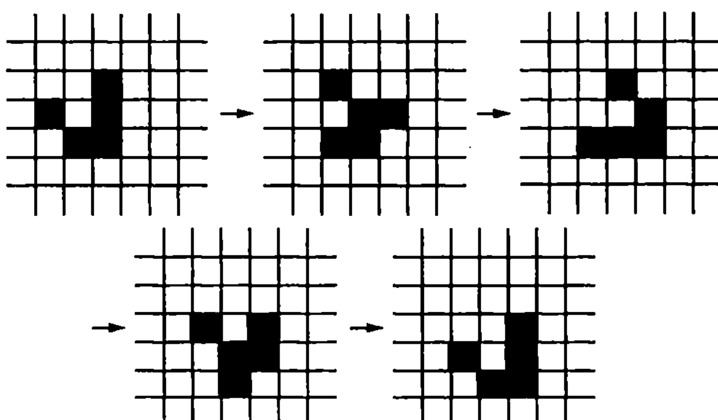

Sie sehen: Wenn wir die wirklich interessanten Fakten über Nöpel – wie ihre Gesprächsthemen – außer acht lassen, dann können wir ihre Lebensprozesse mit ein paar ganz einfachen Regeln erfassen. In der Informatik sieht man häufig von den schwierigsten Fragen ab und untersucht dann das, was sich mit einfachen Regeln fassen läßt. Das kommt daher, daß Rechner zwar nichts wissen, aber viel speichern können, und daß sie zwar nicht denken können, aber das rasend schnell.

Wir wollen von allem absehen, was wir nicht ganz klar verstanden und in Regeln gefaßt haben. Wir wollen uns einen Algorithmus überlegen, der den Lebenslauf verschiedener Nöpelvölker simuliert. Wie kann ein solcher Algorithmus aussehen?

2.2.3 Ein Pflichtenheft zur Simulation der Nöpelwelt

Stellen Sie sich vor, Ihnen würde die folgende Aufgabe gestellt: „Schreiben Sie ein Programm zur Simulation der Nöpelwelt!"

Ihnen fehlt einiges, bevor Sie damit beginnen können. Zum einen kennen Sie noch nicht genügend Bestandteile von Pascal, als daß Sie genau wissen könnten, wie man eine Simulation durchführen könnte. Darum soll es aber zunächst nicht gehen. Etwas anderes ist viel wichtiger: Sie wissen gar nicht, was genau verlangt ist, was das Programm im einzelnen leisten soll. Als erstes müßten Sie die Aufgabe möglichst genau analysieren; dann erst könnten Sie beurteilen, ob sie mit den Ihnen bekannten Mitteln zu lösen wäre.

In der Informatik gibt es häufig das Problem, daß ein Programm für einen Bereich geschrieben werden soll, in dem die ProgrammiererIn sich nicht gut auskennt. Das Problem entsteht so häufig, daß in der Informatik sogar Untersuchungen über die Methodik angestellt werden, wie man herausbekommt, was eine AuftraggeberIn sich wünscht. Solche Methoden nennt man **Requirements Engineering** oder **Anforderungsanalyse**.

Wir können an unserem Beispiel kein Requirements Engineering vorführen, weil es keine Auftraggeber gibt, die irgendwelche Anforderungen stellen würden. Das Problem der Nöpelwelt, das wir hier behandeln, mußten wir außerdem noch relativ klein und übersichtlich machen, damit wir in diesem Einführungsbuch überhaupt eine Lösung beschreiben können. Wir wollen aber trotzdem versuchen, an diesem Beispiel ein paar Probleme vorzuführen, die auch beim Entwurf realistischerer Programme auftreten.

Sie können mit der Problemlösung nicht beginnen, solange Sie nicht wissen, worum es dabei eigentlich gehen soll. Ihnen fehlen sehr viele wichtige Einzelheiten, zum Beispiel: Welche Eigenschaften der Nöpelwelt sollen simuliert werden? Wieviele Jahre der Nöpelwelt sollen simuliert werden? Welche Nöpelkonstellationen sollen simuliert werden? Wie lange darf die Simulation dauern? Was für ein Rechner steht dafür zur Verfügung? Wie sollen Nöpelvölker eingegeben werden? Wie sollen Nöpelvölker ausgegeben werden? Wie groß sollen die Nöpelvölker sein dürfen?

Die Anzahl der offenen Fragen ist erheblich. Man muß über viele Anforderungen eine Vorstellung haben, bevor man mit dem Programmieren beginnen kann. Es macht in unserem Fall nichts aus, wenn wir uns bei den ersten Entwürfen ein wenig irren und ein Programm entwerfen, mit dem wir nicht zufrieden sind: Wir können die Anforderungen später immer noch ergänzen; anders ist das, wenn es beim Programmieren um Geld geht. Damit die Aufgaben festgelegt sind, die eine ProgrammiererIn für eine AuftraggeberIn zu erfüllen hat, einigen sich die Vertragsparteien auf ein sogenanntes **Pflichtenheft**, in dem möglichst genau beschrieben wird, was von dem Programm verlangt wird.

Wir halten für unsere Aufgabe zunächst nur ein paar Details fest:

- Die Welt soll eine Größe von 10 * 10 Feldern haben.

- Eine Anfangskonfiguration soll beliebig vorgegeben werden können.

- Die Anzahl von Generationen, die zu simulieren ist, muß angegeben werden können.

- Die Konfiguration soll wahlweise nach jedem Schritt oder nach einer angegeben Anzahl von Schritten angezeigt werden.

- Das Programm soll in Pascal geschrieben werden.

In dieser Liste fehlt noch einiges. So ist nicht angegeben, wie eine Anfangskonfiguration eingegeben werden soll oder auf was für einem Rechner das Programm laufen soll, welcher Pascaldialekt zu benutzen ist oder ob die Wahl frei steht oder wie die Ausgaben auszusehen haben. Man könnte sich auch wünschen, daß Nöpelvölker in einer Datei abgespeichert werden oder aus einer Datei eingelesen werden können. All diese Anforderungen müßte man eigentlich möglichst genau festlegen. Und wenn wir all dies genau festgelegt hätten, dann wären wir immer noch nicht sicher, daß wir alle interessanten und wichtigen Einzelheiten aufgelistet hätten.

Wir versuchen hier erst gar keine vollständige Auflistung und Strukturierung der Anforderungen, weil uns die Programmiersprache, die wir an diesem Beispiel demonstrieren wollen, wichtiger ist. Wir wollen nur die Gelegenheit nutzen, auf die Schwierigkeit hinzuweisen, einen vollständigen Anforderungskatalog selbst für ein relativ einfaches und überschaubares Problem aufzustellen: Es gibt immer viele Einzelheiten, die festgelegt werden müssen; und man kann nicht wissen, ob nicht die eine oder andere vergessen wurde.

Bevor Sie mit dem Programmieren beginnen können, sollten Sie das Problem verstanden haben. Es ist hilfreich, wenn Sie sich dafür die Anforderungen sehr deutlich machen. Danach sollten Sie besser nicht sofort darangehen, das Programm aufzuschreiben, sondern sich zunächst einen Algorithmus überlegen. Dieser enthält noch nicht so viele Details wie das Programm und ist deshalb übersichtlicher.

2.2.4 Modularisierung von Algorithmen

Ein sehr kleines Programm kann man womöglich ganz ohne Planung und in einem einzigen Kraftakt aufschreiben. Normalerweise funktioniert das aber nicht. Schon bei mäßig großen Problemen, die man nicht schon häufiger gelöst hat, wird der Überblick schwierig.

Wie geht man in einem solchen Fall vor? Das umfangreiche Problem wird in mehrere leichter überschaubare Teilprobleme aufgeteilt, diese werden dann einzeln gelöst, und endlich werden die Einzellösungen wieder zu einer Gesamtlösung zusammengesetzt. In der Informatik nennt man das **Modularisierung**, und die Programme, die die einzelnen Teilprobleme lösen, heißen **Module**.

Leider löst auch die Modularisierungstechnik nicht alle Probleme einer unübersichtlichen Aufgabenstellung. Zum einen müssen die Module so klein entworfen werden, daß sie übersichtlich sind. Wenn die Module sehr klein sind, dann braucht man allerdings bei sehr großen Problemen viele davon. Der Gesamtalgorithmus kann dann doch wieder unübersichtlich werden.

Deshalb werden die Teilmodule noch weiter modularisiert; das kann man wiederholen, bis die Module eine überschaubare Größe bekommen haben. Auf diese Weise bekommt man eine Hierarchie von Modulen; alle Module bestehen aus einer überschaubaren Anzahl von Teilmodulen, nur die einfachsten nicht.

Solch ein Ansatz ist theoretisch denkbar; aber leider ist auch dies keine Patentlösung für allzu umfangreiche Aufgaben, denn auch eine sehr tiefe Modulhierarchie kann leicht unübersichtlich werden. Trotz dieser Schwierigkeiten ist die Modularisierung die wichtigste und hilfreichste Methode, um umfangreiche Probleme zu lösen.

2.2.5 Die Grobaufteilung der Aufgabe

Wir werden den Algorithmus zur Simulation der Nöpelwelt in Module aufteilen. Die einzelnen Teilalgorithmen wollen wir später in Pascalprogrammteile umsetzen.

Wir teilen das Gesamtproblem in vier Teilprobleme auf:

1. Wir wollen die Nöpel, die im ersten Jahr leben, positionieren.

2. Wir brauchen eine Möglichkeit, um die Anzahl der Generationen und die Art der Ausgabe – nach jedem Schritt oder nur ein Mal am Ende – einzugeben. Dies nennen wir die „Eingabe der Laufparameter".

3. Diese Berechnung der Folgegeneration müssen wir für alle Zellen der Nöpelwelt durchführen. Das nennen wir die „globale Überführungsfunktion". Diese Aufgabe wird weiter aufgeteilt; wie das geschieht, wird weiter unten beschrieben.

4. Wir müssen eine Möglichkeit haben, die Welt auf den Bildschirm auszugeben.

2.2.6   Die Modulstruktur des Lebensspiel-Algorithmus

Zum besseren Überblick geben wir hier eine graphische Zusammenfassung der Module des Algorithmus „Lebensspiel" an. Das Bild sieht aus wie ein auf den Kopf gestellter Baum. An jeder Verzweigung steht der Name eines Moduls, und die Äste, die von jeder Verzweigung abgehen, stehen für die Teilmodule. Die Module an den „Blättern" des Baums haben keine Teilmodule mehr:

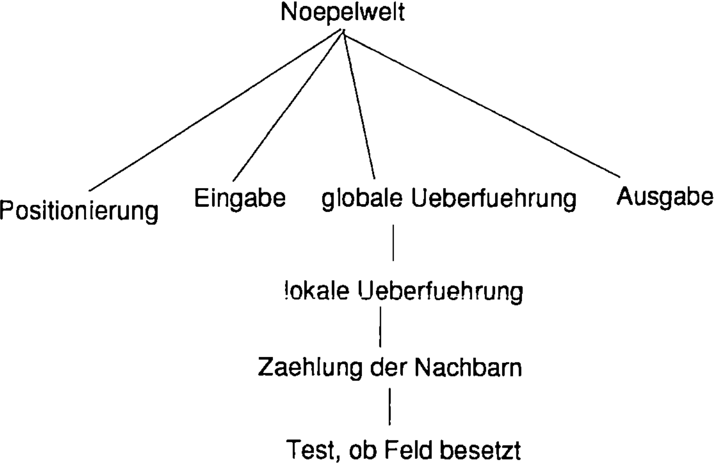

2.2.7   Der informelle Algorithmus

Der informelle Algorithmus kann folgendermaßen aussehen:

Algorithmus Nöpelwelt

1. Markiere die besetzten Zellen der Nöpelwelt.

2. Gib die Anfangskonstellation aus.

3. Lies ein, wieviele Generationen berechnet werden sollen, und wie oft das Programm Ausgaben machen soll.

4. Wenn die Anzahl der Generationen gleich Null ist, dann beende die Schleife; sonst wiederhole folgendes:

4.1 Berechne die gewünschten Generationen und gib sie aus; das geht folgendermaßen:

> 4.1.1 Merke Dir, wieviele Generationen schon berechnet wurden; wenn die gewünschte Zahl noch nicht erreicht ist, berechne die globale Überführungsfunktion, sonst beende die Schleife und fahre bei Schritt 4.2 fort.
>
> 4.1.2 Setze die berechnete neue Generation als die aktuelle Generation ein.
>
> 4.1.3 Wenn nach jedem Schritt ausgegeben werden soll: Gib die Nöpelwelt aus.
>
> 4.1.4 Weiter bei Schritt 4.1.1.

4.2 Wenn nur nach der letzten Generation ausgegeben werden soll: Gib die Nöpelwelt aus.

4.3 Lies ein, wieviele Generationen noch berechnet werden sollen, und wie die Ausgabe jetzt erfolgen soll. Fahre dann bei Schritt 4 fort.

2.2.8   Die Einzelaufgaben

Nach der Vorstellung dieser abstraktesten Ebene des Verfahrens zur Simulation der Nöpelwelt müssen jetzt noch die Algorithmen zur Lösung der Teilaufgaben angegeben werden.

Positionierung der ersten Nöpel

Algorithmus Erste Nöpel

1. Lösche die Nöpelwelt. Das geht folgendermaßen: Für jede Zelle der Nöpelwelt wiederhole folgendes:

> 1.1 Lösche die Zelle

2. Wiederhole folgendes für jede Zelle, auf der zu Beginn ein Nöpel sitzen soll:

> 2.1 Markiere die aktuelle Zelle als belegt.

Die Eingabe der Laufparameter

Algorithmus Eingabe der Laufparameter

1. Lies ein, wieviele Generationen berechnet werden sollen. Dies darf keine negative Zahl sein.

2. Wenn diese Anzahl größer als Eins ist, dann lies ein, ob nach jeder Generation ausgegeben werden soll.

Die globale Überführungsfunktion

Algorithmus Globale Überführungsfunktion

1. Für jede Zelle der aktuellen Nöpelwelt wiederhole folgendes:

   1.1 Berechne die lokale Überführungsfunktion der aktuellen Zelle.

   1.2 Vermerke in einer anderen Nöpelwelt, in der die folgende Generation berechnet wird, ob die aktuelle Zelle der aktuellen Nöpelwelt in der folgenden Generation lebt oder nicht. Durch die Benutzung einer anderen Nöpelwelt wird vermieden, daß die Generationen sich durchmischen.

Beim Entwurf der globalen Überführungsfunktion benutzen wir ein Teilmodul: Die Berechnung der lokalen Überführungsfunktion, in der für jede einzelne Zelle bestimmt wird, ob sie in der nächsten Generation ein Nöpel trägt.

Die lokale Überführungsfunktion

Algorithmus Lokale Überführungsfunktion

1. Zähle die Anzahl der lebendigen Nachbarn.

2. Wenn in der aktuellen Zelle ein Nöpel lebt, und die Anzahl der Nachbarn zwei oder drei ist, dann überlebt das Nöpel.

3. Wenn in der aktuellen Zelle kein Nöpel lebt, und die Zelle drei Nachbarn hat, dann wird hier ein Nöpel geboren: Die Zelle ist in der nächsten Generation besetzt.

4. In jedem anderen Falle ist die Zelle in der nächsten Generation unbesetzt.

Auch hier benutzen wir ein Teilmodul: Die Zählung der Nachbarn.

Zählung der Nachbarn

Algorithmus Zählung der Nachbarn

1. Vermerke Null als die Zahl bislang gefundener Nachbarn.

2. Für die acht Umgebungszellen der aktuellen Zelle wiederhole folgendes:

   2.1 Stelle fest, ob die Zelle existiert und ein Nöpel trägt; wenn ja, dann erhöhe die Anzahl gefundener Nachbarn um eins.

Auch dieses Modul enthält ein unerklärtes Teilmodul: Den Test, ob auf einer Zelle ein Nöpel sitzt. Das ist deshalb nicht ganz einfach, weil die Randzellen nicht acht Nachbarzellen haben.

Test, ob eine Zelle existiert und ein Nöpel trägt

Algorithmus Test ob Zelle Nöpel hat

1. Wenn die aktuelle Zelle nicht existiert, dann liefere zurück, daß hier kein Nöpel sitzt.

2. Wenn die aktuelle Zelle existiert, dann liefere zurück, ob darauf ein Nöpel sitzt.

Die Ausgabe

Algorithmus Ausgabe Nöpelfeld

1. Gib eine Kopfzeile mit der Generationsnummer aus.

2. Für jede Zeile der Nöpelwelt wiederhole folgendes:

    2.1 Für jede Spalte der Nöpelwelt wiederhole folgendes:

        2.1.1 Gib an, ob in der aktuellen Zelle ein Nöpel lebt oder nicht.

3. Gib eine Fußzeile aus.

2.3 Ein Programm „Lebensspiel"

Wir haben jetzt ziemlich detailliert vorgeführt, wie der Algorithmus funktionieren soll. Es fehlen noch ein paar Bestandteile der Programmiersprache Pascal, die wir nun vorstellen wollen. Dazu gehöhren Felder, die sich sehr gut dazu eignen, die Nöpelwelt darzustellen, und die Prozeduren, die die Modularisierung unterstützen.

2.3.1 Die Darstellung der Nöpelwelt im Rechner mit einem Feld

Die Variablen, die wir bislang vorgestellt haben, konnten jeweils nur eine ganze Zahl, eine Kommazahl oder einen Wahrheitswert aufnehmen. Pascal stellt aber auch die Möglichkeit zur Verfügung, viele Einzelelemente, die den gleichen Typ haben, zusammenzufassen. Dieser Datentyp heißt **Feld**, oder in Pascal: **ARRAY**. Ein Feld kann viele Zahlen oder Wahrheitswerte enthalten. Im einfachsten Falle sind die Elemente eines Feldes durchnumeriert. Die Vereinbarung eines Feldes beginnt mit dem vordefinierten Wort **ARRAY**; gefolgt wird dieses von dem Indexbereich in eckigen Klammern, abgeschlossen wird die Deklaration durch das vordefinierte Wort **OF** und den Typ, den die Feldelemente haben sollen. Das Element, das man auswählen möchte, wird in Pascal mit eckigen Klammern angegeben. Der Wert zwischen den eckigen Klammern wird der **Index** des ausgewählten Elementes genannt. Hier ein Beispiel, das die Benutzung eines einfachen Feldes demonstriert:

```
 1 PROGRAM Felddemo;
 2 VAR
 3     zahlenfeld: ARRAY[0..13] OF INTEGER;
 4     i: INTEGER;
 5
 6 BEGIN
 7     (* In das erste und das zweite Element des Feldes wird die
 8      * Zahl Eins eingetragen. Das erste Element hat, gemaess der
 9      * obigen Deklaration, die Nummer Null, das zweite die Nummer
10      * Eins. *)
11     zahlenfeld[0] := 1;
12     zahlenfeld[1] := 1;
13
14     (* Mit der Laufvariable "i" wird das Feld durchlaufen und an
15      * jeder Stelle die Summe der beiden davorliegenden
16      * Feldelemente eingetragen. *)
17     FOR i := 2 TO 13 DO BEGIN
18        zahlenfeld[i] := zahlenfeld[i-1] + zahlenfeld[i-2];
19     END;
20 END;
21
```

In dem Programm wird ein Feld mit dem Namen `zahlenfeld` deklariert (Zeile 3); es enthält vierzehn Einträge, die mit den Indizes Null bis Dreizehn angesprochen werden. Jeder dieser Einträge kann eine ganze Zahl (`INTEGER`) aufnehmen.

In der Zeile 4 wird eine Integervariable `i` deklariert. Diese übernimmt die Aufgabe einer Laufvariablen, die in einer Schleife (Zeile 17) hochgezählt wird.

Als Index kann auch ein berechneter Ausdruck verwendet werden (Zeile 18).

Am Ende des Programmlaufs sicht das `zahlenfeld` folgendermaßen aus:

Werte:	1	1	2	3	5	8	13	21	34	55	89	144	233	377
Indizes:	0	1	2	3	4	5	6	7	8	9	10	11	12	13

Die Elemente von Feldern kann man ebenso benutzen wie andere Variablen auch: Man kann Werte an sie zuweisen und sie bei der Berechnung von anderen Werten benutzen.

Aufgabe 2.2 *(Deklaration und die Benutzung eines Feldes) Deklarieren Sie ein Feld von Kommazahlen, das mit den ganzen Zahlen von drei bis neun indiziert wird. Wieviele Elemente enthält dieses Feld? Schreiben sie ein Programm, das in jeder Komponente i dieses Feldes den Wert i ablegt, dann die Summe der Elemente des Feldes berechnet und endlich diesen Wert ausgibt.*

2.3.2   Mehrdimensionale Felder

Die einzelnen Elemente eines Feldes müssen nicht von einem einfachen Typ sein; sie können auch selbst wieder Felder sein. Ein Feld mit dem Namen `Noepelwelt` von zehn Feldern, die jeweils zehn Boolesche Werte enthalten, kann folgendermaßen deklariert werden:

```
Noepelwelt: ARRAY [1..10] OF ARRAY [1..10] OF BOOLEAN;
```

Dieses Feld kann man sich folgendermaßen vorstellen:

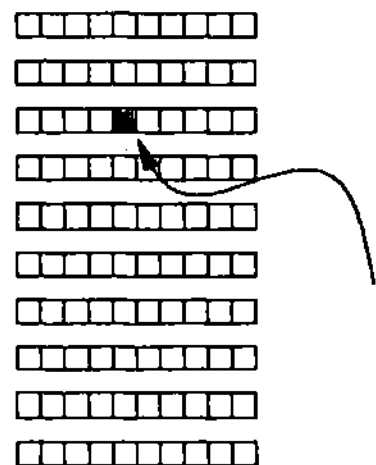

Den fünften Wahrheitswert des dritten Feldes kann man dann folgendermaßen ansprechen:

```
Noepelwelt[3][5]
```

Das ist dann folgendes Element:

Ein solches Feld von Feldern von Wahrheitswerten nennt man auch **zweidimensionales Boolesches Feld**. Man kann auch Felder von Feldern von Feldern deklarieren; ein Feld von Feldern von Feldern von ganzen Zahlen heißt zum Beispiel **dreidimensionales Integerfeld**.

Ein zweidimensionales Boolesches Feld kann eine Nöpelwelt darstellen: Jedes Element, das **TRUE** ist, steht für ein von einem Nöpel besetztes Feld, und jedes Element, das **FALSE** ist, steht für ein unbesetztes Feld.

Es gibt eine abkürzende Schreibweise für Felder von Feldern. Man kann zum Beispiel die obige Nöpelwelt folgendermaßen deklarieren und löschen:

```
 1 PROGRAM LoeschNoepelwelt;
 2
 3 CONST groesse = 10;
 4 VAR
 5   Noepelwelt: ARRAY[1..groesse, 1..groesse] OF BOOLEAN;
 6
 7   (* "i" und "j" sind die Laufvariablen fuer die beiden
 8    * Feldebenen. *)
 9   i,j: INTEGER:
10
11 BEGIN
12   FOR i:=1 TO groesse DO BEGIN
```

```
13     FOR j:=1 TO groesse DO BEGIN
14         Noepelwelt[i,j] := FALSE;
15     END;
16   END;
17 END.
```

Es gehört zum guten Programmierstil, die Größe eines Feldes mit einer Konstanten anzugeben. Im Bedarfsfall muß dann nur an einer Stelle eine Änderungen durchgeführt werden (Zeile 3).

Die Indexbereiche der unterschiedlichen Ebenen werden mit Kommata getrennt (Zeile 5). Dies gilt auch für die Auswahl eines Feldelementes bei der Benutzung (Zeile 14).

Aufgabe 2.3 *(Benutzung eines zweidimensionalen Feldes) Entwerfen Sie ein Programm, das eine Nöpelwelt deklariert, löscht und dann den Rand, aber nur den Rand, mit Nöpeln besetzt.*

Die Lösung der letzten Aufgabe macht deutlich, wie man später einmal die gewünschte Nöpelpopulation in das geleerte Anfangsfeld hineinsetzen kann.

Wir werden später einmal immer wieder eine neue Nöpelgeneration aus einer alten berechnen müssen. Dazu brauchen wir zwei Felder von Nöpeln: Das eine enthält immer die gerade aktuelle Generation, während wir im anderen die nächste Generation aufbauen.

Anstatt zwei einzelne zweidimensionale Felder zu benutzen, werden wir zur Darstellung der beiden Nöpelgenerationen ein einziges dreidimensionales Boolesches Feld namens **noepelwelt** benutzen. Die ersten beiden Dimensionen umfassen die verlangten zehn mal zehn Elemente, die letzte Dimension enthält nur zwei Ebenen (Ebene 0 und Ebene 1). In der Ebene 0 steht am Anfang die erste aktuelle Generation, in der Ebene 1 wird die zweite Generation aufgebaut. Wenn die nächste Generation berechnet werden soll, enthält die Ebene 1 die aktuelle Generation, und in Ebene 0 wird die neue Generation aufgebaut. Die Ebenen wechseln ihre Funktion nach der Berechnung jeder Generation. Bildlich kann man sich das wie zwei Schachbretter vorstellen, die übereinanderliegen und die ihre Aufgabe bei jedem Generationswechsel vertauschen.

Die Variable **aktuelleebene** gibt zu jedem Zeitpunkt an, welche der Ebenen für die aktuelle und welche für die künftige Generation benutzt wird. Die Nöpelwelt wird folgendermaßen deklariert:

```
noepelwelt: ARRAY[1..groesse, 1..groesse, 0..1] OF BOOLEAN;
aktuelleebene: INTEGER;
```

Der Wert der Variable **aktuelleebene** soll jedes Mal wechseln, wenn eine neue Generation berechnet wurde. Das kann man zum Beispiel so machen:

```
aktuelleebene := 1-aktuelleebene;
```

2.3.3 Prozeduren zur Lösung von Teilaufgaben

Wir haben oben angesprochen, daß man umfangreiche Probleme in Teilprobleme aufteilt, diese dann mit Teilalgorithmen löst, die „Module" genannt werden und diese Module dann zur Gesamtlösung des Gesamtproblems zusammensetzt. Es gibt in Pascal eine

Möglichkeit, diese Modularität des Algorithmus durch eine Modularität des Programms widerzuspiegeln: Man kann **Prozeduren** benutzen, um die Teilaufgaben zu lösen. Hier ein Programm, das eine Nöpelwelt mit Hilfe einer Prozedur löscht:

```
 1 PROGRAM prozdemo;
 2 CONST groesse = 10;
 3 VAR
 4   noepelwelt: ARRAY [1..groesse, 1..groesse, 0..1] OF BOOLEAN;
 5   aktuelleebene: INTEGER;
 6
 7 PROCEDURE loeschefeld;
 8   VAR
 9     i,j: INTEGER;
10   BEGIN
11     FOR i:=1 TO groesse DO BEGIN
12       FOR j:=1 TO groesse DO BEGIN
13         noepelwelt[i, j, aktuelleebene] := FALSE;
14       END;
15     END;
16   END;
17
18 BEGIN (* Das Hauptprogramm: *)
19
20   (* Loesche das Nopelfeld; dafuer muss erstmal die aktuelle
21    * Ebene definiert werden, dann erst kann das Loeschen
22    * durchgefuehrt werden: *)
23   aktuelleebene := 0;
24   loeschefeld;
25 END.
```

In der Zeile 7 beginnt die Deklaration der Prozedur `loeschefeld`. Eine Prozedur ohne Argumente wird aufgerufen, indem man ihren Namen hinschreibt (Zeile 24).

Die Deklaration einer Prozedur sieht aus wie ein kleines Programm innerhalb des Gesamtprogramms. Sie fängt mit dem vordefinierten Wort **PROCEDURE** an, dann folgt der Name. Danach können beliebige Deklarationen gemacht werden, genau wie in einem Programm. Dann folgt, wieder wie in einem Programm, der **BEGIN-END**-Block, der hier allerdings mit einem Semikolon und nicht mit einem Punkt abgeschlossen wird.

Ein Programm kann beliebig viele Prozedurdeklarationen enthalten; Prozeduren werden im Anschluß an die Variablen deklariert. Prozeduren kommen in Pascal sehr häufig vor. Das, was wir bislang als das Programm kennengelernt haben, wird auch **Hauptprogramm** genannt. Eine Prozedur heißt **Unterprogramm**. Hauptprogramm und Unterprogramme nennt man auch **Module**. Alle Module haben einen ganz ähnlichen Aufbau: Sie bestehen aus einem Kopf, der den Namen des Modules und die Parameter beinhaltet. Auf diesen Kopf folgen die Deklarationen von Konstanten und Variablen, und es können innerhalb jedes Moduls weitere Unterprogramme vereinbart werden. Auf diese Weise kann man hierarchische Modularisierungen aufbauen. Schließlich beendet ein **BEGIN-END**-Block mit Anweisungen das Modul.

2.3.4　Sichtbarkeit von Namen

Man kann in Pascal Prozeduren in Prozeduren definieren; das kann man prinzipiell beliebig tief schachteln, in jeder Schachtelung kann man neue Namen für Konstanten, Variablen und Prozeduren deklarieren. Wir haben in unserem Beispiel nur zwei Schachtelungsebenen – das Hauptprogramm und ein Unterprogramm. Nun sind nicht alle Namen, die man irgendwo deklariert hat, überall benutzbar. Auf die Variablen i und j, die im Unterprogramm deklariert wurden, kann man zum Beispiel im Hauptprogramm nicht zugreifen; die Deklaration gilt nur für das Unterprogramm. Die Variablen `noepelwelt` und `aktuelleebene` aber, die im Hauptprogramm deklariert wurden, kann man auch im Unterprogramm benutzen.

Variablen, die in einem Modul deklariert wurden, nennt man die **lokalen Variablen** dieses Moduls. Das kommt daher, daß Variablen immer nur in gewissen Bereichen sichtbar sind. Einfach ausgedrückt: Ein Name ist in der Schachtel sichtbar, in der er deklariert wurde, und in allen Schachteln, die in dieser Schachtel enthalten sind. Hier ist eine Illustration:

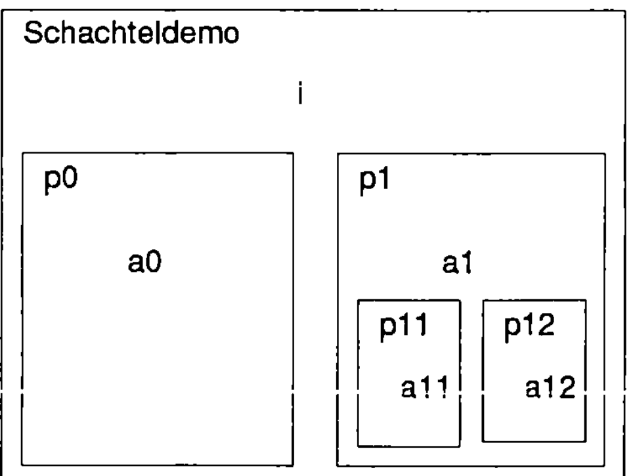

Das folgende Programm entspricht dieser Schachtelstruktur:

```pascal
PROGRAM Schachteldemo;
VAR i: INTEGER;

PROCEDURE p0;
   VAR a0: INTEGER;
   BEGIN (* p0 *) END;

PROCEDURE p1;
   VAR a1: INTEGER;

   PROCEDURE p11;
      CONST a11 = 3;
      BEGIN (* p11 *) END;

   PROCEDURE p12;
      VAR a12: INTEGER;
      BEGIN (* p12 *) END;

   BEGIN (* p1 *) END;

   BEGIN (* Hauptprogramm *) END.
```

i ist überall sichtbar, denn das Hauptprogramm enthält alle Unterprogramme. Die Variable **a0** ist nur in **p0** sichtbar. **a1** ist in **p1**, in **p11** und in **p12** sichtbar, denn **p1** enthält die Unterprogramme **p11** und **p12**; im Hauptprogramm darf man **a1** nicht benutzen, und auch nicht in **p0**, denn diese liegen nicht innerhalb von **p1**. **a11** ist nur in **p11** sichtbar und **a12** nur in **p12**.

Diese Sichtbarkeit gilt auch für die Namen der deklarierten Prozeduren: Man darf eine Prozedur nur innerhalb der Schachtel benutzen, in der sie deklariert wurde oder in weiter innen liegenden Schachteln.

Es gilt noch eine zweite Sichtbarkeitsregel, aber die ist einfacher: Man darf einen Namen erst benutzen, nachdem er deklariert wurde. Weil alle Konstanten und Variablen vor den Prozeduren deklariert werden müssen, darf man in den Unterprogrammen eines Moduls alle Konstanten und Variablen des Moduls benutzen. Außerdem darf man neben den Prozeduren, die in einer umliegenden Schachtel zuvor deklariert wurden, auch alle Prozeduren benutzen, die in der gleichen Schachtel schon zuvor deklariert wurden.

Aufgabe 2.4 *(Sichtbarkeit von Namen) In welchen Anweisungsblöcken des Programms* **Schachteldemo** *dürfen Sie die Namen* **p0, p1, p11** *und* **p12** *benutzen?*

2.3.5 Wiederverwendung von Namen

Wenn ein Programm aus vielen Modulen besteht, dann ist es wichtig, daß nicht allzu viel über die anderen Module bekannt sein muß, um ein neues Modul zu schreiben. Zum Beispiel möchten Sie sich keine Gedanken darüber machen, ob der Namen i schon in irgendeinem Modul benutzt worden ist, wenn Sie in einem anderen Modul eine Variable dieses Namens benutzen.

Aus diesem Grunde dürfen in Pascal Namen, die in irgendeinem Modul benutzt worden sind, in anderen Modulen mit neuen Bedeutungen versehen werden. Damit ist das folgende Programm zulässig:

```
PROGRAM NamenRecyclingDemo;
   CONST i = 30;
         j = 40;
   VAR k: INTEGER;

PROCEDURE Proc1;
   VAR i: INTEGER;
       m: REAL;
   BEGIN (* Anweisungen von Proc1 *) END;

PROCEDURE Proc2;
   CONST j = 60;
   VAR i: REAL;
       k: INTEGER;
       m: INTEGER;
   BEGIN (* Anweisungen von Proc2 *) END;

   BEGIN (* Anweisungen von NamenRecyclingDemo *) END.
```

Im Bereich der Anweisungen von **Proc1** sind die Namen von **NamenRecyclingDemo** und von **Proc1** sichtbar. Die Deklaration einer **INTEGER**-Variablen i in **Proc1** verdeckt jedoch die Deklaration der Konstanten i=30 in **NamenRecyclingDemo**: Diese Konstante kann an dieser Stelle nicht mehr angesprochen werden.

Im Bereich der Anweisungen von **Proc2** gelten die Deklarationen, die in den Modulen **NamenRecyclingDemo** und in **Proc2** vorgenommen wurden. Die Deklaration der Konstanten j=60, der **REAL**-Variablen m und der **INTEGER**-Variablen k in **Proc2** verdecken die Deklarationen in **NamenRecyclingDemo**. Die Deklaration der **INTEGER**-Variable m enthält keine Probleme, weil die andere Deklaration für m, in **Proc1**, an dieser Stelle sowieso nicht mehr sichtbar ist.

In den Anweisungen von **NamenRecyclingDemo** sind aufgrund der normalen Sichtbarkeitsregeln wieder nur die Namen sichtbar, die auch in diesem Modul deklariert worden sind.

Es gibt eine wichtige Einschränkung für die Wiederverwendbarkeit von Namen: In einem einzelnen Modul müssen die Namen eindeutig sein; wenn in einem Modul eine Konstante **k** deklariert worden ist, dann darf im gleichen Modul dieser Name nicht noch einmal benutzt werden.

2.3.6   Parameter für Unterprogramme

Die Prozedur **WRITELN** haben wir bereits vorgestellt. Die Angabe von Argumenten ist bei dieser Prozedur optional. Bei Prozeduren, die nicht vordefiniert sind, ist es ebenso möglich, Argumente zu verwenden. Wenn wir etwa ein Feld nicht immer nur löschen, sondern es zuweilen auch mit Nöpeln besetzen wollen, dann könnten wir bei der Prozedur **loeschefeld** ein Argument angeben, dessen Wert in jede Zelle des Feldes eingetragen werden soll. Dieses Argument soll ein Boolescher Wert sein. Dazu ein Beispielprogramm:

```
 1 PROGRAM ProzdemoMitArgumenten;
 2 CONST groesse = 10;
 3 VAR
 4   noepelwelt: ARRAY [1..groesse, 1..groesse, 0..1] OF BOOLEAN;
 5   aktuelleebene: INTEGER;
 6
 7 PROCEDURE loeschefeld(eintrag: BOOLEAN);
 8   VAR
 9     i,j: INTEGER;
10   BEGIN
11     FOR i:=1 TO groesse DO BEGIN
12       FOR j:=1 TO groesse DO BEGIN
13         (* Belege jedes Element mit dem gewaehlten Eintrag. *)
14         noepelwelt[i, j, aktuelleebene] := eintrag;
15       END;
16     END;
17   END;
18 (* Hier endet die Deklaration von "loeschefeld". *)
19
20 BEGIN (* Das Hauptprogramm: *)
21   loeschefeld(FALSE);
22 END.
```

Wenn bei einer selbstdefinierten Prozedur Argumente vereinbart werden sollen, so werden diese in Klammern angegeben (Zeile 7). Wenn man mehrere Argumente benutzen will, trennt man die Deklarationen mit Semikola. Die Namen der Argumente können in der Prozedur wie Variablen benutzt werden.

2.3.7 Das Hauptprogramm ohne Unterprogramme

Wenn ein modularer Algorithmus in ein Programm umgesetzt werden soll, muß man sich überlegen, in welcher Reihenfolge man die Prozeduren für die einzelnen Module schreibt. Dabei gibt es zwei besonders populäre Strategien: Der Weg kann von den allgemeinsten Aufgaben zu den speziellen gehen; diese Strategie wird **Top-Down-Strategie** genannt. Wenn Sie sich an das Bild der Modulstruktur in Abschnitt 2.2.6 erinnern, dann können Sie sich auch vorstellen, wie die Strategie zu diesem Namen kam. Dies ist die meistverwendete Methode.

Die andere Strategie heißt **Bottom-Up-Strategie.** In diesem Fall fängt man mit den am weitesten unten liegenden Modulen an. Diese Vorgehensweise wird benutzt, wenn nicht sicher ist, ob die in der Hierarchie unten liegenden Module so implementierbar sind, wie es geplant ist. Wenn Änderungen nötig sind, müßten vielleicht große Teile des Entwurfs verändert werden, und es ist ärgerlich, wenn dann alle weiter oben liegenden Module weggeworfen werden müßten.

Unser Beispiel hat nicht allzu viele Module, und wir versichern Ihnen, daß wir alle Module relativ problemlos implementieren können. Deswegen werden wir von oben nach unten vorgehen.

Hier ist die erste Version des Hauptprogramms für die Simulation der Nöpelwelt. Wir geben von den Prozeduren der Übersichtlichkeit halber nur die Köpfe an, die Prozedurrümpfe beschreiben wir später.

```
PROGRAM Noepelsimulation(INPUT, OUTPUT);
CONST
  (* Spielfeld ist ein Quadrat dieser Seitenlaenge: *)
  groesse = 10;
VAR
  (* Diese Variablen beschreiben die Noepelwelt. *)
  noepelwelt: ARRAY[1..groesse, 1..groesse, 0..1] OF BOOLEAN;
  (* Diese gibt an, welche Ebene aktuell ist. *)
  aktuelleebene: INTEGER;

  (* Wieviele Generationen sollen berechnet werden? *)
  anzahlgenerationen: INTEGER;

  (* Soll nach jeder Generationsberechnung ausgegeben werden,
   * oder nur am Ende? *)
  immerausgeben: BOOLEAN;

  (* Die aktuelle Generationsnummer: *)
  generationszahl: INTEGER;

  (* Setze die Anfangskonstellation: *)
  PROCEDURE anfangskonstellation;
    ....
```

```
(* Einlesen der Anzahl von Generationen und der Frage, ob nach
 * jeder Generation oder erst am Schluss ausgegeben werden soll. *)
PROCEDURE parametereinlesen;

....

(* Ausgabe des Spielfeldes. *)
PROCEDURE ausgabe(generation: INTEGER);

....

(* Berechnung der neuen Generation; "aktuelleebene" gibt die
 * aktuelle Generation an. *)
PROCEDURE generationberechnen;

....

(* Berechnung und Ausgabe der Generationen; *)
PROCEDURE generationenberechnen(anzahl: INTEGER);

....

BEGIN (* Hauptprogramm *)

  (* Wir beginnen bei Ebene Null. *)
  aktuelleebene:=0;

  (* Dies ist die nullte Generation: *)
  generationszahl := 0;

  anfangskonstellation;

  (* Wir geben die Konstellation schon mal aus: *)
  ausgabe(generationszahl);

  parametereinlesen;

  (* Solange die Anzahl der abzuarbeitenden Generationen <>0 ist:
   * berechne die gewuenschte Anzahl von Generationen
   * und frag dann wieder nach: *)
  WHILE anzahlgenerationen <> 0 DO BEGIN
    generationenberechnen(anzahlgenerationen);
    parametereinlesen;
  END;

END.
```

2.3.8   Setzen der Anfangskonstellation

Immer, wenn man neue Anfangskonstellationen benutzen will, muß man diese Prozedur
verändern und das Programm neu übersetzen. Wir beginnen mit einem Läufer in der Mitte
des Spielfeldes:

```
1 PROCEDURE anfangskonstellation;
2 VAR
3   (* "mitte" ist bei geraden Kantenlaengen die Haelfte der
4    * Kantenlaenge, sonst um 0.5 kleiner. *)
5   zeile, spalte: INTEGER;
```

```
 6    mitte: INTEGER;
 7 BEGIN
 8    (* Loesche zunaechst das Noepelfeld *)
 9    FOR zeile:=1 TO groesse DO BEGIN
10      FOR spalte:=1 TO groesse DO BEGIN
11        noepelwelt[zeile,spalte,aktuelleebene]:=FALSE;
12      END;
13    END;
14
15    (* Die Mitte wird berechnet.  Bei gerade "groessen" stimmt
16     * das Ergebnis nicht genau. *)
17    mitte := (groesse DIV 2)+1;
18
19    (* Die Prozedur wird falsch, wenn die "groesse" kleiner
20     * oder gleich zwei ist.  Man koennte den Fehler abtesten,
21     * aber wir lassen das hier. *)
22    noepelwelt[mitte-1, mitte, aktuelleebene] := TRUE;
23    noepelwelt[mitte, mitte+1, aktuelleebene] := TRUE;
24    noepelwelt[mitte+1, mitte-1, aktuelleebene] := TRUE;
25    noepelwelt[mitte+1, mitte, aktuelleebene] := TRUE;
26    noepelwelt[mitte+1, mitte+1, aktuelleebene] := TRUE;
27 END;
```

Die gesetzten Zellen in der Mitte des Spielfeldes haben folgende Gestalt:

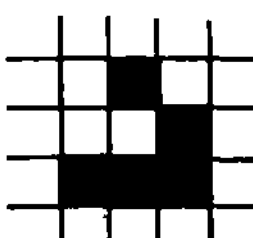

Der Operator **DIV**, der in der Zeile 17 auftritt, steht für die Ganzzahldivision: bei positiven Argumenten werden bei dieser Division vom Divisionsergebnis die Kommastellen abgeschnitten. Dies bedeutet, daß als Ergebnis immer eine ganze Zahl geliefert wird, unabhängig davon, ob die Division aufgeht. Dies muß auch so sein, da die Variable **mitte**, die das Divisionsergebnis aufnimmt, als Integervariable vereinbart wurde. Der Compiler würde einen Fehler melden, wenn einer Integervariable ein Zahlenwert vom Typ **real** zugewiesen werden soll.

2.3.9   Einlesen der Laufparameter

```
PROCEDURE parametereinlesen;
VAR
    (* Weil wir Boolesche Werte nicht direkt einlesen koennen, machen
     * wir das ueber den Umweg einer INTEGER-Variable. *)
    hilfsint: INTEGER;
BEGIN
    WRITE('Wieviele Generationen sollen berechnet werden? ');
    WRITELN('(0 fuer Abbruch)');
    READLN(anzahlgenerationen);
    WHILE anzahlgenerationen < 0 DO BEGIN
        WRITELN('Negative Eingaben nicht erlaubt.');
        (* WRITE wird im Anschluss an das Programm erklaert. *)
        WRITE('Wieviele Generationen sollen berechnet werden? ');
        WRITELN('(0 fuer Abbruch)');
        READLN(anzahlgenerationen);
```

```
    END;

    IF anzahlgenerationen > 1 THEN BEGIN
      WRITELN('Soll nach jeder Generation ausgegeben werden?');
      WRITELN('Geben Sie 1 fuer "ja" ein und 0 fuer "nein".');
      READLN(hilfsint);
      WHILE (hilfsint <> 0) AND (hilfsint <> 1) DO BEGIN
        WRITELN('"',hilfsint,'" ist keine gueltige Eingabe.');
        WRITELN('Soll nach jeder Generation ausgegeben werden?');
        WRITELN('Geben Sie 1 fuer "ja" ein und 0 fuer "nein".');
        READLN(hilfsint);
      END;
      immerausgeben := (hilfsint = 1);
    END;

  END;
```

In dieser Prozedur wird **WRITE** verwendet. **WRITE** arbeitet wie **WRITELN**, nur wird am
Ende kein Zeilensprung durchgeführt.

2.3.10   Ausgabe der Nöpelwelt

```
PROCEDURE ausgabe(generation: INTEGER);
VAR
  i: INTEGER;
  zeile,spalte: INTEGER;
BEGIN
  (* Die Generationsnummer: *)
  WRITELN('Generation ',generation:3);

  (* Die Kopfzeile: *)
  FOR i:=1 TO groesse+2 DO BEGIN
    WRITE('-');
  END;
  WRITELN;

  (* Gib alle Zeilen aus: *)
  FOR zeile:=1 TO groesse DO BEGIN
    (* Jede Zeile beginnt und endet mit einem senkrechten
     * Strich. *)
    WRITE('|');

    (* Gib alle Spalten aus: *)
    FOR spalte:=1 TO groesse DO BEGIN
      IF noepelwelt[zeile,spalte,aktuelleebene] THEN BEGIN
        (* Mit einem Doppelkreuz markieren wir Zellen mit
         * Noepel. *)
        WRITE('#');
      END ELSE BEGIN
        (* Zellen ohne Noepel werden leer ausgegeben. *)
        WRITE(' ');
      END;
    END;

    (* Das Ende der Zeile, mit Zeilensprung. *)
    WRITELN('|');
```

```
END (* fuer alle Zeilen *);

(* Die Fusszeile *)
FOR i:=1 TO groesse+2 DO BEGIN
  WRITE('-');
END;
WRITELN;

(* Am Ende warte auf eine Eingabe *)
WRITELN('Druecken Sie <Return>.');
  READLN;
END;
```

Mit dem Befehl **READLN** (ohne Argumente) kann man darauf warten, daß die Return-Taste gedrückt wird. In unserer Prozedur benutzen wir diesen Befehl, damit die Ausgabe nicht von einer neuen Ausgabe überschrieben wird, bevor man sie in Ruhe betrachten konnte.

2.3.11   Berechnung aller Generationen

```
PROCEDURE generationerzeugen(anzahl: INTEGER);
VAR
  (* Bis zu dieser Generationsnummer muss berechnet werden: *)
  bisgeneration: INTEGER;

  PROCEDURE generationberechnen;
  ....

BEGIN
  bisgeneration := generationszahl+anzahl;

  WHILE generationszahl < bisgeneration DO BEGIN
    (* Berechne eine neue generation. *)
    generationberechnen(aktuelleebene);

    (* Die aktuelle Ebene ist jetzt die andere: *)
    aktuelleebene := 1-aktuelleebene;

    (* Und wir haben jetzt auch eine neue Generation berechnet: *)
    generationszahl := generationszahl+1;

    (* Wenn wir nach jeder Generationsberechnung ausgeben wollen,
     * muessen wir das hier tun: *)
    IF immerausgeben THEN BEGIN
      ausgabe(generationszahl);
    END;
  END;

  (* Wenn wir nur die letzte berechnete Generation ausgeben sollen,
   * dann ist dies die Stelle dafuer: *)
  IF NOT immerausgeben THEN BEGIN
    ausgabe(generationszahl);
  END;
END;
```

2.3.12   Ausgabeparameter

Prozeduren erledigen Teilaufgaben eines größeren Programms. Dazu brauchen sie vom Aufrufer manchmal Daten, die dieser ihnen als Argumente mitgibt. Manchmal liefern sie auch berechnete Ergebnisse zurück. Diese Daten haben wir bislang in Variablen abgelegt, die nach der Ausführung vom Aufrufer ausgelesen werden konnten, wie es zum Beispiel mit den Eingabewerten geschehen ist, die in der Prozedur `parametereinlesen` eingelesen wurden. Die Technik, Ergebnisse in Variablen abzulegen, die sowohl vom Aufrufer als auch vom aufgerufenen Programm aus zugreifbar sind, nennt man die „Benutzung gemeinsamer Variablen". Wenn diese Variablen nicht in einem Unterprogramm, sondern direkt im Hauptprogramm deklariert worden sind, nennt man sie „globale Variablen."

Selbstverständlich könnte man auch auf die Eingabeargumente verzichten und die Eingabewerte in Variablen ablegen. Das tut man aber oft nicht, damit bei der Lektüre des Programms möglichst deutlich wird, welche Variablen benutzt werden. Wieso soll das aber so deutlich werden?

Ein Problem bei einem modularen Programmaufbau ist, daß sehr leicht Module entstehen, die nicht zusammenpassen. Wenn man mit Variablen und Konstanten arbeitet, die an einer ganz anderen Stelle deklariert werden, verliert man leicht den Überblick. Es ist dann nicht immer sofort deutlich, welches Modul für bestimmte Aufgaben zuständig ist. Bei unserem Nöpelweltbeispiel kann das bedeuten, daß nicht eindeutig ist, in welchem Modul zum Beispiel die `generationszahl` hochzuzählen ist. Je mehr Module es gibt, desto mühseliger wird es, sich zu merken, über welche gemeinsamen Variablen die verschiedenen Module Informationen miteinander austauschen. Deswegen vermeidet man den Informationsaustausch über globale oder andere gemeinsam benutzte Variablen und verwendet Parameter dafür, bei denen sofort deutlich wird, welches Modul welche Werte zur Verfügung stellt und welches sie bekommt.

Die Parameter, deren Benutzung wir bislang demonstriert haben, heißen **Wertparameter** oder **Value-Parameter**. Das bedeutet, daß nur die Werte der Argumente an die Unterprogramme übergeben werden. Der Wert muß nicht aus einer Variable stammen, man kann auch Konstanten angeben.

Wenn man aber eine Prozedur schreiben will, die zum Beispiel die Werte zweier Variablen austauscht, dann reicht es nicht, der Prozedur die beiden Werte zu übergeben; der Prozedur muß vielmehr auch angegeben werden, wo diese Werte stehen, welche Variablen verändert werden sollen. Dafür stellt Pascal **VAR-Parameter** zur Verfügung. Ein Programm, das die Werte zweier Variablen mit ganzen Zahlen austauscht, ist etwa folgendes:

```
PROCEDURE integertausch(VAR i1: INTEGER; VAR i2: INTEGER);
VAR hilfsvariable: INTEGER;
BEGIN
  hilfsvariable := i1;
  i1 := i2;
  i2 := hilfsvariable;
END;
```

Beachten Sie das reservierte Wort **VAR** in der Parameterdeklaration. Wenn man eine Deklaration so schreibt, dann bedeutet das, daß die Werte von Variablen, die man als

Argumente übergibt, in der Prozedur verändert werden können; beim Aufruf der Prozedur werden nicht direkt die Werte der Argumente übergeben, sondern Informationen darüber, an welchen Stellen diese Werte stehen. Deswegen können in der Prozedur an diesen Stellen andere Werte eingetragen werden.

Zur Implementierung von **VAR**- und Wert-Parametern: Weil die Werte von Variablen, die als Wert-Parameter übergeben werden, in einer Prozedur oder Funktion nicht veränderbar sein sollen, werden der Prozedur Kopien der Werte übergeben. Wenn der Wert-Parameter ein großes Feld ist, dann kann die Kopieroperation relativ viel Zeit und Speicherplatz verbrauchen. **VAR**-Parameter sollen aber in der Prozedur verändert werden können. In diesem Fall findet kein Kopieren statt, sondern es wird der Prozedur eine Information übergeben, die beschreibt, wo das Original zu finden ist. Deswegen spart die Übergabe von großen Feldern als **VAR**-Parameter Zeit und Speicherplatz.

Wir halten fest: Datenaustausch zwischen aufrufenden und aufgerufenen Unterprogrammen kann über gemeinsame Variable erfolgen, die in beiden Prozeduren sichtbar sind. Dies ist oft aber unübersichtlich. Deswegen benutzt man gerne Parameter; Wertparameter ermöglichen es, Daten von Aufrufer an das aufgerufene Programm zu schicken; **VAR**-Parameter ermöglichen es zusätzlich, Ergebnisse dem aufrufenden Programm zurückzuliefern.

Aufgabe 2.5 *(VAR-Parameter) Gegeben sei folgendes Programm:*

```
PROGRAM VarParamTest;
VAR m,n: INTEGER;
PROCEDURE tausch(VAR i1: INTEGER; VAR i2: INTEGER);
   VAR hilfe: INTEGER;
   BEGIN hilfe:=i1; i1:=i2; i2:=hilfe; END;
PROCEDURE falschtausch(i1: INTEGER; i2: INTEGER);
   VAR hilfe: INTEGER;
   BEGIN hilfe:=i1; i1:=i2; i2:=hilfe; END;
BEGIN
   m:=3; n:=8; WRITELN(m:5,n:5);
   tausch(m,n); WRITELN(m:5,n:5);
   falschtausch(m,n); WRITELN(m:5,n:5);
   tausch(m,n); WRITELN(m:5,n:5);
END.
```

Was gibt es aus?

Aufgabe 2.6 *(Es geht noch einmal um VAR-Parameter.) Schreiben Sie eine Prozedur* **inkrement**, *die den Wert der als Argument übergebenen* **INTEGER**-*Variable um Eins erhöht.*

2.3.13 Die Berechnung einer neuen Generation

Bei der Berechnung einer neuen Generation kann man mehrere Unterprogramme benutzen, die für kein anderes Modul interessant sind. Deshalb deklarieren wir diese Unterprogramme innerhalb der Prozedur:

```
PROCEDURE generationberechnen;
VAR
  zeile, spalte: INTEGER;

  (* Hier wird die Anzahl der lebendigen Nachbarn abgelegt: *)
  anzahlvonnachbarn: INTEGER;

  (* Hier berechnen wir die Ebene, in der die neue Generation
   * abgelegt werden soll: *)
  neueebene: INTEGER;

  (* Berechne die Anzahl von Nachbarn einer Zelle; das Ergebnis
   * wird in dem VAR-Parameter "nachbarzahl" abgelegt. *)
  PROCEDURE anzahlnachbarn(zeile: INTEGER; spalte: INTEGER;
                           VAR nachbarzahl: INTEGER);

  ....


BEGIN (* generationberechnen *)
  neueebene := 1-aktuelleebene;

  (* Berechne die neue Generation fuer alle Zeilen: *)
  FOR zeile:=1 TO groesse DO BEGIN

    (* Berechne fuer alle Spalten der aktuellen Zeile: *)
    FOR spalte:=1 TO groesse DO BEGIN

      (* Berechne die Anzahl der Nachbarn des aktuellen Elementes:
       *)
      anzahlnachbarn(zeile,spalte, anzahlvonnachbarn);

      (* Wenn an der Stelle zeile/spalte in der aktuellen Ebene
       * ein Noepel sitzt, dann steht hier TRUE. *)
      IF noepelwelt[zeile, spalte, aktuelleebene] THEN BEGIN
          (* Ein lebendiges Noepel ueberlebt mit zwei oder drei
           * Nachbarn, sonst stirbt es: *)
          noepelwelt[zeile, spalte, neueebene]:=
          (anzahlvonnachbarn = 2) OR (anzahlvonnachbarn = 3);
      END ELSE BEGIN
          (* Ein Noepel wird geboren, wenn die Zelle drei
           * Nachbarn hat: *)
          noepelwelt[zeile, spalte, neueebene] :=
              anzahlvonnachbarn = 3;
      END;
    END;
  END;

  (* Die aktuelle Ebene ist jetzt die andere: *)
  aktuelleebene := neueebene;

END (* generationberechnen *);
```

2.3.14 Zählung der Nachbarn

```
PROCEDURE anzahlnachbarn(zeile: INTEGER; spalte: INTEGER;
                         VAR nachbarzahl: INTEGER);
VAR
  (* Hier wird abgelegt, ob die getestete Zelle lebendig war. *)
```

```
    lebendig: BOOLEAN;

    (* Teste, ob die angegebene Zelle ein Noepel traegt. Achte dabei
     * darauf, ob die Zelle auch auf dem Spielfeld ist! *)
    PROCEDURE istlebendig(zeile: INTEGER; spalte: INTEGER;
                          VAR lebendig: BOOLEAN);
    ....

BEGIN (* anzahlnachbarn *)
   (* Bislang wurden keine lebendigen Nachbar gefunden: *)
   nachbarzahl := 0;

   istlebendig(zeile-1, spalte-1, lebendig);
   IF lebendig THEN BEGIN nachbarzahl:=nachbarzahl+1; END;

   istlebendig(zeile-1, spalte, lebendig);
   IF lebendig THEN BEGIN nachbarzahl:=nachbarzahl+1; END;

   istlebendig(zeile-1, spalte+1, lebendig);
   IF lebendig THEN BEGIN nachbarzahl:=nachbarzahl+1; END;

   istlebendig(zeile, spalte-1, lebendig);
   IF lebendig THEN BEGIN nachbarzahl:=nachbarzahl+1; END;

   istlebendig(zeile, spalte+1, lebendig);
   IF lebendig THEN BEGIN nachbarzahl:=nachbarzahl+1; END;

   istlebendig(zeile+1, spalte-1, lebendig);
   IF lebendig THEN BEGIN nachbarzahl:=nachbarzahl+1; END;

   istlebendig(zeile+1, spalte, lebendig);
   IF lebendig THEN BEGIN nachbarzahl:=nachbarzahl+1; END;

   istlebendig(zeile+1, spalte+1, lebendig);
   IF lebendig THEN BEGIN nachbarzahl:=nachbarzahl+1; END;
END; (* anzahlnachbarn *)
```

2.3.15 Test auf Lebendigkeit

```
    (* Teste, ob die angegebene Zelle ein Noepel traegt. Achte dabei
     * darauf, ob die Zelle auch auf dem Spielfeld ist! *)
    PROCEDURE istlebendig(zeile: INTEGER; spalte: INTEGER;
                          VAR lebendig: BOOLEAN);
BEGIN
   IF (zeile<0) OR (zeile>groesse) OR (spalte<0) OR
      (spalte>groesse) THEN BEGIN
      lebendig:=FALSE;
   END ELSE BEGIN
      lebendig := noepelwelt[zeile, spalte, aktuelleebene];
   END;
END; (* istlebendig *)
```

Das war der letzte Teil des Programms.

2.3.16   Rückschau auf das Programm

Sie kennen nun ein erstes schon ziemlich unübersichtliches Programm. Wir wollen Ihnen nicht verschweigen, daß es bei der Entwicklung dieses Programms Fehler gegeben hat; wir sind uns auch nicht sicher, ob das Programm nicht noch mehr davon enthält. Wir wollen die beiden Fehler, die wir gefunden haben, kurz beschreiben:

Ein erster Fehler war in der Prozedur **istlebendig** verborgen. Hier wird getestet, ob auf einer angegebenen Koordinate ein Nöpel sitzt. Für Koordinaten außerhalb des Spielfeldes funktionierte das auch; für Koordinaten innerhalb des Spielfeldes wird in der vorgestellten Version des Programms die Zeile

```
lebendig := noepelwelt[zeile, spalte, aktuelleebene];
```

benutzt. In der fehlerhaften Version lautete diese Zeile folgendermaßen:

```
lebendig := noepelwelt[zeile, groesse, aktuelleebene];
```

Dieser Fehler ist wohl Folge einer Konzentrationsschwäche.

Der andere Fehler lag in der Prozedur **generationerzeugen**. Hier fehlte zunächst die Variable **bisgeneration**. Die Abfrage, wie oft die Schleife durchlaufen werden sollte, lautete **WHILE generationszahl < anzahl**. Diese Abfrage ist richtig, wenn die Generationszahl zu Beginn der Schleife Null ist. Das ist sie aber nicht, wenn man die Funktion zum zweiten Mal aufruft. In solchen Fällen wurde die Schleife nicht genügend oft durchlaufen.

Solche und andere Fehler sind in umfangreichen Programmen oft nicht leicht zu finden. Unser Beispielprogramm ist noch relativ klein; dennoch ist es schon zu umfangreich, als daß alle Fehlerquellen von vornherein erkannt werden könnten. Manche Fehler findet man bei den ersten Programmläufen; Fehler aber, die nur in wenigen Fällen zu einem vom erwarteten Ablauf abweichenden Verhalten führen, bleiben oft lange unentdeckt. Bei umfangreichen Programmen ist es immer schwer, sicher zu sein, daß sie keine Fehler enthalten. Anders ausgedrückt: Bei jedem umfangreichen Programm muß man davon ausgehen, daß es Fehler beinhaltet, und entsprechend damit umgehen.

Wenn Sie das Programm verstanden haben, dann können Sie sich an der nächsten Aufgabe versuchen: Probieren Sie das Programm aus. Beachten Sie, ob Sie Fehler einbauen, und achten Sie auch darauf, wie Sie die Fehlerstellen identifizieren.

Aufgabe 2.7 *(Fehler beim Ablauf des Programms) Geben Sie das ganze Programm in einen Rechner ein und bringen Sie es zum Laufen.*

2.3.17   Probleme bei der Modularisierung von Algorithmen

Die Simulation einer Nöpelwelt ist ein Beispiel für einen modular aufgebauten Algorithmus. Es ist nicht einfach, ein umfangreiches Problem geschickt in Module aufzuteilen.

Wenn eine umfangreiche Aufgabe aufgeteilt werden soll, bemüht man sich, die Abhängigkeiten der Module so gering wie möglich zu halten, damit in einem Modul möglichst viele Änderungen durchgeführt werden können, ohne daß dabei daran gedacht werden müßte, in welchen anderen Modulen etwas anzupassen ist. Zum Beispiel bemüht man sich, die Anzahl der Variablen, die von mehreren Modulen gemeinsam benutzt werden, gering zu halten. Die einzelnen Module werden so abgeschlossen wie möglich entworfen. Weil sie aber am Ende doch zusammengesetzt werden sollen, ist die Unabhängigkeit der Module nicht in Vollendung möglich.

Diese Zusammenhänge zwischen Modulen sind besonders wichtig, wenn verschiedene Teilprobleme von verschiedenen Menschen bearbeitet werden, aber auch, wenn auf ein Modul zurückgegriffen werden muß, das man früher einmal geschrieben hat und nicht mehr genau kennt. Man muß in diesem Falle Programmteile benutzen, von denen nicht genau bekannt ist, wie sie funktionieren. Das kann zu Fehlern führen.

Um solche Fehler zu vermindern, wird versucht, die Funktionen der Module möglichst gut zu beschreiben, so daß nicht bekannt sein muß, wie sie im einzelnen arbeiten. Solche Beschreibungen der Module nennt man **Modulspezifikationen.** Bei Modulspezifikationen besteht allerdings die Gefahr, daß sie mehrdeutig oder zu umfangreich und aus diesem Grund unübersichtlich werden. Es ist nicht leicht, das richtige Verhältnis von Exaktheit und Übersichtlichkeit zu finden.

Ein großes Problem bei der Modularisierung von Programmen liegt in der Verantwortung, die ProgrammiererInnen für ihr Tun übernehmen können. Wenn man weiß, zu welchen Zwecken ein Programm eingesetzt werden soll, und wenn man sich entscheidet, zu solchen Zwecken nicht beitragen zu wollen, dann hat man die Möglichkeit, Einwände zu erheben oder sich zu weigern, an dem Programm weiterzuarbeiten. Wer es nicht mit ihrem oder seinem Gewissen vereinbaren kann, zum Beispiel bestimmte Waffen oder militärische Kontrollsysteme zu programmieren, die oder der könnte versuchen, die persönliche Verantwortung wahrzunehmen, indem sie oder er die Mitarbeit an diesem Projekt verweigerte. Wenn jede ProgrammiererIn einen gewissen Überblick über das Gesamtprojekt haben muß, um brauchbare Module zu schreiben, dann ist zumindest vom Standpunkt der Informatik aus die Möglichkeit verantwortlichen Handelns gegeben. Es gibt aber heute Tendenzen, sogenannte wiederverwendbare Module zu entwerfen. Diese werden nicht für einen speziellen Zweck entwickelt, sondern sie sollen in den unterschiedlichsten Programmen immer dieselbe Aufgabe erfüllen – etwa eine Liste von Zahlen sortieren. Ob dies einmal Punkte in einem Glücksspiel sein werden oder die Entfernungen zu verschiedenen Bombardierungszielen, das ist für die ProgrammiererIn nicht mehr abzusehen.

Modularisierung ist keine Patentlösung, die immer funktioniert, wenn ein unübersichtliches Problem in Teile aufgespalten und gelöst werden soll; man kann bei der Modularisierung viele Fehler machen, und es gibt keine klaren Vorgaben, wie eine Aufteilung in Module auszusehen hat. Trotz aller Probleme ist aber die Modularisierung eine hilfreiche Technik bei der Lösung umfangreicher Probleme.

2.4　Syntaxgraphen von Feldern und Prozeduren

Den Syntaxgraphen **kleinerfactor** erweitern wir um eine Alternative namens **arrayzugriff**. Eine eingeschränkte Form des Arrayzugriffs können wir folgendermaßen beschreiben:

kleinerarrayzugriff:

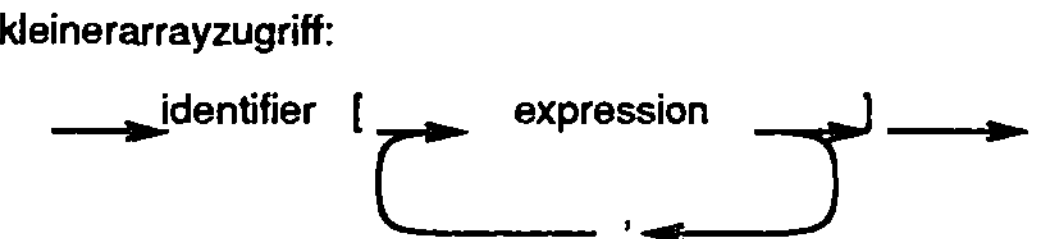

In den Syntaxgraphen **kleinertyp** können wir als zusätzliche Alternative den **arraytyp** einführen. Eine eingeschränkte Version von **arraytyp** kann folgendermaßen aussehen:

kleinerarraytyp:

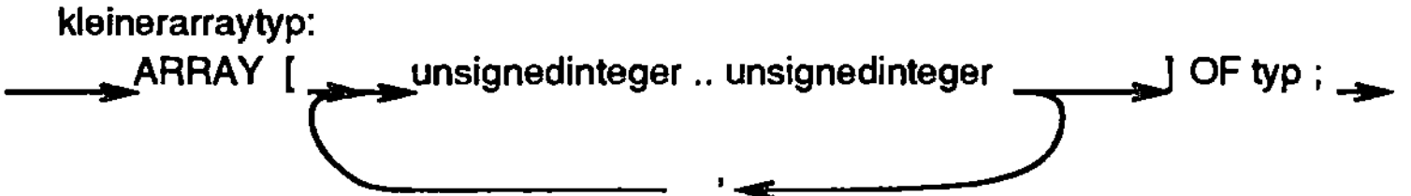

Eine Prozedurdeklaration sieht einer Gesamtprogramm sehr ähnlich:

kleineprocdecl:

PROCEDURE identifier　formalparamlist ;　block　; ⟶

kleineformalparameterlist:

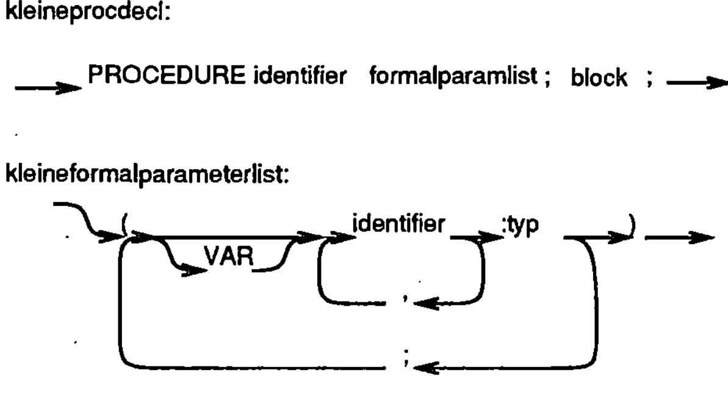

2.5　Variationen der Aufgabenstellung

Aufgabe 2.8 *(Es geht darum, ob Sie sich in dem Programm auskennen und ob Sie selbständig Änderungen durchführen können.) Die Nöpel an den Rändern haben keine Nachbarn. Man könnte aber so tun, als sei das Spielfeld an den Rändern verbunden: Die oberste Reihe könnte mit der untersten verbunden sein und die rechte Spalte mit der linken; dann gehören zum Beispiel manche Nöpel am unteren Rand zu den Nachbarn der Nöpel am oberen Rand, und umgekehrt. An welchen Stellen müssen Sie das Programm ändern?*

Eine Benutzeroberfläche ist der Teil eines Programms den die AnwenderIn zu sehen bekommt, wenn sie Eingaben über die Tastatur und den Bildschirm macht oder Ausgaben über den Bildschirm empfängt.

Aufgabe 2.9 *(Entwurf einer Benutzeroberfläche) Die Eingabe von Anfangskonstellationen ist noch recht unbefriedigend: Man muß für jede neue Anfangskonstellation das Programm neu übersetzen. Schreiben Sie eine neue Prozedur mit dem Namen* **anfangs-konstellation**, *die es erlaubt, von der Tastatur einzugeben, wie die Anfangskonstellation aussehen soll. Dabei sollen die Eingaben folgendermaßen erfolgen:*

- *Man soll einzelne Zellen setzen können.*

- *Man soll waagerechte, senkrechte und diagonale Streifen mit gegebener Anfangszelle und gegebener Länge setzen können.*

- *Man muß angeben können, wann das Muster vollständig ist.*

- *Man soll keine komplizierten Eingabeformate auswendig lernen müssen.*

Probieren Sie Ihre Benutzeroberfläche an ein paar Beispielen aus, und machen Sie sie so bequem wie möglich.

2.6 Eine sichere Eingabefunktion

Aufgabe 2.10 **Was geschieht, wenn Sie einem Programm, das eine Zahleneingabe erwartet, einen Buchstaben eingeben? Probieren Sie es an einem kleinen Programm aus!*

Je nachdem, was für ein Pascalsystem auf was für einem Rechner Sie benutzen, können die Folgen einer falschen Eingabe ganz unterschiedlich sein. Oft bricht das Programm ab, ohne eine aussagekräftige Meldung an die BenutzerIn zu geben. Oft ist es vom Pascalprogramm aus nicht möglich, solche fehlerhaften Eingaben abzufangen. Ein solches Programmverhalten muß aber normalerweise vermieden werden. Fehlerhafte Eingaben sollten immer erkannt werden, und es sollte eine Meldung ausgegeben werden.

Wenn Sie einem Programm Werte eingeben, dann tippen Sie irgendwelche Zeichen auf der Tastatur. Diese Folge von Buchstaben oder Ziffern liest das Pascalprogramm mit **READLN** ein. Wenn eine Zahl erwartet wird, dann überprüft die Prozedur **READLN** nach dem Einlesen zunächst, ob Sie auch eine Zahl eingegeben haben, oder vielleicht Buchstaben oder Sonderzeichen. Wenn das Programm Ihre Eingabe nicht als Zahl interpretieren kann, dann bricht es womöglich das ganze Programm mit einer Fehlermeldung ab.

Wie können Sie das vermeiden? Sie müßten:

- die Folge von Buchstaben, Ziffern und Sonderzeichen selbst einlesen,

- dann mit einem eigenen Modul überprüfen, ob diese Folge als Zahl interpretiert werden kann,

  - dann den Wert berechnen oder,

  - wenn es keine Zahl sein sollte, eine entsprechende Fehlermeldung erzeugen und die Eingabeaufforderung wiederholen.

Dieses Problem wird mit einem weiteren vordefinierten Datentyp gelöst.

2.6.1   Der Datentyp `char`

Wir haben bei der Vorstellung von Pascal einen wichtigen Datentyp unterschlagen: den einzelnen Buchstaben. Bislang haben wir **REAL**- und **INTEGER**-Zahlen vorgestellt sowie **BOOLEAN**-Werte. Der Datentyp **CHAR** ist ein weiterer wichtiger Grunddatentyp. Variablen dieses Typs können einzelne Buchstaben aufnehmen. Man kann auch Konstanten dieses Typs angeben: etwa `'a'` oder `'+'` oder `''''` (das steht für ein einzelnes Häkchen). Solche Konstanten sind Zeichenketten der Länge eins.

Wie es möglich ist, Felder von Zahlen oder Booleschen Werten zu deklarieren, so ist es auch möglich, Felder von Buchstaben zu benutzen. Man kann ganze Felder von Buchstaben auf einmal einlesen und ausgeben. Gewöhnlich wird dazu der Befehl **READLN** benutzt; das geschieht etwa folgendermaßen:

```
PROGRAM eingabetest(INPUT, OUTPUT);
VAR
   zeichenkette: ARRAY[1..10] OF CHAR;
BEGIN
   READLN(zeichenkette);
   WRITELN('Die Eingabe lautete:',zeichenkette,'.');
END.
```

Wenn die Eingabe zu kurz ist, wenn in unserem Beispiel weniger als zehn Buchstaben eingegeben wurden, dann wird der Rest des Feldes mit Leerzeichen aufgefüllt. Wenn die Eingabe zu lang ist, dann gehen die überschüssigen Buchstaben verloren. Probieren Sie es aus! Gewöhnlich benutzt man deshalb eine sehr lange Eingabezeile zum Einlesen der Zeichen. Wie man im einzelnen bei der Analyse solcher Zeichenketten vorgeht, werden wir gleich erläutern. Zunächst noch ein paar Pascalkonstrukte, die uns dabei hilfreich sind.

2.6.2   Typendeklarationen

Wenn komplizierte Typen, beispielsweise Felder, als Argumente benutzt werden, dann muß diesen in Pascal zuvor ein eigener Namen gegeben werden. Dies geschieht mit einer Typendeklaration. Neue Typen deklariert man nach den Konstanten und vor den Variablen. Unser Nöpelfeld hätten wir zum Beispiel auch folgendermaßen deklarieren können:

```
...
CONST groesse=10;
TYPE tnoepelfeld = ARRAY[1..groesse, 1..groesse, 0..1] OF BOOLEAN;
VAR
     noepelfeld: tnoepelfeld;
...
```

Wenn man Prozeduren schreiben will, die mit Zeichenketten arbeiten, dann muß man auch einen besonderen Namen für den Typ vergeben. Wir wollen die Zeichenketten `tstring` nennen; `string` ist ein in verschiedenen Programmiersprachen gebräuchlicher Name für den Typ von Zeichenketten. Wir werden der Übersichtlichkeit halber die Namen von Typen, die wir selbst definieren, immer mit einem t beginnen; die Sprache Pascal verlangt das jedoch nicht. Viele Pascaldialekte haben einen String-Typ schon eingebaut, aber nicht alle, deshalb wollen wir hier einen eigenen String-Typ deklarieren. Einen Typ `tstring` mit einer Länge von 250 Zeichen können wir folgendermaßen deklarieren:

```
CONST stringlaenge = 250;
TYPE tstring = ARRAY[1..stringlaenge] OF CHAR;
```

2.6.3 Funktionen

Wie stellt man fest, ob ein gegebenes Zeichen eine Ziffer ist? Hier ist eine sehr einfache Prozedur, die das Problem löst:

```
PROCEDURE istzifferproc(c: CHAR; VAR isses: BOOLEAN);
BEGIN
    isses := (c='0') OR (c='1') OR (c='2') OR (c='3') OR
             (c='4') OR (c='5') OR (c='6') OR (c='7') OR
             (c='8') OR (c='9');
END;


...
(* Benutzung von "istzifferproc" *)
istzifferproc(zeichen, zeichenistziffer);
...
```

Wenn eine Prozedur nur einen Ausgabeparameter hat, dann ist es möglich, statt einer **PROCEDURE** auch eine sogenannte **FUNCTION** zu benutzen. Der Funktionsname dient in den Anweisungen der Funktion als Variable, die das zu liefernde Ergebnis aufnehmen kann.

Funktionen kann man, anders als Prozeduren, als Komponenten von auszuwertenden Ausdrücken verwenden; hier ein Beispiel für die Benutzung einer Funktion, die feststellt, ob ein Buchstabe eine Ziffer ist:

```
FUNCTION istziffer(c: CHAR):BOOLEAN;
BEGIN
    istziffer := (c='0') OR (c='1') OR (c='2') OR (c='3') OR
             (c='4') OR (c='5') OR (c='6') OR (c='7') OR
             (c='8') OR (c='9');
END;


...
(* Benutzung von istziffer *)
zeichenistziffer := istziffer(zeichen);
...
```

Das vordefinierte Wort heißt hier **FUNCTION**. Ansonsten sieht der Kopf aus wie der einer Prozedur, nur wird vor dem Semikolon am Ende des Kopfes noch der Typ des Funktionsergebnisses angegeben. Im Funktionskörper muß dann der Name der Funktion wie eine Variable benutzt werden, die das Ergebnis aufnimmt (diese Zuweisung wird übrigens gerne vergessen, und das führt oft zu Fehlern). Allerdings kann man diese

Variable im Funktionskörper nicht auslesen, sondern nur einen Wert an sie zuweisen. Die Funktion wird genau so benutzt wie die vordefinierte Funktion SQRT.

Eine wichtige Einschränkung für die Ergebnisse von Funktionen ist: Funktionen können nur einfache, nicht aber aus mehreren Komponenten bestehende Typen wie etwa Felder als Ergebnisse liefern.

2.6.4　Die Erkennung einer gültigen Zahl mit endlichen Automaten

Wie stellt man fest, ob in einem Zeichenfeld eine Zeichenkette steht, die als ganze Zahl gedeutet werden kann?

Zunächst muß festgelegt werden, was als gültige ganze Zahl angenommen werden soll. Wir wollen führende Leerzeichen zulassen, aber keine Vorzeichen. Anschließend soll eine nichtleere Folge von Ziffern kommen, und dann nur noch Leerzeichen, die aber auch fehlen dürfen.

Es gibt viele Methoden, zu überprüfen, ob eine Zeichenkette eine bestimmte Struktur hat. Für den vorliegenden Fall gibt es ein ganz besonders einfaches und sehr wichtiges Verfahren mit der Bezeichnung **endlicher Automat**.

Die Zeichenkette wird Zeichen für Zeichen eingelesen. Nach jedem Zeichen wird überprüft, ob es an dieser Stelle erlaubt ist. Wenn nicht, wird ein Fehler gemeldet, falls es aber zulässig ist, dann wird das nächste Zeichen eingelesen. Wenn alle Zeichen eingelesen wurden, wird überprüft, ob die Zeichenkette an dieser Stelle schon zu Ende sein darf, oder ob sie eigentlich noch mehr Zeichen haben müßte.

Irgendwie muß man sich merken, an welcher Stelle man in der Zeichenkette steht. Für unser Beispiel sieht das folgendermaßen aus: Ganz zu Anfang darf ein Leerzeichen oder eine Ziffer kommen. Falls ein Leerzeichen kommt, dann darf danach wieder ein Leerzeichen oder eine Ziffer kommen, und so weiter. Solange nur Leerzeichen kommen, wird immer das gleiche, nämlich ein weiteres Leerzeichen oder eine Ziffer, erwartet; man sagt auch, der Algorithmus kann in diesem Fall die ganze Zeit im gleichen **Zustand** bleiben.

Falls in diesem Zustand das nächste Zeichen kein Leerzeichen und keine Ziffer ist, oder wenn die Zeichenliste zu Ende ist, dann wurde eine fehlerhafte Eingabe erkannt.

Wenn die erste Ziffer gelesen ist, geht der Algorithmus in einen zweiten Zustand. In diesem Zustand verhält sich der Algorithmus folgendermaßen: Falls eine Ziffer gelesen wird, bleibt er im zweiten Zustand; wenn ein Leerzeichen gelesen wird, geht er in den dritten Zustand über, wenn irgendein anderes Zeichen gelesen wird, dann wird ein Fehler erkannt, und wenn die Zeichenkette zu Ende ist, dann wurde eine Zahl erkannt.

Nachdem der Algorithmus im dritten Zustand angelangt ist, dürfen bis zum Ende der Zeichenkette nur noch Leerzeichen kommen. Das heißt: Wird ein Leerzeichen eingelesen, dann bleibt der Algoritmus im dritten Zustand. Wird das Ende der Zeichenkette erkannt, dann ist eine gültige Zahl eingelesen worden; und wenn ein anderes Zeichen gelesen wird, dann ist dies ein Fehler.

Der gesamte Ablauf des Algorithmus kann mit einem Zustand gesteuert werden. Im Laufe der Abarbeitung befindet sich der Rechner in mehreren verschiedenen Zuständen:

Zunächst sollen Leerzeichen überlesen werden; dieser Zustand soll hier mit der Nummer 0 bezeichnet werden; wenn in diesem Zustand ein Leerzeichen gefunden wird, bleibt der Algorithmus in diesem Zustand, wenn eine Ziffer gefunden wird, geht der Algorithmus in den Zustand 1 über, und wenn ein anderes Zeichen gefunden wird, war dies ein Fehler, denn dann liegt keine Zahl im vorher definierten Sinne vor.

Wenn im Zustand 1 weitere Ziffern gefunden werden, bleibt der Algorithmus im Zustand 1. Dies bedeutet, daß eine Zahl beliebig viele Ziffern haben dürfte; was in einem tatsächlichen Rechner unrealistisch ist, aber wir lassen im Moment beliebig lange Zahlen zu, um die Idee eines endlichen Automaten nicht unnötig zu komplizieren. Wenn ein Leerzeichen gefunden wird, dann ist die Zahl beendet und der Algorithmus gelangt in den Zustand 2, in dem dann die Leerzeichen hinter der Zahl überlesen werden. Bei jedem anderen Zeichen liegt ein Fehler vor.

Wenn im Zustand 2 Leerzeichen gelesen werden, so bleibt der Algorithmus im Zustand 2. Wenn aber irgendein anderes Zeichen gelesen wird, dann ist die Eingabe nicht korrekt, denn auf die Ziffernfolge dürfen nur Leerzeichen folgen; auch in diesem Fall wird ein Fehlerzustand erkannt.

Der Algorithmus hat eine Zahl erkannt, wenn er sich am Ende, wenn alle Zeichen verarbeitet wurden, in Zustand 1 oder Zustand 2 befindet; im ersten Falle ging die Zahl bis ans Ende des Buchstabenfeldes, im zweiten war das Feld mit Leerzeichen aufgefüllt. Wenn am Ende ein anderer Zustand besteht, ist ein Fehler aufgetreten, der gemeldet werden kann.

Hier ein sogenanntes **Zustandsdiagramm**, aus dem deutlich wird, wie der Algorithmus funktioniert. Der Anfangszustand ist mit einem Pfeil gekennzeichnet, die gültigen Endzustände sind fett gezeichnet. Die Zustände, die negative Nummern tragen, sind Fehlerzustände.

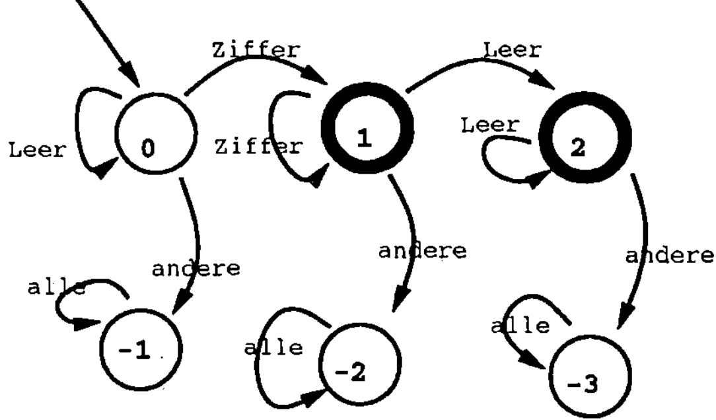

Ein Algorithmus, der auf diese Weise funktioniert, wird auch endlicher Automat genannt. Die Anzahl der verschiedenen Zustände, und die Anzahl verschiedener Eingabezeichen müssen bei endlichen Automaten endlich sein. Auch die Zeichenketten, die ein solcher Automat verarbeiten kann, müssen endlich lang sein.

2.6.5 Ein Programm mit Zustandsvariable

Wir benutzen die oben vorgestellte Funktion, die überprüft, ob ein Zeichen eine Ziffer ist. Eine Funktion, die nach dem Verfahren des eben beschriebenen endlichen Automaten überprüft, ob eine Zeichenkette eine Zahl enthält, kann dann folgendermaßen aussehen:

```
FUNCTION istzahl(s: string):BOOLEAN;
VAR
   i: INTEGER; (* Eine Laufvariable. *)
   zustand: INTEGER; (* Die Zustandsvariable. *)

   FUNCTION istziffer(c: CHAR):BOOLEAN;
   ....

BEGIN
   (* Zu Beginn werden Leerzeichen ueberlesen: Zustand 0 *)
   zustand := 0;
   (* Fuer jedes Zeichen der Zeichenkette wird der Folgezustand
    * bestimmt. *)
   FOR i:=1 TO stringlaenge DO BEGIN
     IF zustand=0 THEN BEGIN
        (* Leerzeichen werden ueberlesen, Bei Ziffern gehts nach
         * Zustand 1, sonst in den Fehlerzustand -1: Erstes Zeichen
         * ist keine Ziffer. *)
        IF s[i]=' ' THEN BEGIN
          (* Tu nichts. *);
        END ELSE IF istziffer(s[i]) THEN BEGIN
           zustand := 1;
        END ELSE BEGIN
           zustand := -1;
        END;
     END ELSE IF zustand=1 THEN BEGIN
     (* Ziffern werden ueberlesen, bei Leerzeichen geht es in den
      * Zustand 2, sonst nach Fehlerzustand -2: falsches Zeichen
      * in der Zahl. *)
       IF istziffer(s[i]) THEN BEGIN
          (* Tu nichts. *);
       END ELSE IF s[i]=' ' THEN BEGIN
          zustand := 2;
       END ELSE BEGIN
          zustand := -2;
       END;
     END ELSE IF zustand=2 THEN BEGIN
        (* Hier duerfen nur noch Leerzeichen kommen; sonst gehts
         * nach Fehlerzustand -3: Zeichen im Anschluss an die Zahl.
         *)
        IF s[i]=' ' THEN BEGIN
          (* Tu nichts *)
        END ELSE BEGIN
           zustand := -3
        END;
       END;
     END; (* Zustand 2 *)
   END; (* FOR *)
END;
```

Aufgabe 2.11 *(Endliche Automaten) Wir wollen in Zahlen jetzt auch ein Vorzeichen erlauben, aber man darf es auch weglassen. Erstellen Sie ein Zustandsdiagramm für einen Algorithmus, der solche Zahlen erkennen kann.*

2.6.6 Die Berechnung des Zahlenwertes einer Ziffernfolge

Bislang wurde nur erkannt, ob eine Zeichenkette eine in unserem Sinne gültige Zahl sein soll. Wenn auch ihr Wert bestimmt werden soll, so muß das Programm ergänzt werden. Wie kann man den Zahlenwert der Ziffernfolge erkennen? Wenn eine Ziffernfolge in einem Feld von Buchstaben untergebracht ist, dann kann man diese Ziffernfolge nicht als **INTEGER**-Zahl benutzen; die Zahl liegt in einer anderer Repräsentation vor, nämlich als Ziffernfolge. Um die Zahl aus der Darstellung als Ziffernfolge in die Darstellung als **INTEGER**-Wert zu überführen, wird in einer **INTEGER**-Variable der Zahlenwert berechnet, für den die Ziffernfolge des Buchstabenfeldes steht.

Eine Möglichkeit, dies zu tun, ist folgende: Man deklariert eine Variable, in der der Wert der bislang eingelesenen Ziffern gehalten wird. Zu Beginn ist dieser Wert Null. Mit jeder Ziffer, die man liest, wird dieser Wert verzehnfacht und der Wert der gelesenen Ziffer hinzuaddiert. Wenn etwa die Ziffernfolge `'2473'` gelesen wird, ist der Wert zunächst Null, dann $0 * 10 + 2 = 2$, dann $2 * 10 + 4 = 24$, dann $24 * 10 + 7 = 247$, und dann $247 * 10 + 3 = 2473$.

Aufgabe 2.12 *(Berechnung des Zahlenwertes einer Ziffernfolge) Ergänzen Sie die Funktion* `istzahl` *um einen VAR-Parameter* `wert`*, in dem der Wert der Zahl abgelegt wird, wenn die Zeichenkette tatsächlich eine Zahl ist. Benutzen Sie dazu eine Ergänzung der Funktion* `istziffer`*, die in einem VAR-Parameter den Zahlenwert der Ziffer liefert, wenn das Zeichenargument eine Ziffer ist.*

Aufgabe 2.13 *Ersetzen Sie die Aufrufe von* **READLN** *durch eine neue Prozedur* `readsicher`*, die bei Eingabe einer fehlerhaften Zahl das Programm nicht einfach abbricht, sondern eine Fehlermeldung liefert und die Eingabe wiederholt. Benutzen Sie bei der Programmierung von* `readsicher` *die Funktion* `istzahl`*.*

2.7 Eine zufällige Anfangskonstellation

Wir wollen jetzt unser Programm so ändern, daß wir nicht immer eine bestimmte Anfangskombination eingeben müssen, sondern daß der Rechner selbst mit zufälligen Kombinationen beginnt. Es soll nur möglich sein, sich auszusuchen, wie wahrscheinlich eine beliebige Zelle zu Beginn gesetzt sein soll.

Dazu wird eine Folge von Zufallszahlen benötigt. Wenn wir davon ausgehen, daß wir eine beliebig lange Folge von Zahlen aus dem Bereich von 1 bis 1000 haben, dann können wir zum Beispiel folgendermaßen die Anfangskonstellation wählen:

Algorithmus Zufälliges Setzen von Nöpeln

1. Eingabe sei die gewünschte Wahrscheinlichkeit (zwischen null und eins) dafür, daß eine beliebige Zelle gesetzt ist; nenne diese Wahrscheinlichkeit p.

2. Wiederhole für jedes Spielfeld folgendes:

     2.1 Bestimme die nächste Zufallszahl zwischen 0 und 1000; nenne sie z.

     2.2 Wenn $z/1000 \leq p$, dann bekommt die Zelle ein Nöpel.

     2.3 Sonst bleibt die Zelle leer.

Der Algorithmus ist klar; die Frage ist nur, wie man eine Folge von Zufallszahlen bekommt.

Es zeigt sich, daß es nicht einfach ist, festzulegen, wann eine Zahlenfolge zufällig ist; wir werden im Kapitel über Spezifikationen darauf eingehen. Statistiker können viele intuitiv verständliche Forderungen mit mathematischen Begriffen ziemlich exakt formulieren, aber ob sie alle denkbaren berücksichtigen, das könnte nur ein Hellseher wissen. Trotz dieses Problems versucht man in der Informatik, Algorithmen wie den oben angegebenen, der Folgen von Zufallszahlen benutzt, zu schreiben.

Es gibt verschiedene Verfahren zur Erzeugung einer Folge von Zufallszahlen. Sie haben alle etwas gemeinsam: Es wird ein festgelegter Algorithmus zur Erzeugung dieser Zufallszahlen benutzt. Das bedeutet, daß bei gleicher Eingabe die Ausgabe auch immer die gleiche ist. Die gelieferten Zahlen sind nicht wirklich zufällig. Solche von einem Rechner erzeugte „Zufallsfolgen" werden auch **Pseudozufallszahlen** genannt.

2.7.1   Ein Algorithmus zur Erzeugung einer Pseudozufallszahlenfolge

Eine Möglichkeit zur Bestimmung einer Folge von Zufallszahlen ist die Benutzung des folgenden Pascalfragmentes:

```
x := (x*16807) MOD 2147483647;
```

Der MOD-Operator ist noch unbekannt. Mit a MOD b kann man den Rest bestimmen, der bei einer ganzzahligen Division von a durch b übrigbleibt; 20 MOD 7 ergibt beispielsweise 6. Der MOD-Operator hat die gleiche Bindungsstärke wie die Multiplikations- und Divisionsoperatoren. In unserem Beispiel wird der Rest bei Division durch 2147483647 bestimmt; das Ergebnis ist bei positivem x ein Wert zwischen Null und 2147483646, jeweils einschließlich.

Die allgemeine Form dieses Pseudozufallszahlengenerators lautet:

$$x_{i+1} = (x_i * a + c) \bmod m$$

Die neu bestimmte Zufallszahl dient als Ausgangswert für die Bestimmung der nächsten Zufallszahl. Bei [Knuth] kann man nachlesen, wie die Zahlen a, c und m geschickt zu wählen sind. Wir haben hier ein Beispiel gewählt, das in [ParkMiller] vorgeschlagen wurde.

Wie kann man eine Zufallszahlenfunktion schreiben? Dazu ein Beispiel:

```
PROGRAM zufallsdemo(OUTPUT);
CONST
   anzahl = 30;
   anfangszahl = 0;

VAR
   (* Eine Laufvariable fuer die Ausgabe der Zufallszahlenliste. *)
   i: INTEGER;

   (* Hier wird die Zufallszahl aufbewahrt. *)
   zufallszahl: INTEGER;

   (* Diese Funktion bestimmt eine neue Zufallszahl auf der
    * Grundlage der alten. *)
   FUNCTION naechstezufallszahl_1: INTEGER;
   BEGIN
      zufallszahl := (zufallszahl*16807) MOD 2147483647;
      naechstezufallszahl_1 := zufallszahl;
   END;

BEGIN (* zufallsdemo *)
   zufallszahl := anfangszahl;
   FOR i:=1 TO anzahl DO BEGIN
      writeln(naechstezufallszahl_1);
   END;
END.
```

Dieses Programm funktioniert folgendermaßen: Es wird von einer ersten Anfangszahl ausgegangen. Dies ist in diesem Fall die Zahl Null. Bei jedem Aufruf von `naech-ste-zufallszahl` wird eine neue Zahl berechnet, von der wir hoffen, daß sie irgendwie zufällig aussieht, und in einer Variable gespeichert wird, damit man beim nächsten Aufruf von `naechstezufallszahl` mit ihrer Hilfe eine weitere Zahl berechnen kann.

Die Variable `zufallszahl` gehört zu der Funktion `naechstezufallszahl`. Man würde sie deshalb der Übersichtlichkeit halber am liebsten innerhalb dieser Funktion deklarieren. Leider funktioniert das aber nicht: Jedes Mal, wenn ein Modul aufgerufen wird, werden neue Versionen der lokalen Variablen angelegt. Nachdem ein Aufruf beendet wurde, verschwinden alle diese Variablen wieder. Zwischen zwei Aufrufen desselben Moduls bleiben die Werte der lokalen Variablen dieses Moduls nicht erhalten: Zu Beginn jedes Aufrufs sind die Werte der lokalen Variablen undefiniert.

Der Wert der Zufallszahl muß aber zwischen zwei Aufrufen der Zufallszahlenfunktion erhalten bleiben. Deshalb kann man zu diesem Zweck keine lokale Variable benutzen. Dies ist der Grund, warum die Variable `zufallszahl` als globale Variable im Hauptprogramm deklariert wurde.

Es gibt andere Programmiersprachen, in denen man angeben kann, ob lokale Variablen in Modulen ihren Wert zwischen zwei Aufrufen des Moduls behalten oder ihn verlieren. Solch ein Verfahren wäre in unserem Beispiel ebenfalls sinnvoll, denn kein anderes Modul braucht Angaben darüber, wie die Zufallszahlen bestimmt werden. Pascal gehört nicht zu den Sprachen, die in diesen Fällen eine elegante Modularisierung erlauben. Das ist einer der Nachteile des Modulkonzeptes von Pascal.

Leider reicht für unsere Zwecke aber der Zahlenbereich der ganzen Zahlen nicht auf jedem Rechner aus. Immerhin muß eine ganze Zahl bis zu 2147483646 * 16807 groß sein dürfen, damit der vorgeschlagene Algorithmus funktioniert; das ist auf vielen gebräuchlichen Maschinen und in vielen gebräuchlichen Pascal-Dialekten heute nicht der Fall. Zuweilen kann man auf solchen Rechner einen anderen Algorithmus benutzen, der mit etwas kleineren Zahlen umgeht und Fließkommazahlen benutzt; ein solcher Algorithmus wird bei [ParkMiller] so angegeben:

```
FUNCTION naechstezufallszahl_2: REAL;
CONST a = 16807.0;
      m = 2147483647.0;
      q = 127773.0; (* m DIV a *)
      r = 2836.0; (* m mod a *)
VAR lo, hi, test: REAL;
BEGIN
  hi := TRUNC(zufallszahl / q);
  lo := zufallszahl - q*hi;
  test := a*lo - r*hi;
  IF test > 0 THEN BEGIN
    zufallszahl := test
  END ELSE BEGIN
    zufallszahl := test+m;
  END;
  naechstezufallszahl_2 := zufallszahl;
END;
```

Die Funktion **TRUNC** schneidet die Kommastellen ihres Argumentes ab. Diese letzte Funktion sieht komplizierter aus und ist ohne scharfes Nachdenken nicht zu verstehen. Aber dafür erhält man einen Zufallszahlengenerator, der einen guten Ruf hat und auf vielen Maschinen und mit vielen Compilern funktioniert.

Aufgabe 2.14 *(Umgang mit Zufallszahlen) Ergänzen Sie das Programm zur Simulation der Nöpelwelt um die Möglichkeit, zufällige Anfangskombinationen zu setzen. Dabei soll angegeben werden können, mit welcher Wahrscheinlichkeit die einzelnen Zellen besetzt sein sollen.*

2.8   Eine Neuinterpretation der Zustände

Bislang konnte eine Zelle einen von nur zwei verschiedenen Zuständen annehmen: Sie konnte einen Nöpel tragen, oder sie konnte frei sein. Wir können unser Programm aber leicht abwandeln und ganz andere Spiele daraus machen: Wir könnten uns zum Beispiel eine Welt von Jöpeln, Köpeln, Löpeln und Möpeln vorstellen. Auf jeder Zelle kann ein Lebewesen von einem dieser vier Typen leben. Wenn ein Jahr vergangen ist, dann breiten sich die Völker aus: Zellen, in deren Umgebung eine Überzahl von einem Typ lebte, werden von diesem Typ okkupiert, wenn sie nicht schon von vornherein davon bevölkert waren; und Zellen, in deren Umgebung es keine Mehrheit gibt, sind in der nächsten Generation leer. Dabei soll mit einer zufälligen oder mit einer genau vorgegebenen Anfangskonstellation begonnnen werden können.

Nicht nur die Interpretation der verschiedenen Zustände von Zellen kann geändert werden, auch die Definition von Nachbarschaft kann verändert werden. Man könnte zum Beispiel die Nachbarn auf den Diagonalen weglassen, oder die direkten Nachbarn der direkten Nachbarn hinzuzählen; Nachbarn, die oben und links stehen, könnten als zudringlicher gelten als solche, die unten und rechts stehen; man könnte die zentrale Zelle mit zur Nachbarschaft zählen, oder sie weglassen. Es ist eine Vielzahl von Alternativen denkbar.

Aufgabe 2.15 *(Überblick über das Nöpel-Programm) Simulieren Sie eine Öpel-Welt, in der verschiedene Öpel-Typen sich die Zellen streitig machen. Die maximale Anzahl der Typen sei auf zehn begrenzt. Die verschiedenen Typen können Sie mit den Ziffern Null bis Neun bezeichnen. Bei jedem Generationswechsel erhält jede Zelle einen Bewohner des Typs, der in der Generation zuvor in der Mehrheit war. Dabei werden die Bewohner der acht Nachbarzellen und der Zentralzelle gezählt. Ist kein Typ in der Mehrheit, so soll das Feld leer werden.*

Bei einer großen Anzahl von Typen verliert man leicht den Überblick. Es wäre interessant, zu erfahren, wie sich die einzelnen Typen entwickeln, ob Typen aussterben und wie schnell. Dafür stellen wir bei der Berechnung jeder Generation eine Statistik auf, in der festgehalten wird, wieviele Exemplare jedes Typs nach jedem Generationswechsel vorhanden sind, und wieviele Zellen leer bleiben. Das können wir mit einem **INTEGER**-Feld machen, das so viele Einträge hat, wie es Typen gibt; jeder Eintrag gehört zu einem Typ, und am Ende der Berechnung des Generationswechsels steht in dem Eintrag jedes Typs, wieviele Zellen von diesem Typ besetzt sind. Zu Beginn jedes Generationswechsels wird dieses Feld gelöscht. Wenn während der Berechnung einer neuen Generation eine Zelle von einem Typ besetzt wird, dann wird der Statistikeintrag dieses Typs um Eins erhöht.

Aufgabe 2.16 *(Umsetzung einer allgemein gehaltenen Aufgabenstellung) Erweitern Sie das Öpel-Programm um eine Statistik, und sehen Sie die Möglichkeit vor, die Statistik auszugeben aus, so oft es gewünscht wird.*

Wenn Sie sich an den Aufgaben versuchen, dann merken Sie, daß man bei der Veränderung eines vorhandenen Programms leicht Fehler macht. Der Großteil der Aktivitäten beim Programmieren besteht darin, vorhandene Programme zu verändern, zum Beispiel Fehler auszumerzen oder neue Möglichkeiten einzubauen. Wenn eine gute Modularisierung gelungen ist, dann können sich Veränderungen auf eine kleine Anzahl von Teilmodulen beschränken; wenn aber Änderungen an vielen Modulen nötig sind, verliert man leicht den Überblick und baut Fehler ein.

2.8.1 Sortieren der Statistik

Am Beispiel der eben beschriebenen Statistik können wir ein Standardproblem des Programmierens behandeln: Das Sortieren einer Liste.

Es gibt viele Möglichkeiten, eine Liste zu sortieren. Eine davon ist folgende: Die Liste wird von Anfang bis zum Ende durchlaufen. Dabei wird der Index des größten Elementes bestimmt. Wenn das geschehen ist, wird dieses Element mit dem letzten ausgetauscht. Dann steht an der letzten Stelle das größte Element und der Rest der Liste ist noch unsortiert.

Im nächsten Schritt wird das größte Element im unsortieren Listenteil gesucht und mit dem letzten Element der unsortierten Teilliste ausgetauscht. Jetzt sind die letzten beiden Elemente der Gesamtliste an der richtigen Stelle, der Rest ist nach wie vor unsortiert.

So bestimmt man immer wieder das Maximum des noch unsortierten Teils der Liste und tauscht es mit dem letzten Element des unsortierten Teils aus. Auf diese Weise wächst am hinteren Ende mit jedem Schritt der sortierte Teil der Liste, und der unsortierte schrumpft. Schließlich ist der unsortierte Teil der Gesamtliste auf nur ein Element zusammengeschmolzen: Die ganze Liste ist sortiert.

Dieses Sortierverfahren heißt „Selectionsort", weil immer das größte Element aus der unsortierten Liste ausgewählt wird.

Aufgabe 2.17 *(Bestimmung des Indizes des maximalen Elementes einer Teilliste) Schreiben Sie ein Modul, das den Index des größten Elementes einer Teilliste berechnet. Eingaben sollen die Gesamtliste, der Index des ersten und der Index des letzten Elementes der Teilliste sein. Überlegen Sie sich, auf welche Weise man Ihr Modul falsch aufrufen könnte, und welche Fehlerfälle sie abfangen wollen.*

Den beschriebenen Sortieralgorithmus können wir dazu benutzen, in einer Statistik zu berechnen, welches Öpelvolk zu einem bestimmten Zeitpunkt die meisten Feldstellen besetzt hat.

Aufgabe 2.18 *(Es geht um eine eigene Idee beim Programmieren.) Wenn Ihre Statistik sortiert werden soll, dann ist es nicht nur interessant, die einzelnen Anzahlen zu kennen, sondern auch, welcher Öpeltyp zu jeder Anzahl gehört. Wie könnte man diese Information speichern?*

Aufgabe 2.19 *(Algorithmus „Selectionsort") Erweitern Sie Ihr Statistikmodul um die Möglichkeit, die Statistik sortiert auszugeben. Dabei sollen neben den Anzahlen auch die einzelnen Typen ausgegeben werden.*

2.9 Rekursive Algorithmen

Der eben beschriebene Sortieralgorithmus beruht auf einem einfachen Prinzip: Man sortiert eine Liste, indem man zunächst das größte Element bestimmt, es aus der Liste entfernt, und dann die restliche Liste sortiert. Der Algorithmus könnte folgendermaßen geschrieben werden:

Sortieren einer Teilliste

Algorithmus Sortieren einer Teilliste

1. Eingaben sind die gesamte Liste l und die Indizes des Anfangs a und des Endes e der zu sortierenden Liste.

2. Wenn die Liste leer ist oder nur ein Element enthält, dann ist sie schon sortiert. Der Algorithmus ist beendet. Ansonsten geht es weiter.

3. Bestimme den Index i des größten Elementes der Liste.

4. Tausche das Element an der Stelle i mit dem letzten Element an der Stelle e aus.

5. Sortiere die Restliste, also die Liste l im Bereich von Index a bis Index $e - 1$.

Der letzte Schritt dieses Algorithmus entspricht dem gesamtem Algorithmus, nur wird hier nur noch eine kleinere Liste sortiert. Man benutzt bei der Beschreibung des Algorithmus diesen Algorithmus selbst. Das könnte Ihnen etwas seltsam vorkommen. Hier soll ein Algorithmus erklärt werden, und normalerweise darf man bei der Erklärung eines Gegenstandes nicht davon ausgehen, daß der Gegenstand schon bekannt ist. So etwas wird hier aber gemacht!

Diese Technik wird **Rekursion** genannt, oder übersetzt: Rücklauf. Bei der Beschreibung des Algorithmus wird auf den Algorithmus selbst zurückgegriffen. Weshalb ist es erlaubt, bei der Erklärung dieses Algorithmus so zu tun, als ob der Algorithmus schon bekannt wäre?

Der Trick liegt darin, daß bei jeder rekursiven Benutzung des Algorithmus das Gesamtproblem etwas verkleinert wird. Die Aufrufe sind verschachtelt: Der äußerste Aufruf soll das gesamte Problem lösen, in unserem Beispiel: Die gesamte Liste sortieren. Der nächstinnere soll ein etwas kleineres Problem lösen; in unserem Beispiel bedeutet das: eine Liste sortieren, die um ein Element kürzer ist als die Gesamtliste. Je mehr man nach innen kommt, desto kleiner ist das Problem, das gelöst werden muß – desto kürzer ist zum Beispiel die zu sortierende Liste. Irgendwann muß das Problem dann so klein sein, daß der Algorithmus nicht mehr sich selbst aufrufen muß, um es zu lösen; in unserem Beispiel ist das der Fall, wenn die Liste nur ein Element enthält. Die Lösung ist in diesem Fall trivial: Das Ergebnis ist gleich der Eingabe.

Bei einem rekursiven Algorithmus gibt es immer wenigstens zwei Möglichkeiten: Bei der ersten überprüft man, ob das Problem klein genug ist, um direkt gelöst zu werden; in unserem Beispiel ist das der Fall, wenn die Liste leer ist oder nur ein Element enthält. Wenn das Problem nicht klein genug ist, direkt gelöst zu werden, benutzt man die zweite Möglichkeit: Das Problem wird verkleinert – wir sorgen in unserem Beispiel dafür, daß die zu sortierende Liste um ein Element kürzer ist als die Anfangsliste – und dann wird das entstehende kleinere Problem genau so gelöst wie das erste.

Aufgabe 2.20 *(Rekursion) Entwerfen Sie einen rekursiven Algorithmus, der den Index des größten Elementes einer Liste bestimmt.*

2.9.1 Rekursive Programme

In Pascal kann man rekursive Algorithmen auch rekursiv programmieren. Man darf im Anweisungsblock einer Prozedur oder Funktion den Namen dieses Moduls selbst verwenden. Hier ein Modul, das auf rekursive Weise den Index des Maximums einer Teilliste bestimmt.

```
PROGRAM MaxRekursiv;
CONST
   listenlaenge = 10;
TYPE
   tliste = ARRAY[1..listenlaenge] OF INTEGER;


...

   (* Bestimme den Index des Maximums einer Liste.  Wenn die
    * Liste leer ist, dann melde einen Fehler. *)
   PROCEDURE maxindex(l: tliste; anfang: INTEGER; ende: INTEGER;
                      VAR maxdex: INTEGER; VAR fehler: BOOLEAN);
   VAR maxdexteilliste: INTEGER;
       fehlerteilliste: BOOLEAN;
   BEGIN
     IF anfang>ende THEN BEGIN
       (* Die Liste ist leer, das ist ein Fehler. *)
       fehler := TRUE:
     END ELSE BEGIN
       IF anfang=ende THEN BEGIN
         (* Wenn die Liste nur ein Element hat, dann ist dies
          * Element auch das groesste. *)
         maxdex := anfang;
         fehler := FALSE;
       END ELSE BEGIN
         (* Die Liste ist laenger; in diesem Fall wird
          * das Maximum der Teilliste ab dem zweiten Element
          * bestimmt und mit dem ersten verglichen.  Das
          * groessere dieser beiden ist das Maximum der Gesamtliste;
          * wenn beide gleich gross sind, dann wird das erste
          * Element geliefert.  Ein Fehler kann nicht auftreten,
          * deshalb wird der gelieferte Fehlerwert ignoriert. *)
         maxindex(l,anfang+1,ende,maxdexteilliste,fehlerteilliste);
         IF l[maxdexteilliste] > l[anfang] THEN BEGIN
           maxdex := maxdexteilliste;
         END ELSE BEGIN
           maxdex := anfang;
         END;
         fehler := FALSE;
       END
     END;
   END;


BEGIN
   ...
END.
```

Aufgabe 2.21 *(Rekursive Programme) Schreiben Sie ein Modul „Selectionsort“, das rekursiv arbeitet.*

2.9.2 Mergesort

Wir haben gezeigt, daß man das Maximum einer Liste rekursiv bestimmen kann. Andererseits kann man das Maximum einer Liste aber auch in einer Schleife bestimmen; man nennt diese Technik **Iteration**. Man kann zeigen, daß man zu jedem rekursiven Algorithmus einen iterativen finden kann, der das gleiche leistet, und daß man zu jedem iterativen Algorithmus auch einen äquivalenten rekursiven findet. Wenn mit Iteration und Rekursion die gleichen Probleme gelöst werden können, wieso sieht man dann in Programmiersprachen beides vor? Die Lösung ist einfach: Iterative Programme sind häufig schneller, aber rekursive Programmen sehen oft eleganter aus und sind übersichtlicher.

Die Bestimmung des Maximums und auch Selectionsort haben elegant aussehende iterative und rekursive Lösungen; vielleicht ist bei diesen beiden Beispielen sogar die iterative Lösung übersichtlicher. Jetzt soll ein anderes Sortierverfahren vorgestellt werden, bei dem die rekursive Formulierung sehr elegant aussieht. Dieses Verfahren wird Mergesort genannt.

Mergesort

Algorithmus Mergesort

1. Eingaben sind die Eingabeliste l_e und die Ausgabeliste l_a.

2. Wenn die Liste leer ist oder nur ein Element enthält, dann ist sie schon sortiert und wird als Ergebnis geliefert; der Algorithmus wird beendet.

3. Ansonsten wird die Liste halbiert, und die Teillisten werden einzeln sortiert; das geht folgendermaßen:

> 3.1 Das mittlere Element ist $m := $ länge$(l_e)/2$. Runde m ab, wenn es keine ganze Zahl ist.

> 3.2 Sortiere rekursiv die Teilliste von l ab dem ersten Element bis Element m. Das Ergebnis soll in l_1 stehen.

> 3.3 Sortiere rekursiv die Teilliste von l ab Element $m + 1$ bis zum Ende. Das Ergebnis soll in l_2 stehen.

4. Jetzt müssen die Listen l_1 und l_2 zu der Liste l_3 zusammengefaßt werden. Das geht folgendermaßen:

> 4.1 Lösche die Liste l_3.

> 4.2 Wiederhole folgendes, solange in l_1 oder l_2 noch Elemente vorhanden sind:

>> 4.2.1 Da l_1 und l_2 sortiert sind, stehen die kleinsten Elemente vorne, solange die jeweilige Liste nicht leer ist. Wenn beide Listen noch Elemente enthalten, dann bestimme das kleinere der beiden ersten Elemente, entferne es aus seiner Liste und füge es hinten an die Liste l_3 an.

4.2.2 Wenn eine der Listen leer ist, dann entferne das erste Element aus der anderen Liste und füge es hinten an die Liste l_3 an.

5. Liefere l_3 als Ergebnis.

Hier ein Beispiel für diesen Algorithmus.

1. Eingabe ist die Liste $(10, 8, 3)$.

3.1 $m = 1$.

3.2 Jetzt wird (10) rekursiv sortiert und das Ergebnis in l_1 abgelegt.

    1. Eingabe (10).

    2. Liste hat nur Element: fertig! (10) ist das Ergebnis.

Also bekommt l_1 den Wert (10).

3.3 Jetzt wird $(8, 3)$ rekursiv sortiert und das Ergebnis in l_2 abgelegt.

    1. Eingabe $(8, 3)$.

    3.1 $m = 1$

    3.2 Jetzt wird (8) rekursiv sortiert und das Ergebnis in l_1 abgelegt.

        1. Eingabe (8).

        2. (8) hat nur ein Element, wird damit selbst als Ergebnis geliefert.

    l_1 bekommt den Wert (8).

    3.3 Jetzt wird (3) rekursiv sortiert und das Ergebnis in l_2 abgelegt.

        1. Eingabe (3).

        2. (3) hat nur ein Element, wird damit selbst als Ergebnis geliefert.

    l_2 bekommt den Wert (3).

    4.1 $l_3 = ()$

    4.2 $l_1 = (8)$ und $l_2 = (3)$ sind nicht beide leer.

    4.2.1 $3 < 8$, also $l_1 = (8)$, $l_2 = ()$, $l_3 = (3)$.

    4.2 $l_1 = (8)$ und $l_2 = ()$ sind nicht beide leer.

    4.2.2 l_2 ist leer, also $l_1 = ()$, $l_2 = ()$, $l_3 = (3, 8)$.

    4.2 $l_1 = ()$ und $l_2 = ()$ sind beide leer.

    5. Liefere $(3, 8)$ als Ergebnis.

4.1 l_3 wird gelöscht.

4.2 $l_1 = (10)$ und $l_2 = (3, 8)$ sind nicht beide leer:

4.2.1 $3 < 10$, also: $l_1 = (10)$, $l_2 = (8)$, $l_3 = (3)$.

4.2 $l_1 = (10)$ und $l_2 = (8)$ sind nicht beide leer:

4.2.1 $8 < 10$, also: $l_1 = (10)$, $l_2 = ()$, $l_3 = (3, 8)$.

4.2 $l_1 = (10)$ und $l_2 = ()$ sind nicht beide leer:

4.2.2 l_2 ist leer. also: $l_1 = ()$, $l_2 = ()$, $l_3 = (3, 8, 10)$.

4.2 $l_1 = ()$ und $l_2 = ()$ sind beide leer.

5. Ergebnis ist $l_3 = (3, 8, 10)$.

In jeder Schachtelung gibt es, wie man sieht, neue Variablen l_1, l_2 und l_3.

Aufgabe 2.22 *(Programmierung von Mergesort) Schreiben Sie ein Modul, das Listen mit Mergesort sortiert.*

2.10 Zusammenfassung

- Um mit den Mitteln der Informatik ein Sachgebiet modellieren zu können (wie in unserem Beispiel die Nöpelwelt), müssen in diesem Sachgebiet möglichst klare Regeln herrschen.

- In einem Pflichtenheft halten Auftraggeber und Auftragnehmer fest, was ein Programm leisten soll.

- Es ist unsicher, sich darauf zu verlassen, daß die Angaben in einem Pflichtenheft vollständig sind.

- Weil InformatikerInnen häufig nicht viel von dem Anwendungsgebiet verstehen, für das sie Programme schreiben sollen, hat man eine besondere Teildisziplin, das „Requirements Engineering" entwickelt, mit dem man die Anforderungen an ein Programm bestimmen will.

- Hierarchische Modularisierung kann einen Algorithmus übersichtlicher machen.

- Große Algorithmen bestehen aus vielen Modulen und sind allein deshalb unübersichtlich.

- Modulare Programme sollen möglichst übersichtlich gestaltet werden, indem die Abhängigkeiten zwischen Modulen möglichst klein gehalten werden. Die Abhängigkeiten, die unbedingt bestehen müssen, weil die Module zusammen arbeiten sollen, müssen möglichst deutlich angegeben werden.

- Die explizite Angabe über die Art und Weise, wie man ein gegebenes Modul in einem anderen benutzen kann, wird in einer Modulspezifikation angegeben.

- Modularisierung dient der Arbeitsteilung, denn wo ein Algorithmus geschickt in Module aufgeteilt worden ist, da kann ein Modul programmiert werden, ohne daß der Aufbau der anderen bekannt ist.

- Modularisierung läßt ethische Probleme entstehen, wenn ProgrammiererInnen nicht mehr erkennen können, zu welchen Zielen sie mit ihrer Arbeit direkt beitragen und wen sie dabei womöglich schädigen.

- In Feldern kann man in Pascal mehrere Datenelemente des gleichen Typs abspeichern. Es ist auch möglich, Felder von Feldern zu deklarieren; dafür gibt es eine besondere Schreibweise.

- Prozeduren können die Modularisierung eines Algorithmus auf der Programmebene widerspiegeln.

- Namen von Variablen, Konstanten, Typen und Funktionen sind ab der Deklarationsstelle und in den weiter innen liegenden Modulen bekannt.

- Eine weiter innen liegende Deklaration überdeckt eine weiter außen liegende.

- Prozeduren können mit Argumenten ausgestattet werden. Es gibt Wertparameter und **VAR**-Parameter. Der Wert von Variablen, die als **VAR**-Parameter übergeben werden, kann in der Prozedur verändert werden, der Wert von Variablen, bei denen die Übergabe als Wertparameter erfolgt, ist nicht veränderbar.

- Eine Eingabefunktion darf das Programm nicht abbrechen, wenn eine falsche Eingabe erfolgt; in diesem Fall sollte eine sinnvolle Fehlermeldung erfolgen. In Pascal muß man für diesen Zweck eigene Eingaberoutinen für Zahlen benutzen.

- Der Datentyp **CHAR** kann einzelne Zeichen aufnehmen.

- Wenn ein komplexer Datentyp als Argument benutzt werden soll, dann muß man diesem Typ einen eigenen Namen geben; dies geschieht mit einer Typendeklaration.

- Funktionen sind Module, die einen Wert liefern.

- Endliche Automaten sind ein Algorithmustyp, der zum Beispiel zur Erkennung bestimmter Eigenschaften von Zeichenketten hilfreich ist.

- Manche Algorithmen benutzen Zufallszahlen. Diese werden von anderen Algorithmen, sogenannten Zufallszahlengeneratoren, erzeugt. Weil Algorithmen nicht wirklich zufällig arbeiten, nennt man solche Zahlen auch Pseudozufallszahlen.

- Sortieren ist ein Grundproblem in der Informatik. Es gibt viele verschiedene Verfahren. Ein einfaches Verfahren ist Selectionsort, ein etwas aufwendigeres ist Mergesort.

- Die Rekursion ist eine Technik, mit der manche Algorithmen besonders elegant formuliert werden können. Die Rekursion erhöht nicht die Ausdrucksstärke einer Programmiersprache, denn alle rekursiven Algorithmen sind auch in iterativer Form darstellbar.

3 Hardware

In diesem Kapitel wollen wir versuchen, einen Einblick in die interne Funktionsweise eines Rechners zu geben. Bei der Einführung in die Programmiersprache Pascal sind Grenzen aufgetreten, wie zum Beispiel die Endlichkeit einer ganzen Zahl, die nicht unmittelbar aus der Sprache selbst heraus verständlich sind. In diesem Kapitel wird klar werden, daß diese Grenzen kein Problem der Programmiersprache sind, sondern in der Endlichkeit der zugrundeliegenden Maschine begründet liegen.

3.1 Beschreibungsebenen der Hardware

Es ist möglich, die Arbeitsweise eines Rechners auf verschiedenen Ebenen zu betrachten. Jede Ebene öffnet einen bestimmten Blick auf die Funktionsweise.

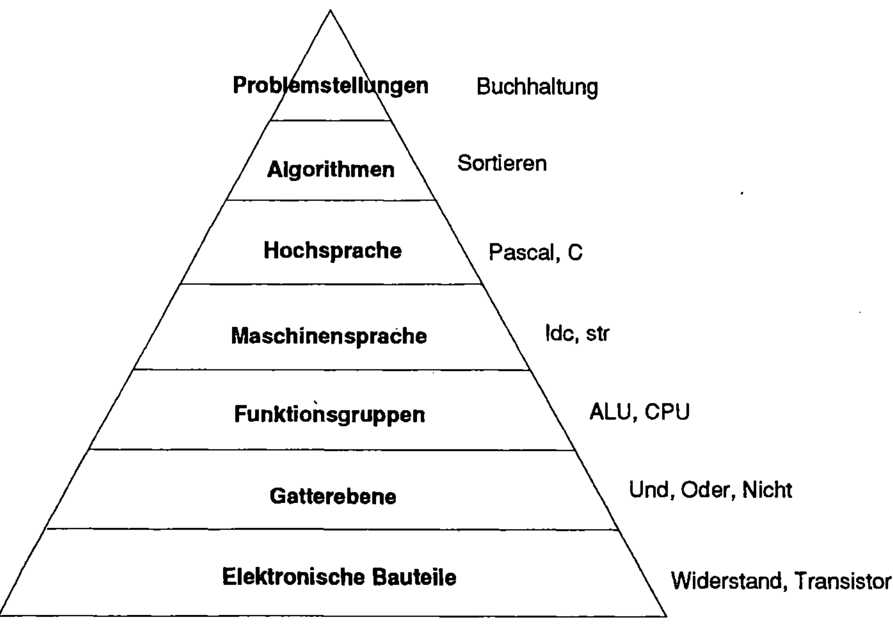

Auf einer tiefen Beschreibungsebene spricht man von Ladungsträgern, die durch elektronische Bauteile wie Transistoren, Widerstände, Schalter usw. wandern. Diese Ebene ist allerdings nicht besonders gut geeignet, um zu erklären, wie ein Rechner ein Programm abarbeitet; der begriffliche Abstand zwischen den Vorgängen, die an der Oberfläche eines Rechners beobachtbar sind, zu den Vorgängen, die sich auf der Ebene der Ladungsträger abspielen, ist relativ groß.

Wir wollen mit der Beschreibung auf der Ebene der logischen Schaltungen oder Gatter beginnen. Auf dieser Ebene gibt es nur noch Bauteile oder Schaltungen, die aus Transistoren, Widerständen, Dioden usw. aufgebaut sind. Diese Schaltungen lassen sich in zwei Gruppen aufteilen: In solche, die Boolesche Funktionen berechnen und solche, die Zustände annehmen und diese über längere Zeit behalten können. Von letzteren sagt man auch, sie „speichern" einen Zustand. Auf dieser Ebene interessiert nicht, wie oder warum ein Strom fließt, und es wird nicht nach den elektrophysikalischen Gesetzen gefragt, die dies beschreiben, sondern es ist nur wichtig, ob an den Eingängen und Ausgängen eines Bauteils Spannung anliegt oder nicht. Wir vereinbaren folgendes:

> Wenn an einem Eingang oder Ausgang eines Bauteils Spannung anliegt, dann wollen wir dies mit einer 1 bezeichnen, und wenn keine Spannung anliegt, so wollen wir dies 0 nennen.

Dabei ist diese Vereinbarung willkürlich, die gegensätzliche wäre genauso vorstellbar.

Wir wollen den Rechner jetzt auf einer Ebene beschreiben, auf der diese Nullen und Einsen die Hauptrolle spielen. Dies können wir mit mathematischen Funktionen tun, die endliche Folgen von Nullen und Einsen auf ebensolche Folgen abbilden. Solche Funktionen heißen „Boolesche" Funktionen. Eine n-elementige Folge beliebiger Elemente heißt „n-Tupel". Eine Boolesche Funktion bildet ein Tupel, zum Beispiel mit n Nullen oder Einsen, auf ein anderes Tupel, etwa mit m Nullen oder Einsen, ab.

Ein logisches Schaltelement eines Rechners berechnet eine Boolesche Funktion in dem Sinne, daß man die Eingänge als Elemente der Argumentliste einer Funktion interpretiert und die Ausgänge als Elemente der Ergebnisliste. Mit der Vereinbarung, daß ein Eingang bzw. Ausgang in dem Zustand 0 oder 1 ist, je nachdem ob an ihm Spannung liegt oder nicht, ist der Grundbereich der Booleschen Funktionen, die wir mit solchen logischen Schaltungen berechen können, festgelegt.

Als Beispiel betrachten wir eine Schaltung, die zwei Eingänge und einen Ausgang besitzt. Dies bedeutet: die Funktion, die diese Schaltung berechnet, geht von $\{0,1\} \times \{0,1\}$ nach $\{0,1\}$. Wir wählen als Beispiel die Funktion, die als Ergebnis eine 1 liefern soll, wenn mindestens ein Eingang im Zustand 1 ist. Solche Schaltungen verwendet man zum Beispiel im Notabschaltsystem einer Maschine, die zwei Notabschaltmöglichkeiten hat: Die Maschine soll abgeschaltet werden, wenn „mindestens einer" der zwei Abschaltknöpfe gedrückt wurde. Diese Funktion hat einen eigenen Namen, sie wird die **oder** Funktion genannt. Es gibt noch viele andere Boolesche Funktionen mit zwei Eingaben, zum Beispiel die Funktionen „höchstens einer" oder „alle beide". Für jede Boolesche Funktion kann man eine logische Schaltung entwerfen, die sie berechnet.

Die andere Art von logischen Schaltungen kann einen Zustand speichern. Solche Bauelemente, man bezeichnet sie auch als **Flipflops**, können genau einen von zwei Zuständen speichern. Wir bezeichnen diese Zustände wieder mit 0 oder 1. Damit gibt es Bauelemente, die eine Boolesche Funktion berechnen können, und solche, die das Ergebnis einer solchen Berechnung speichern können.

3.2 Bits und Bytes

Man sagt, ein Bauelement, das genau einen von zwei Zuständen speichern kann, habe die Speicherkapazität von einem Bit. Ein Bit ist ein Maß für den Informationsgehalt. „Bit" steht für „BInary digiT", also: Binärziffer. Ein Bauteil, z.B. zwei Flipflops, die zusammengeschaltet sind, das den Informationsgehalt von zwei Bits speichert, kann einen von vier Zuständen annehmen; eine übliche Schreibweise für die vier Zustände ist: 00, 01, 10 und 11. Eine Kombination von drei Bits kann einen von acht Zuständen bestimmen; mit jedem Bit mehr verdoppelt sich die Anzahl der darstellbaren Zustände. Mit n Bits sind 2^n Zustände darstellbar, und damit ist mit einer bestimmten Kombination von n Bits auch genau einer von 2^n Zuständen ausgewählt.

Den Begriff des „Bit" wollen wir an einem anderen Beispiel noch einmal erläutern, weil er so wichtig ist. Wenn bekannt ist, daß jemand eine Münze geworfen hat, und entweder Kopf oder Zahl oben gelegen hat, und beide Möglichkeiten gleich wahrscheinlich waren, dann hat die Antwort auf die Frage: „Auf welche Seite ist eine Münze gefallen, Kopf oder Zahl?" den Informationsgehalt von einem Bit. Ein Bit ist die Information, die angibt, welches von zwei gleichwahrscheinlichen Ereignissen eingetreten ist. Die Antwort auf die Frage: „Welche der vier Farben Rot, Blau, Grün oder Gelb ist Ihre Lieblingsfarbe?" hat unter der Bedingung, daß alle Möglichkeiten gleich wahrscheinlich sind, den Informationsgehalt von zwei Bits. Mathematisch definiert man: Der Informationsgehalt eines Ereignisses in Bits ist gleich dem negativen Zweierlogarithmus der Wahrscheinlichkeit dieses Ereignisses. Wenn ein Ereignis, etwa daß Sie mitteilen, daß Ihre Lieblingsfarbe Rot ist, die Wahrscheinlichkeit $1/4$ hat, dann hat diese Information einen Informationsgehalt von $-\log_2(1/4) = \log_2(4) = 2$

Aufgabe 3.1 *(Es geht um den Informationsgehalt eines Bits) Wieviel Bits Informationsgehalt haben die Antworten auf folgende Fragen (gehen Sie davon aus, daß die Alternativen für den Fragenden oder die Fragende zunächst gleich wahrscheinlich sind):*

- *Gehen Sie heute Abend ins Kino, ins Theater oder bleiben Sie Zuhause?*

- *Welche Zahl wurde mit einem üblichen Würfel geworfen?*

Bitkombinationen können unterschiedlich gedeutet werden. Sie sind etwa als Zahlen deutbar: mit drei Bits können die Zahlen von null bis sieben dargestellt werden; eine übliche Zuordnung von Bitkombinationen zu Zahlen ist folgende:

Bits	Deutung als Binärzahl
000	0
001	1
010	2
011	3
100	4
101	5
110	6
111	7

Diese Zahlendarstellung nennt man auch „Zweiersystem". Die Zuordnung könnte prinzipiell auch völlig anders sein, aber die in der Tabelle vorgestellte Zuordnung hat den großen Vorteil, daß mit dieser Zuordnung die Additionsoperation auf Binärzahlen sehr einfach auszuführen ist.

Die Addition zweier Bits und eines Übertrags läßt sich mit zwei dreistelligen Booleschen Funktionen berechnen: eine Funktion für die Summe der drei Operanden, und eine für einen eventuell auftretenden Übertrag. Die drei Eingänge für die Funktionen sind die zwei zu addierenden Bits und ein Übertrag aus der Addition der niederwertigeren Stellen. Wir stellen die beiden Funktionen in einer Tabelle dar. Dabei ist der Übertrag aus der vorherigen Stelle, der als Eingang in die Addition interpretiert wird, mit „Übertrag t^{n-1}" bezeichnet, der Ergebnisübertrag als „Übertrag t^n".

Eingang a	Eingang b	Übertrag t^{n-1}	Summe	Übertrag t^n
0	0	0	0	0
0	0	1	1	0
0	1	0	1	0
0	1	1	0	1
1	0	0	1	0
1	0	1	0	1
1	1	0	0	1
1	1	1	1	1

Ein Beispiel für eine Addition:

$$\begin{array}{r} 001 \\ + \quad 011 \\ \hline 100 \end{array}$$

Aufgabe 3.2 *(Addition im Zweiersystem) Überprüfen Sie das Beispiel auf seine Richtigkeit, indem Sie die Addition im Zehnersystem nachrechnen. Führen Sie die Additionen $2 + 4$ und $2 + 3$ im Zweiersystem aus.*

Aufgabe 3.3 *(Zweiersystem) Sie haben nun vier Bits zur Verfügung. Wieviele Zahlen können Sie damit darstellen? Führen Sie die Zuordnung von Bitmustern zu Binärzahlen, die Ihnen aus der Tabelle für drei Bits bekannt ist, fort.*

Wer nicht nur positive Zahlen darstellen will, sondern auch negative, muß sich eine andere Zuordnung ausdenken. Weil mit n Bits nur 2^n verschiedene Zahlen darstellbar sind, muß auf die Darstellung einiger positiver Zahlen verzichtet werden. Im allgemeinen geht der dargestellte Zahlenbereich von -2^{n-1} bis $2^{n-1} - 1$. Eine Möglichkeit, negative Zahlen darzustellen, ist das Zweierkomplement. In dieser Darstellung von positiven und negativen Zahlen gelten ebenfalls sehr einfache arithmetische Gesetze. Wir wollen allerdings nicht genauer auf die Darstellung von Zahlen im Zweierkomplement eingehen.

Bitkombinationen müssen aber nicht als Zahlen gedeutet werden. Es ist auch möglich, sie als Buchstaben zu interpretieren. Wenn ein Bauteil acht Bits speichern kann, dann kann es einen von 256 Zuständen kodieren. Acht Bits werden auch ein Byte genannt. Mit einem Byte kann man zum Beispiel eine Zahl im Bereich von Null bis 255 kodieren, oder eine Zweierkomplementzahl im Bereich von -128 bis 127, oder ein beliebiges Zeichen aus einer Menge von 256 verschiedenen Zeichen. Man muß sich nur für eine Zuordnung von Bitkombinationen zu Zeichen entscheiden. Der ASCII (American Standard Code for Information Interchange) ist ein weitverbreiteter Standard für eine Zuordnung von Zeichen und Buchstaben zu Bitkombinationen.

3.3   Funktionsgruppen im Rechner

Eine weitere, etwas höhere Beschreibungsebene für einen Rechner ist die der digitalen Schaltungen. Digitale Schaltungen sind aus logischen Schaltelementen aufgebaut, so wie diese wieder aus Transistoren usw. aufgebaut sind. Auf der Ebene der digitalen Schaltungen werden Bitkombinationen manipuliert und gespeichert, aber es ist nicht wichtig, ob eine Kombination als Zahl oder als Buchstabe gedeutet wird. Auf der Ebene der Funktionsgruppen, die wir als nächstes betrachten, werden die Bedeutungen oder Interpretationen der Bitkombinationen wichtig.

Auf der Ebene der Funktionsgruppen läßt sich ein Rechner in folgende Teile zerlegen: in eine CPU, in einen Hauptspeicher und in die Peripherie. Die CPU (oder: Central Processing Unit, die Abarbeitungszentrale) macht die Arbeit: sie addiert Zahlen, vergleicht Bytes, besorgt Bytes aus dem Speicher und der Peripherie und legt andere Bytes dort ab, kurz: Die CPU führt die Programme aus. Sie ist selbst wieder zusammengesetzt aus Registern, einem Rechenwerk (ALU, englisch:Arithmetic Logical Unit) und einem Steuerwerk.

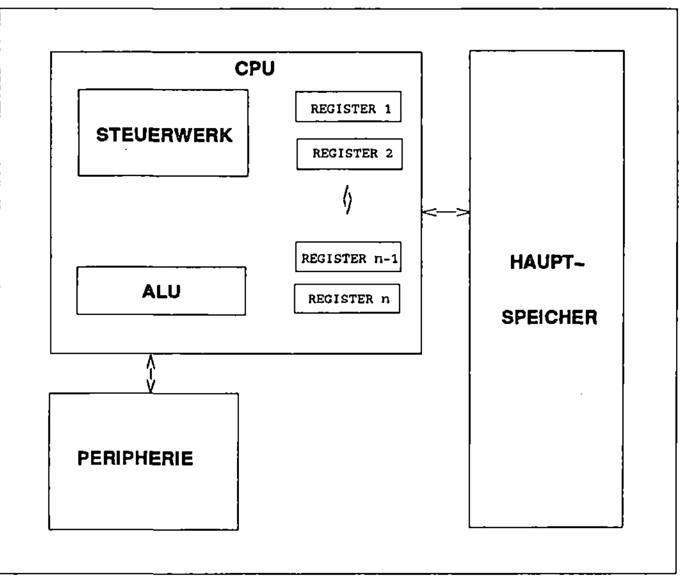

Register sind Bauteile, die (meist) ein Byte oder ein Vielfaches eines Bytes speichern. Die Inhalte zweier Register können beispielsweise als zwei Zahlen gedeutet werden, die addiert werden sollen, oder als zwei Buchstaben, die man vergleichen muß. Das Rechenwerk ist der Teil der CPU, der die Berechnungen durchführt: Zwei Zahlen, die in Registern stehen, können addiert oder subtrahiert und das Ergebnis in einem dritten Register abgelegt werden. Das Rechenwerk kann häufig auch andere Funktionen ausführen, wie Multiplikation und Division oder den Vergleich von Zahlen (bei dem zum Beispiel -1, 0 oder 1 herauskommen kann, je nachdem ob die erste Zahl kleiner, gleich oder größer als die zweite war). Das Steuerwerk steuert den Ablauf: Daten müssen in die Register geschafft werden, ein bestimmter Befehl muß dem Rechenwerk erteilt werden, Ergebnisse müssen wieder weggeschafft werden. Das Steuerwerk ist der Teil der CPU, der diese Abläufe steuert.

Register haben eine endliche Länge. Wenn in ein Register, das für das Ergebnis einer Addition benutzt wird, zwei Bytes, also 16 Bits passen, dann kann man damit beispielsweise die Zahlen von 0 bis $2^{16} - 1 = 65535$ oder im Bereich von $-2^{15} = -32768$ bis $2^{15} - 1 = 32767$ darstellen, je nachdem, wie man die Bitkombinationen deutet. Wenn das Ergebnis nicht in diesem Bereich liegt, wird es nicht in das Register hineinpassen. Was geschieht, wenn Zahlen addiert werden sollen, deren Summe nicht in einem Register gespeichert werden kann, hängt vom Rechner und vom Programm ab, das der Rechner abarbeitet. Manchmal bleibt das ganz unentdeckt, und dann ist das Ergebnis falsch. Manchmal wird der Fehler erkannt, und es wird eine Fehlermeldung ausgegeben.

Den Hauptspeicher kann man sich als eine lange Tabelle von Bytes vorstellen. Alle diese Bytes sind durchnumeriert. Die Nummer jedes Bytes nennt man auch seine „Adresse". Diese Bytes enthalten zum einen die Daten, die die CPU verarbeiten soll, und zum anderen die Programme, die beschreiben, was die CPU tun soll. Man nennt dieses Konzept, daß Daten und Programmbefehle in einem gemeinsamen Speicher stehen, das „von-

Neumann-Konzept". John von Neumann[1903 - 1957] war ein ungarischer Mathematiker, der maßgeblich zur Entwicklung von Computern und leider ebenfalls zur Entwicklung der Atombombe und der Wasserstoffbombe der USA beigetragen hat.

Bytes können also nicht nur als Buchstaben und als Bestandteile von Zahlen gedeutet werden, sondern auch als Befehle für die CPU. Wenn die CPU ein Programm abarbeitet, dann tut sie das mit Hilfe eines besonderen Registers, dessen Inhalt angibt, welcher Befehl als nächstes ausgeführt werden muß. Dieses Register nennt man auf englisch „Program Counter" oder auf deutsch „Befehlszähler"(BZ). Wenn ein Befehl abgearbeitet werden soll, wird das Byte, auf das der Befehlszähler zeigt, in das sogenannte „Befehlsregister" (BR) der CPU geladen. Der Befehl, der zu diesem Byte gehört, wird ausgeführt; zum Beispiel kann das eine Addition sein, oder der Transfer einiger Bytes von einer Stelle des Hauptspeichers in ein Register, oder der Transfer des Inhaltes eines Registers in den Hauptspeicher. Während der Befehl ausgeführt wird, wird der Befehlszähler erhöht, und zeigt danach auf den nächsten auszuführenden Befehl.

Der Hauptspeicher hat also zwei unterschiedliche Funktionen: Erstens enthält er die Folge von Befehlen, die beschreiben, was die CPU tun soll. Diese Befehle sind als Bits und Bytes kodiert. So könnte zum Beispiel das Byte 00001001 bedeuten, daß zwei Zahlen addiert werden sollen. Die zweite Aufgabe des Hauptspeichers ist es, die Daten, die bearbeitet werden sollen, der CPU zur Verfügung zu stellen, und Berechnungsergebnisse wieder aufzunehmen.

Unter dem Namen „Peripherie" faßt man alle Bestandteile des Rechners zusammen, die dazu da sind, Daten von außen entgegenzunehmen, zum Beispiel Tastaturen und Mäuse, oder sie auszugeben, wie zum Beispiel Drucker und Bildschirme. Auch Festplatten und Disketten werden oft zur Peripherie gezählt: Dies sind Sekundärspeicher, die dem Hauptspeicher ähneln, nur dauert der Zugriff hier viel länger. Dafür behalten diese Sekundärspeicher die Daten auch, wenn der Strom ausgeschaltet wird, weil sie die Information magnetisch aufzeichnen. Der Inhalt des Hauptspeichers verschwindet dagegen, wenn die Spannungsversorgung ausgeschaltet wird.

Zum Schluß dieses Kapitels wollen wir versuchen, das Zusammenspiel zwischen CPU und Hauptspeicher zu verdeutlichen. Zu diesem Zweck stellen wir die Abarbeitung eines kleines Programmteiles auf der Ebene der Funktionsgruppen dar.

Der Programmteil, den wir betrachten, sieht so aus:

```
. . .
i := a+1;
end.
```

Dabei sollen i und a Integervariablen sein. Wenn dieser Programmausschnitt in eine Maschinensprache übersetzt wird, die die einzelnen Befehle erkennen läßt, die die CPU abarbeiten muß, kann die Befehlsfolge zum Beispiel folgendermaßen aussehen:

```
. . .
ld a, R1
adc 1
```

```
st i, R1
halt
```

Die Bedeutung dieser Befehlsfolge soll folgende sein: Lade den Wert der Variable a in das Register R1, Addiere die Konstante 1 zum Wert im Register R1, speichere den Wert im Register R1 in die Adresse der Variablen i, und beende die Programmausführung.

Das Rechnermodell, auf dem wir dieses Programm ablaufen lassen wollen, besitzt einen Hauptspeicher von 256 Bytes. Dies bedeutet, daß wir 256 Adressen für diese Bytes benötigen. Um 256 Addressen darzustellen, sind mindestens acht Bits, also ein Byte notwendig, denn 2^8 ist 256. Daraus folgt, daß der Befehlszähler, im folgenden mit BZ abgekürzt, ein Byte lang ist.

In dem betrachteten Rechnermodell kodieren zwei aufeinanderfolgende Bytes einen Befehl. Das erste Byte jedes Befehls steht immer an einer geraden Adresse. Man spricht in diesem Zusammenhang auch von einem Rechnerwort, das in diesem Fall 16 Bit lang ist, also 2 Bytes umfaßt. Dies bedeutet für den BZ, daß er nach jeder Befehlsausführung immer um zwei Adressen hochgezählt wird, da er immer auf den nächsten auszuführenden Befehl zeigen soll.

Das Befehlsformat der Befehle (ld, st, und adc) ist folgendes:

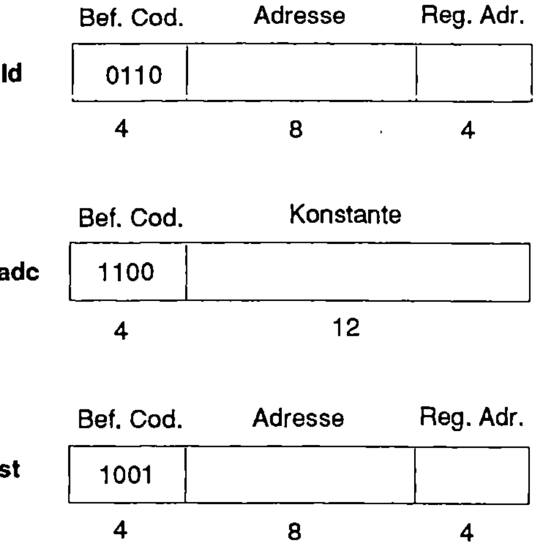

Die Tabelle bedeutet, daß bei den Befehlen st und ld die ersten 4 Bits den Befehl kodieren, die nächsten 8 Bit die Adresse der Variablen kodieren, die letzten 4 Bits kodieren schließlich die Adresse eines Registers. Mit diesem Format lassen sich die 256 Adressen des Speichers und insgesamt 16 Register adressieren. Das Format des Befehls adc ist etwas anders: Die ersten vier Bits kodieren den Befehl, die restlichen 12 Bits kodieren die zu addierende Konstante. Mit 12 Bits lassen sich die Zahlen von 0 bis 4095 darstellen. Der Befehl adc wird immer so interpretiert, daß die Konstante zum Wert, der im Register R1 steht, addiert wird und das Ergebnis dieser Addition im Register R1 steht. Der letzte Befehl, den wir betrachten, ist das halt, es beendet die Programmausführung. Dieser Befehl wird durch 16 Nullen kodiert.

Die Situation, in der wir in die Beschreibung einsteigen, ist folgende: Das zu betrachtende
Programmstück beginnt bei der Adresse 18 und endet an der Adresse 24 mit dem Befehl
halt. In dem Wort mit der Adresse 68 steht der Wert der Variable a, an der Adresse 122
steht die Variable i. Der BZ hat den Wert 18.

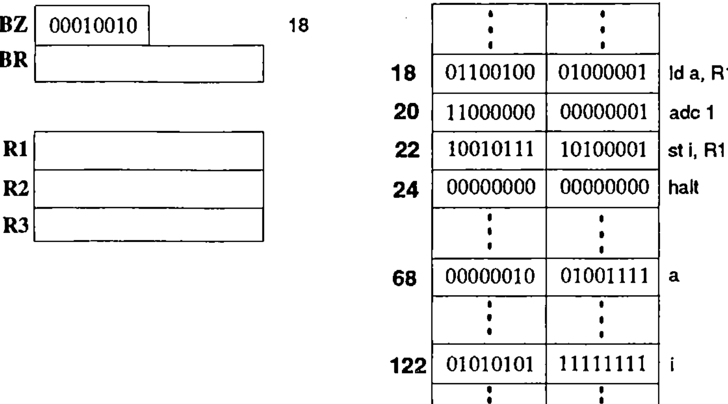

Im nächsten Schritt wird der Befehl, der an der Stelle, die durch den BZ bezeichnet wird,
in das BR geladen.

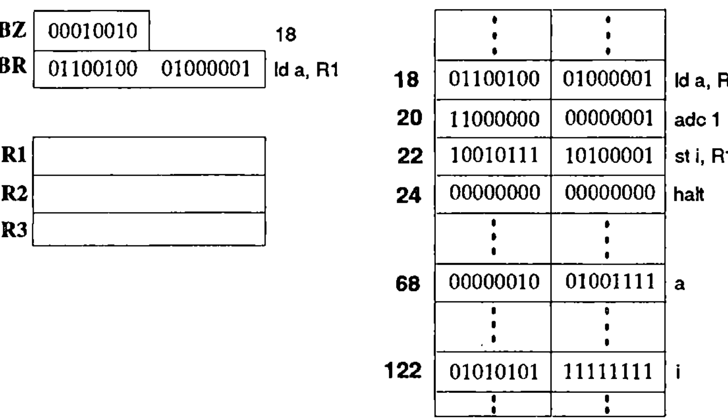

Nun wird der Befehl ausgeführt, und der BZ inkrementiert. Damit zeigt nun der BZ auf
die Adresse 20. Der Befehl, der ausgeführt wurde. war ld a, R1.

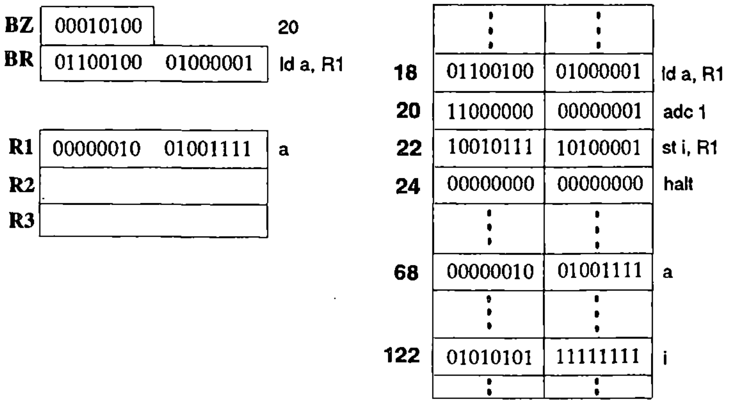

| BZ | 00010100 | | 20 |
| BR | 01100100 | 01000001 | ld a, R1 |

R1	00000010	01001111	a
R2			
R3			

	:	:	
18	01100100	01000001	ld a, R1
20	11000000	00000001	adc 1
22	10010111	10100001	st i, R1
24	00000000	00000000	halt
	:	:	
68	00000010	01001111	a
	:	:	
122	01010101	11111111	i
	:	:	

Bei den nächsten Bildern haben wir die Zwischenschritte, die wir in den ersten drei
Bildern ausführlich besprochen haben, zusammengefaßt. Beim nächsten Bild ist der Befehl
geladen, der BZ hochgezählt und der Befehl ausgeführt. Der BZ zeigt auf die Adresse 22,
der Befehl im BR ist das adc 1, der auch schon ausgeführt wurde.

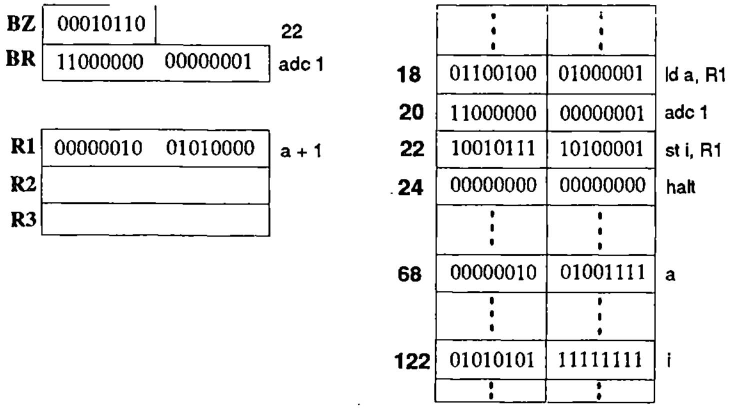

| BZ | 00010110 | | 22 |
| BR | 11000000 | 00000001 | adc 1 |

R1	00000010	01010000	a + 1
R2			
R3			

	:	:	
18	01100100	01000001	ld a, R1
20	11000000	00000001	adc 1
22	10010111	10100001	st i, R1
24	00000000	00000000	halt
	:	:	
68	00000010	01001111	a
	:	:	
122	01010101	11111111	i
	:	:	

Im nächsten Bild ist der Befehlszähler auf 24 hochgezählt, und zeigt damit auf den Befehl **halt**. Im BR steht der Befehl **st i, R1**, der schon ausgeführt wurde, an der Adresse von **i** steht der Wert des Registers **R1**. Diese Zuweisung von **a+1** an die Variable **i** hat den vorherigen Wert von **i** gelöscht.

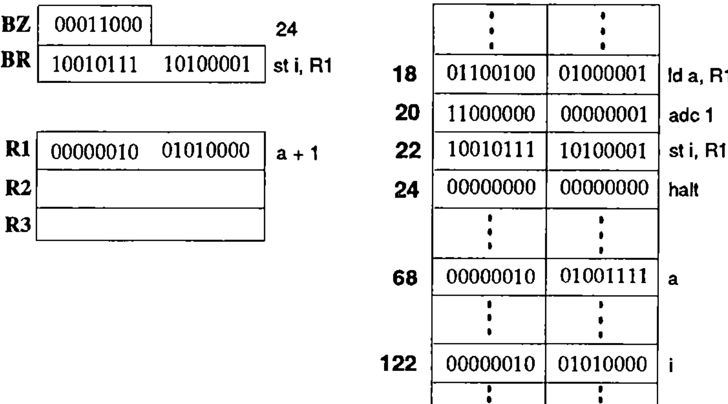

Im letzten Schritt schließlich steht der BZ immer noch auf der Adresse 24, da der Befehl **halt** ausgeführt wurde, und dieser beendet die Programmausführung. Dies beinhaltet, daß der BZ nicht mehr weiter hochgezählt wird.

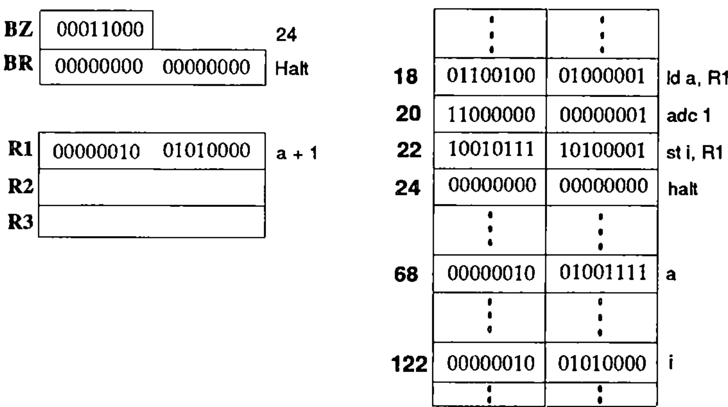

Aufgabe 3.4 *(Maschinensprache) Schreiben Sie ein Programm in der vorgestellten Maschinensprache, das dem Pascalbefehl a := a + 1 entspricht. Verwenden Sie dazu die vorgestellten Maschinenbefehle und das ebenfalls vorgestellte Rechnermodell.*

3.4 Zusammenfassung

- Die Arbeitsweise eines Rechners läßt sich auf verschiedenen Ebenen betrachten.

- Auf der Ebene der Ladungsträger spricht man von Strömen, die durch Transistoren, Widerstände usw. wandern.

- Logische Schaltungen lassen sich in zwei Gruppen aufteilen: In solche, die Boolesche Funktionen berechnen, und in solche, die Zustände speichern können.

- Ein Flipflop ist ein Bauteil, das genau einen von zwei Zuständen speichern kann.

- Mit Bitkombinationen lassen sich Zahlen darstellen; ein gebräuchliches Format für die Darstellung negativer Zahlen ist das Zweierkomplement.

- Auf der Ebene der Funktionsgruppen läßt sich ein herkömmlicher Rechner in folgende Teile zerlegen: In eine CPU, den Hauptspeicher und die Peripherie.

- Die CPU besteht aus Registern, einem Rechenwerk und einem Steuerwerk.

- In der CPU werden Rechnungen ausgeführt und der Programmablauf gesteuert.

- Der Hauptspeicher hat zwei Funktionen: Er enthält die Folge von Befehlen, die beschreiben, was die CPU tun soll, und er stellt der CPU die Daten zur Verfügung, die bearbeitet werden sollen.

- Mit Peripherie bezeichnet man die Tastatur, Bildschirm, Drucker, Plattenspeicher und eventuell noch weitere angeschlossene Geräte.

Teil II

Formale und ethische Grenzen

4 Die formale Spezifikation von Problemen

4.1 Unzulänglichkeit informeller Aufgabenstellungen

In den letzten Kapiteln bestanden die Aufgaben oft darin, kleine Programme zu schreiben. Die Aufgaben wurden immer auf eine informelle Art und Weise gestellt. Aber schon bei den kleineren Problemen war diese Problemstellung oft nicht eindeutig.

Anhand eines Beispiels wollen wir das Problem der Mehrdeutigkeit von Aufgabenstellungen demonstrieren. Die Aufgabenstellung sei folgende: An einer Kreuzung sei eine Radaranlage installiert, die die Geschwindigkeit jedes der vorbeifahrenden Autos mißt und sie an einen Rechner weiterleitet, der diese Folge von Geschwindigkeiten einliest und die Aufgabe hat, einen Photoapparat auszulösen und die gemessene Geschwindigkeit in einer Datei zu speichern, falls diese höher ist als die zulässige Höchstgeschwindigkeit von 50 km/h.

Diese informelle Aufgabenstellung läßt sehr viele Fragen offen, die geklärt werden müssen, bevor wir ein Programm für das beschriebene rechnergestützte Verkehrsüberwachungssystem entwerfen können. Eine wichtige Strategie, mit der solche Unklarheiten erkannt und womöglich behoben werden können, ist die Formulierung der Problemstellung mit Hilfe von formalisierten Sprachen, denn diese haben den Vorteil, daß über die Bedeutung der formulierbaren Sätze unter Fachleuten weitgehende Einigkeit herrscht.

Wir werden versuchen, mit Hilfe einer formalen Sprache einige Unklarheiten explizit zu machen und zu beseitigen. Dafür formulieren wir die Aufgabe erst einmal genauer mit den uns zur Verfügung stehenden Mitteln der natürlichen Sprache: Aus einer Folge von gemessenen Geschwindigkeiten sind diejenigen Folgenelemente zu bestimmen, die größer sind als 50 km/h. Wir wollen die Folge der Geschwindigkeiten mit dem Buchstaben G bezeichnen. Die einzelnen Elemente der Folge bezeichnen wir mit einem lateinischen Kleinbuchstaben, der mit einem Index versehen ist, um seine Stellung in der Folge zu kennzeichnen. Die einzelnen Elemente der Folge G bezeichnen wir also mit $g_1 \ldots g_n \ldots$ u.s.w. Die Indizes der Folgenelemente wollen wir als die laufenden Nummern der Autos deuten.

Als nächstes ist festzulegen, mit welchem Zahlentyp die einzelnen Folgenelemente dargestellt werden sollen. Als erster Ansatz kommen die reellen Zahlen in Frage. Allerdings würde niemand ein Programm entwerfen können, das dieser Vorgabe genügt, denn wie im zweiten Kapitel vorgestellt wurde, stehen in einem Rechner die reellen Zahlen nicht zur Verfügung. Es gibt einen Datentyp **REAL**, der den reellen Zahlen nachempfunden wurde, aber er entspricht in mehrfacher Weise nicht den reellen Zahlen: Erstens ist der Betrag beschränkt, zweitens ist die Anzahl der zur Darstellung der Zahlen zur Verfügung stehenden Dezimalstellen oder Binärstellen beschränkt, drittens sind manche Zahlen in den gebräuchlichen Formaten nicht exakt darstellbar, viertens werden einige Rechenoperationen, die man auf reellen Zahlen ausführen kann, aus diesen Gründen nicht genau durch Operationen auf **REAL**-Zahlen nachgebildet.

Um die Spezifikation zu erstellen, muß bekannt sein, welche Form die Zahlenwerte haben, die die Radaranlage liefert. Wir wollen davon ausgehen, daß sie Zahlen mit maximal zwei Nachkommastellen liefert, die als Geschwindigkeiten in km/h zu interpretieren sind.

Diese Menge wollen wir ZW nennen. Sie ist als Teilmenge aller reellen Zahlen beschreibbar, deren Hundertfaches eine natürliche Zahl ist. Mathematisch kann man die Menge ZW folgendermaßen definieren:

$$ZW := \{x \in \mathbb{R} : 100x \in \mathbb{N}\}$$

Dies bedeutet: Eine relle Zahl x ist genau Element der Menge ZW, wenn $100x$ Element der natürlichen Zahlen $\mathbb{N}$ ist.

Die Eingabe unseres Programms können wir nach diesen Definitionen in einer ziemlich eindeutigen Notation beschreiben: Eingabe ist eine Folge G für die gilt:

$$\text{Für alle } i \in \mathbb{N} : g_i \in ZW$$

Nach der Form der Eingabe soll jetzt die zu lösende Aufgabe möglichst genau beschrieben werden. Diejenigen Geschwindigkeiten, die höher sind als die zulässige Höchstgeschwindigkeit, sollen zusammen mit ihren laufenden Nummern abgespeichert werden, um die Zuordnung zu dem entsprechenden Verkehrssünderphoto zu ermöglichen. Gesucht ist die Menge ZS von Paaren aus Geschwindigkeiten und laufenden Nummern der zu schnellen Autos.

Die Menge von Elementen (a, b), wobei a aus einer Menge A stammt und b aus einer Menge B, schreiben wir $A \times B$; diese Menge von Paaren wird als Cartesisches Produkt der Mengen A und B bezeichnet.

Wir können mit dieser Notation die Menge ZS folgendermaßen definieren:

$$ZS := \{(g_j, j) \in ZW \times \mathbb{N} : g_j > 50\}$$

Diese Spezifikation sieht zwar beeindruckend aus, sie ist aber bei weitem nicht vollständig. So wird nicht genauer angegeben, auf welche Weise das Programm die Werte einlesen soll, wie es die photographische Aufnahme initiieren soll, wie es die Werte abspeichern soll, was bei einem vollen Speicher geschehen soll oder ob es eine Maximalzahl von Verkehrssündern gibt (vielleicht 80 Millionen?), in welchem Bereich die maximalen zu verarbeitenden Geschwindigkeiten liegen, in was für einem Format die Daten auszugeben sind, damit die Flensburger Punkte verteilt werden können, wie schnell jedes einzelne Geschwindigkeitsdatum verarbeitet werden muß, und welche Anforderungen an die Ausfallsicherheit des Programms bestehen. Diese Liste ließe sich fast beliebig verlängern.

An unserem Beispiel wollten wir verdeutlichen, daß ein Formalismus beim Spezifizieren dabei helfen kann, Teile des Problems gut zu erfassen, eindeutig darzustellen und manche Mehrdeutigkeiten frühzeitig zu erkennen. Aber es sollte auch deutlich geworden sein, daß man auch bei Benutzung eines Formalismus nicht davor geschützt ist, Rand- oder Extremfälle oder andere Fragen ganz und gar zu vergessen.

Aufgabe 4.1 *(Formalisierung einer Aufgabenstellung) Schreiben Sie eine informelle Spezifikation für ein Programm, das aus der erstellten Liste von Geschwindigkeiten und Nummern das Element mit der höchsten Geschwindigkeit finden soll. Achten Sie dabei vor allem auf eventuell auftretende Extrem- und Randfälle.*

4.2 Die Aussagen- und Prädikatenlogik

In diesem Kapitel stellen wir die Aussagenlogik und die Prädikatenlogik erster Stufe vor. Das sind Notationen, die für formale Spezifikationen besonders gut geeignet sind.

4.2.1 Logische Aussagen

Der in diesem Zusammenhang wichtigste Begriff ist der der logischen Aussage. Hier sind einige Beispiele:

- $2 + 4 = 6$

- $1 \leq 5$

- $2 + 1 = 4$

- Der Mond ist aus Zitroneneis.

- Glas ist durchsichtig.

- Sabine ist eine Frau.

Eine logische Aussage ist eine Aussage, die entweder wahr oder falsch ist. Dabei ist uninteressant, wer diese Aussage gemacht hat, wann, warum, oder ob uns die Aussage sinnvoll erscheint. So würden wir die Aussage „Der Mond ist aus Zitroneneis." wohl als falsch ansehen, und daher ist sie eine logische Aussage. Das einzige, was notwendig ist, um eine Aussage zu einer logischen Aussage zu machen, ist, daß ihr eindeutig ein Wahrheitswert zugeordnet werden kann.

Der Formel $x + 1 = 3$ können wir keinen Wahrheitswert zuordnen, solange nicht festgelegt ist, wofür das x in der Formel steht. Deswegen ist diese Formel auch keine logische Aussage.

Einzelne Aussagen werden in der Aussagenlogik oft mit kurzen Aussagesymbolen, zum Beispiel kleinen Buchstaben, bezeichnet, weil in der Aussagenlogik vom Inhalt der Aussage abstrahiert werden kann, und weil diese Maßnahme die Schreibarbeit vermindert und die Übersichtlichkeit zusammengesetzter Aussagen erhöht. Es muß nur eine eindeutige Zuordnung zwischen Aussagen und entsprechenden Symbolen geben. So können wir folgende Zuordnung für unsere Beispiele festlegen:

- a: $\Leftarrow 2 + 4 = 6$

- b: $\Leftarrow$ Der Mond ist aus Zitroneneis.

Intuitiv würde man wohl der Aussage a die Eigenschaft „wahr" und der Aussage b die Eigenschaft „falsch" zusprechen. Dies läßt sich formaler darstellen, indem eine Funktion ν (gesprochen: ny) definiert wird, die einem gegebenen Aussagensymbol einen Wahrheitswert zuordnet. Wenn die Wahrheitswerte **wahr** und **falsch** mit den Symbolen W und F bezeichnet werden, und V die Menge der zulässigen Aussagesymbole ist, dann schreibt man $\nu : V \rightarrow \{W, F\}$. Dies bedeutet, daß ν eine Funktion ist, die jedem Element der Menge V ein Element der Menge $\{W, F\}$ zuordnet.

Die Einführung der Menge V ist übrigens ein listiger Trick. Es ist wohl eine sinnvolle Beschreibung der Menge aller Aussagesymbole vorstellbar; man könnte beispielsweise Buchstabenfolgen endlicher Länge erlauben. Die Menge aller sprachlichen Aussagen objektiv festzulegen, scheint wesentlich schwieriger bis unmöglich, denn nicht immer müssen Menschen darin übereinstimmen, ob sie einer sprachlichen Formulierung einen Wahrheitswert zusprechen wollen. Betrachten Sie etwa das Beispiel „Dieser Satz ist nicht wahr." Kann man dieser Formulierung einen Wahrheitswert zuordnen?

1. Angenommen, sie ist falsch. Dann trifft der Inhalt der Aussage zu, sie ist also wahr; das ist ein Widerspruch.

2. Angenommen, sie ist wahr. Dann trifft der Inhalt der Aussage nicht zu, sie ist also falsch. Das ist wieder ein Widerspruch.

3. Angenommen, sie ist weder wahr noch falsch. Dann ist sie insbesondere auch nicht wahr, und dann trifft der Inhalt des Satzes zu, er ist also wahr; es gibt wieder einen Widerspruch.

Es ergibt sich also ein Widerspruch, wenn man dieser Aussage einen Wahrheitswert zuordnet, aber man gerät auch dann in einen Widerspruch, wenn ihr kein Wahrheitswert zugeordnet wird.

Gewisse Eigenschaften der „Menge aller Aussagen" lassen sich nicht als Aussagen formulieren. Deswegen wird die Wahrheitsfunktion nicht auf der Menge der Aussagen, sondern auf der Menge der Aussagesymbole definiert. Das eigentliche Problem, wie man festlegt, wann eine Formulierung als eine Aussage anzusehen ist, ist damit aber nur beseitedefiniert; zum Beispiel ist nicht geklärt, was mit der Formulierung „dieser Satz ist nicht wahr" zu geschehen hat. In der Zuordnung eines Aussagensymbols zu einer sprachlichen Formulierung schlägt sich die Einschätzung nieder, ob man eine Formulierung als Aussage interpretiert. Wir werden manchmal von Aussagesymbolen oder logischen Formeln behaupten, sie seien wahr oder falsch; in diesen Fällen beziehen sich diese Behauptungen auf die Aussagen, für die die Aussagesymbole stehen.

Mit der Auswertungsfunktion wird eine Sicht auf die Welt festgelegt. Die Aussage b, also „Der Mond ist aus Zitroneneis", ist nach allem, was wir über den Mond und über Zitroneneis wissen, falsch. Das bedeutet, die Funktion ν hat an der Stelle b den Wert F. Wenn man allerdings in einer Traumwelt, in der man davon ausgeht, daß der Mond aus Zitroneneis ist, logische Zusammenhänge zwischen Aussagen betrachtet, so kann die Funktion ν an der Stelle b den Wert W haben. In der Festlegung der Auswertungsfunktion ν schlägt sich die Intuition über die Wahrheit oder Falschheit einer Ausage nieder, aber es lassen sich durch nichtintuitive Wahl von ν auch Welten untersuchen, die sich mit der als real erfahrenen Welt nicht decken.

4.2.2 Logische Operatoren

Mit logischen Operatoren lassen sich aus Aussagesymbolen komplexere Aussagen zusammensetzen.

Wir werden im folgenden den Begriff der „Aussagevariable" benutzen. Aussagevariablen sind formale Symbole, die für unbekannte Aussagesymbole stehen. Für Aussagevariablen werden wir große Buchstaben benutzen.

Als ersten betrachten wir einen sehr einfachen logischen Operator: das „nicht". Die Wirkung eines **nicht** auf ein Aussagensymbol ist sehr einfach. Wenn $\nu(A) = W$, dann folgt daraus $\nu(\text{nicht } A) = F$. Aus $\nu(A) = F$ folgt $\nu(\text{nicht } A) = W$.

Das Zeichen $\neg$ wird als Abkürzung für den Operator **nicht** benutzt. Die Wirkung des Operators $\neg$ hätte man auch mit einer Funktionstabelle erklären können. Und zwar in folgender Form:

nicht

$\nu(A)$	$\nu(\neg A)$
F	W
W	F

Die Buchstaben am Kopf dieser Funktionstabellen sind keine Aussagesymbole, denn sie stehen nicht für bestimmte Aussagen. Sie sind nur Platzhalter für Aussagesymbole.

Der nächste Operator ist das **oder**. Das **oder** ist ein zweistelliger Operator, als Abkürzung verwenden wir das Zeichen $\vee$. $A \vee B$ ist genau dann wahr, wenn A oder B wahr ist. Die Funktionstabelle dazu sieht folgendermaßen aus:

oder

$\nu(A)$	$\nu(B)$	$\nu(A \vee B)$
F	F	F
F	W	W
W	F	W
W	W	W

Aufgabe 4.2 *(Funktionstabellen für den Operator „Antivalenz" oder „entweder-oder")*
Entwickeln Sie eine Funktionstabelle für einen zweistelligen Operator „entweder-oder".

Aufgabe 4.3 *(Funktionstabelle für „und") Geben Sie die Funktionstabelle für einen zweistelligen Operator „und" an.*

Der letzte Operator, den wir vorstellen wollen, ist die **Implikation**, im weiteren auch „Folgerung" genannt. Der Operator **Implikation** ist zweistellig. Das abkürzende Symbol für die Folgerung ist „→".

Die Funktionstabelle im Überblick:

Implikation

$\nu(A)$	$\nu(B)$	$\nu(A \rightarrow B)$
F	F	W
F	W	W
W	F	F
W	W	W

Dieser Funktionsverlauf ist nicht so einfach zu verstehen, wie dies bei den anderen Operatoren der Fall war. Intuitiv verstehen wir unter einer Folgerung oft einen kausalen Zusammenhang zwischen Voraussetzung und Ergebnis der Folgerung. Dieser kausale Zusammenhang spielt in der Aussagenlogik keine Rolle, er läßt sich auch gar nicht fassen. So wird in der Aussagenlogik zum Beispiel die zusammengesetzte Aussage: $0 > 1 \rightarrow$ „morgen wird es regnen" als wahr angesehen. Es lassen sich aber Merkregeln angeben, die diesen Verlauf zu erklären helfen. So ist es zulässig, wenn jemand aus einer wahren Aussage eine wahre Aussage ableitet, und es ist auch zulässig, daß jemand, der von einer falschen Aussage ausgeht, zu einem falschen Ergebnis kommt; auch wenn jemand von einer falschen Voraussetzung ausgehend zu einem richtigen Ergebnis kommt, muß sie oder er nicht einen Fehler gemacht haben; in diesen drei Fällen kann die Folgerung selbst sehr wohl in Ordnung gewesen sein. Nur wenn jemand aus einer wahren Aussage eine falsche ableitet, muß im Verlauf der Folgerung ein Fehler passiert sein.

Diese Erklärungen sind weniger der Grund dafür, daß die Implikation diesen speziellen Verlauf hat, aber sie helfen dabei, sich diesen Verlauf zu merken.

Aufgabe 4.4 *(Implikation) Stellen Sie die Funktionstabelle für die Formel $(\neg A) \vee B$ auf. Was fällt ihnen dabei im Vergleich mit der Implikation auf?*

Aufgabe 4.5 *(der Operator „genau dann wenn") Stellen Sie eine Funktionstabelle für die Verknüpfung „genau dann, wenn" auf.*

In der Aussagenlogik können nicht alle Verknüpfungen, die in der Umgangssprache benutzt werden, um Aussagen miteinander zu verbinden, als logischer Operator interpretiert werden. Dies gilt zum Beispiel für **danach**; diese Verknüpfung beinhaltet ein **und**, aber auch noch einen zeitlichen Aspekt, und dieser zeitliche Aspekt läßt sich in der Aussagenlogik nicht formalisieren. Gleiches gilt für **trotzdem**; dies ist im gewissen Sinne auch ein **und**, aber bei einem **trotzdem** spielen unter anderen Aspekten auch unerfüllte Erwartungen eine Rolle.

Wir wollen an dieser Stelle den Begriff der „aussagenlogischen Formel" oder kurz der „Formel" etwas exakter definieren:

- Jede Aussagenvariable A ist eine Formel.

- Wenn A eine Formel ist, dann ist $(\neg A)$ eine Formel.

- Wenn A und B Formeln sind, dann ist auch $(A\chi B)$ mit $\chi \in \{\vee, \wedge, \rightarrow, \leftrightarrow, \nleftrightarrow\}$ wieder eine Formel.

- Keine anderen Zeichenfolgen sind Formeln.

Wie die Aussagevariablen wollen wir auch die aussagenlogischen Formeln mit großen Buchstaben bezeichnen.

Wenn wir uns darauf einigen, daß der Negationsoperator am engsten bindet, dann **und** und **oder** gleichstark, und die Implikation, die Äquivalenz und die Antivalenz am schwächsten, dann können wir viele Klammern weglassen.

Der Wahrheitsverlauf von Formeln läßt sich sehr leicht in Tabellen darstellen. Wir betrachten die Formel $(A \wedge B) \vee C$; mit einer Hilfsspalte für das Zwischenergebnis $(A \wedge B)$ können wir die Wahrheitstabelle zu dieser Formel folgendermaßen aufstellen:

$\nu(A)$	$\nu(B)$	$\nu(C)$	$\nu(A \wedge B)$	$\nu((A \wedge B) \vee C)$
F	F	F	F	F
F	F	W	F	W
F	W	F	F	F
F	W	W	F	W
W	F	F	F	F
W	F	W	F	W
W	W	F	W	W
W	W	W	W	W

4.2.3 Distributivität, Assoziativität, Kommutativität, Modus Ponens

In diesem Kapitel werden wir ein paar Regeln vorstellen, die es erlauben, logische Formeln zu vereinfachen, ohne daß die Wahrheitswerte der Aussagevariablen bekannt sind.

In der Logik lassen sich Distributiv-, Assoziativ- und Kommutativgesetze zeigen, wie sie von den Grundrechenarten her bekannt sind. Die Aussage $A \leftrightarrow B$ gibt an, daß A und B logisch äquivalent sind. Zwei Formeln sind äquivalent, wenn sie für jede mögliche Belegung der Aussagevariablen den gleichen Funktionsverlauf haben.

Die Tabelle zur Äquivalenz:

Äquivalenz

$\nu(A)$	$\nu(B)$	$\nu(A \leftrightarrow B)$
F	F	W
F	W	F
W	F	F
W	W	W

Nun die versprochenen Gesetze.

Assoziativität:

$$(A \wedge B) \wedge C \leftrightarrow A \wedge (B \wedge C)$$

$$(A \vee B) \vee C \leftrightarrow A \vee (B \vee C)$$

Kommutativität:

$$A \wedge B \leftrightarrow B \wedge A$$

$$A \vee B \leftrightarrow B \vee A$$

Distributivität:

$$A \vee (B \wedge C) \leftrightarrow (A \vee B) \wedge (A \vee C)$$

$$A \wedge (B \vee C) \leftrightarrow (A \wedge B) \vee (A \wedge C)$$

Aufgabe 4.6 *(Distributivgesetze) Schreiben Sie die Funktionstabellen für die Distributivgesetze auf. Stellen Sie dazu zuerst die Tabellen für die Formeln $A \vee (B \wedge C)$ und $(A \vee B) \wedge (A \vee C)$ auf. Was fällt Ihnen dabei auf und wie läßt sich dies interpretieren?*

In der letzten Aufgabe haben Sie gesehen, daß die beiden Teilformeln der Distributivgesetze das gleiche Funktionsergebnis für jede mögliche Eingangsbelegung haben. Das bedeutet: Die Formeln sind äquivalent. Dies bedeutet: Immer, wenn in einer Formel eine dieser Teilformeln auftritt, kann man diese durch die jeweils andere ersetzen, ohne etwas am Funktionsverlauf der gesamten Formel zu ändern In diesem Sinne ist auch das Vereinfachen einer Formel zu verstehen; durch die Anwendung solcher Ersetzungen läßt sich eine Formel manchmal kürzer schreiben, ohne daß das Ergebnis verändert wird.

Aufgabe 4.7 *(Distributiv-, Assoziativ- und Kommutativgesetze) Kürzen Sie die folgende Formel:* $(B \wedge A) \vee (B \wedge D) \vee (A \wedge D) \vee (B \wedge C)$

Aufgabe 4.8 *(Implikation und Äquivalenz) Stellen Sie die Funktionstabelle der Formel $(A \rightarrow B) \wedge (B \rightarrow A)$ auf. Vergleichen Sie sie mit der Tabelle der Äquivalenz: Was fällt dabei auf?*

Aufgabe 4.9 *(Implikation) Stellen Sie die Funktionstabellen folgender Formeln auf. $A \rightarrow B, B \rightarrow A; \neg B \rightarrow \neg A$ auf. Wie interpretieren Sie diese Ergebnisse?*

Betrachten Sie die Formel $A \vee \neg A$; der Wahrheitswert dieser Formel ist unabhängig von der Belegung der Aussagevariablen immer wahr. Eine Formel, die diese Eigenschaft besitzt, nennt man eine **Tautologie**. Diese Eigenschaft ist Ihnen schon von dem Aufstellen der Wahrheitstabelle für das Distributivgesetz bekannt. Dies bedeutet: die Formeln, die die Distributivgesetze beschreiben, sind Tautologien. Warum dies so sein muß, können Sie sich leicht selbst überlegen.

Aufgabe 4.10 *(Wahrheitstabellen, Formeln von De Morgan) Stellen Sie die Wahrheitstabellen für folgende Formeln auf:*

$$\neg(A \wedge B) \leftrightarrow (\neg A \vee \neg B)$$

$$\neg(A \vee B) \leftrightarrow (\neg A \wedge \neg B)$$

Die Formeln, die Sie in der letzten Aufgabe kennengelernt haben, nennt man die Gesetze von **De Morgan**; sie sind ebenso wie die übrigen Gesetze, die Sie bisher kennengelernt haben, dazu geeignet, aussagenlogische Formeln umzuformen.

4.2.4 Modus Ponens

Wir wollen nun zum **Modus Ponens** oder dem logischen Schluß übergehen. Der Modus Ponens gibt uns ein formales Schema an die Hand, mit dessen Hilfe wir in der Lage sind, einen korrekten logischen Schluß durchzuführen. Was bedeutet es, einen korrekten logischen Schluß durchzuführen? Wir verfügen über ein bestimmtes Wissen; dies bedeutet in der Aussagenlogik, daß man von bestimmten Formeln weiß, daß sie wahr sind, und daß man nun neue wahre Formeln aus diesem Wissen herleiten möchte.

Der **Modus Ponens** besagt: Wenn eine Formel A gilt, und die Formel $A \to B$ gilt, dann gilt auch die Formel B. Wir wollen dieses Schema wie folgt aufschreiben:

$$\frac{\begin{matrix} A \\ A \to B \end{matrix}}{B}$$

Dem Modus Ponens sind wir alle schon in der Schule begegnet, nur vielleicht nicht in expliziter Form. Jeder erinnert sich an mathematische Sätze der Form „wenn ... gilt, dann gilt auch ...", z.B. die folgende Eigenschaft der „kleiner-Relation":

Wenn $a < b$ und $b < c$, dann gilt auch $a < c$.

Es sei nun $a := 1, b := 3, c := 6, A := 1 < 3 \wedge 3 < 6, B := 1 < 3$; der Satz ist damit in die Form $A \to B$ gebracht. Es sind alle Bedingungen des logischen Schlusses erfüllt, und man kann $1 < 6$ folgern.

$$\frac{\begin{matrix} 1 < 3 \wedge 3 < 6 \\ 1 < 3 \wedge 3 < 6 \to 1 < 6 \end{matrix}}{1 < 6}$$

Beim Modus Ponens ist zu beachten, daß er im allgemeinen nicht umkehrbar ist; man betrachte dazu folgendes Beispiel:

Es gelte $a, b < 0$; weiter gilt die Implikation: Wenn $a, b < 0$, dann ist $ab > 0$.

Die Umkehrung wäre nun: Wenn $ab > 0$ gilt, dann gilt auch $a, b < 0$; dies ist aber offensichtlich falsch.

Aufgabe 4.11 *(Modus Ponens, Umformungsregeln) Folgende Formeln sollen als gültig angenommen werden:*

E

$A \rightarrow B \vee D$

$C \rightarrow \neg D \wedge \neg B$

$(A \wedge E) \vee (\neg A \wedge \neg E)$

Beweisen Sie von diesen Formeln ausgehend, daß C nicht gilt; benutzen Sie dazu die Umformungsregeln für aussagenlogische Formeln und den Modus Ponens. Zur Lösung dieser Aufgabe benötigen Sie noch folgende allgemeingültige Formel:

$$\neg\neg A \leftrightarrow A$$

Aufgabe 4.12 * *(Formalisierung von natürlichsprachlichen Aussagen, Umformungsregeln, Modus Ponens) Formalisieren Sie folgende Aussagen und versuchen Sie zu folgern, wer zuhause ist, und wer abspült: Wir befinden uns in einem typischen Studentenhaushalt und die ewige Gretchenfrage steht im Raum: Wer spült ab? Im Haushalt wohnen Norbert, Jochen, Rainer und Matthias. Norbert ist heute nicht zuhause. Wenn Jochen nicht zuhause ist, dann sind Rainer und Matthias zuhause. Wenn Jochen da ist, dann spült Matthias. Norbert spült nicht ab, genau dann wenn Matthias oder Rainer nicht zuhause sind. Weiter soll gelten: Wer nicht da ist, spült nicht ab, denn das kann er ja schlecht. Ebenso gilt natürlich: Wer abspült, ist zuhause. Ob jemand auch noch woanders abspült, interessiert uns im Moment nicht. Ein Hinweis zur Lösung: Das Ergebnis von Aufgabe 4.4 könnte Ihnen nützlich sein.*

4.2.5 Prädikatenlogik

Die Prädikatenlogik ist eine Erweiterung der Aussagenlogik um Prädikate, Funktionen und Quantoren. Wir stellen in diesem Buch die Prädikatenlogik vor, da beim Spezifizieren die Mächtigkeit der Aussagenlogik nicht ausreichend ist.

Betrachten Sie folgende Aussagen:

- Xanthippe ist ein Mensch.

- Alle Menschen sind sterblich.

Intuitiv können wir aus diesen beiden Voraussetzungen, wenn wir sie als korrekt annehmen, folgern, daß Xanthippe sterblich ist; leider läßt sich mit den Mitteln, die uns die Aussagenlogik zur Verfügung stellt, diese Folgerung nicht durchführen.

Wenn man die Aussagen mit den Begriffen der Aussagenlogik zu formalisieren versucht, würde man wohl folgendermaßen vorgehen: Als erstes werden zwei Aussagesymbole a, b eingeführt, wobei a für die Aussage „Xanthippe ist ein Mensch" stehen soll und b für die Aussage „Alle Menschen sind sterblich". Aussagenlogisch kann die obige zusammengesetzte Aussage so formuliert werden: $a \wedge b$. Damit ist man aber auch schon am Ende, denn weitere Informationen stehen nicht zur Verfügung.

Wir möchten ungefähr folgenden intuitiven Schluß formal fassen: Xanthippe ist ein
Mensch, und alle Menschen sind sterblich; damit ist auch Xanthippe sterblich, weil sie ein
Mensch ist. Dafür dürfen wir nicht allein die Wahrheitswerte und die logischen Operatoren betrachten, aus denen die Aussage zusammengesetzt ist, sondern wir müssen einen
tieferen Blick in die innere Struktur einer Aussage machen. Genau dies ermöglicht die
Prädikatenlogik. Mit ihrer Hilfe wird es möglich, die inhaltliche Folgerung, die Menschen in diesem Falle intuitiv treffen, auf einer abstrakten Ebene nachzuvollziehen und
das gewünschte Ergebnis zu erhalten, ohne daß ein Verständnis des Inhaltes vorausgesetzt
wird. Dies bedeutet, daß, wie beim Modus Ponens in der Aussagenlogik, auch solche
Schlüsse rein aufgrund der formalen Struktur von Ausdrücken gezogen werden.

In der Prädikatenlogik wird die Zusammensetzung einer einfachen Aussage näher betrachtet. So kann man die Aussage „Xanthippe ist ein Mensch" als aus einem Objekt,
nämlich Xanthippe, und einer Eigenschaft des Objekts, dem Menschsein, zusammengesetzt auffassen. Diese Eigenschaften der Objekte werden auch „Prädikate" genannt, daher
der Name der Logik. In der Prädikatenlogik gibt es, wie in der Aussagenlogik, eine Bewertungsfunktion, die einer prädikatenlogischen Formel einen Wahrheitswert zuordnet. Zu
dieser Bewertungsfunktion gibt es einen Grundbereich D, aus dem die Objekte stammen
und eine Interpretation , mit der festgelegt wird, was die in der Prädikatenlogik benutzten
Symbole bedeuten sollen.

Anhand der Aussage „Xanthippe ist ein Mensch" wollen wir diese Begriffe erklären. Das
Menschsein eines Objekts, in diesem Falle von Xanthippe, wird als einstelliges Prädikat
aufgefaßt. Wir wollen dieses Prädikat mit mensch(x) bezeichnen. Das x steht für ein
beliebiges Objekt aus dem Grundbereich, der vorher vereinbart werden muß. Wir wollen
in den Grundbereich alle Menschen, Elefanten und Katzen nehmen, die nach 1000 v.Chr.
geboren wurden; außerdem sollen noch alle natürlichen Zahlen und der heilige Geist
im Grundbereich enthalten sein. Wir haben uns auf Menschen mit einem Geburtsdatum
nach 1000 v.Chr. beschränkt, um gewissen evolutionsbiologischen Schwierigkeiten zu
entgehen. Der Grundbereich mag recht merkwürdig aussehen; das ist Absicht, denn wir
wollen deutlich machen, daß die Prädikatenlogik nicht voraussetzt, daß der Grundbereich
besonders sinnvoll gewählt sei.

Die Interpretation I ordnet nun jedem Konstantensymbol in einer Formel, in unserem Fall
dem Symbol „xanthippe", ein Objekt aus dem Grundbereich zu. Die Buchstabenkombi-
nation „xanthippe" an sich hat also ohne die Interpretation keine Bedeutung; erst durch
die Zuordnung zu dem Menschen dieses Namens, von dem Sie vielleicht einmal gehört
haben, bekommt diese Buchstabenfolge eine Bedeutung.

Die Interpretation ordnet ebenso jedem einstelligen Prädikat eine Teilmenge des Grundbereichs D zu, im Beispiel dem Prädikat mensch(x) die Teilmenge der Menschen. Ein
zweistelliges Prädikat wird als zweistellige Relation aus $D \times D$ interpretiert. So ist zum
Beispiel das zweistellige Prädikat vorfahre(x, y) wahr, wenn das Objekt y Vorfahre des
Objektes x ist.

Zusätzlich zu Konstanten- und Prädikatensymbolen gibt es noch Funktionssymbole, die
interpretiert werden müssen. Ein einstelliges Funktionssymbol könnte zum Beispiel „vater" sein, das einem Objekt seinen Vater zuordnet, wenn es einen hat. Wie auch schon bei
den Prädikaten ordnet die Interpretation dem Zeichen vater(x) die Funktion „vater von"

auf dem Grundbereich zu. Man mache sich an diesem Beispiel den Unterschied zwischen einem Prädikat und einer Funktion klar: Die Auswertung eines Prädikats ergibt einen Wahrheitswert, die einer Funktion ergibt ein Element aus dem Grundbereich. Dabei sind auch partielle Funktionen zugelassen; das sind Funktionen, die nicht für den gesamten Grundbereich definiert sind. Zum Beispiel ist die Funktion $vater(x)$ nicht definiert, wenn sie auf einen Menschen angewendet wird, dessen Vater vor dem Jahr 1000 v. Chr. geboren ist.

Die zweite Aussage, „Alle Menschen sind sterblich", ist im Aufbau etwas schwieriger. Das Prädikat „mensch" tritt auf, und ein neues Prädikat „sterblich", das für alle Objekte wahr sein soll, die sterblich sind, also die Menschen, Elefanten und Katzen. Das „sind" aus der obigen Aussage läßt sich mit ein wenig guten Willen als eine Implikation erkennen, die schon aus der Aussagenlogik bekannt ist. Im logischen Sinne ist das „alle" besonders interessant. Die Aussage bezieht sich nicht auf einen bestimmten Menschen oder ein paar einzeln benannte, sondern auf alle. Um diese Aussage zu formalisieren, gäbe es zum einen die Möglichkeit, für jeden einzelnen Menschen aus dem Grundbereich folgende Aussage zu machen: $mensch(hugo\ maier) \rightarrow sterblich(hugo\ maier)$. Dies ist sehr beschwerlich, den wie man sich erinnert, sind im Grundbereich sehr, sehr viele Menschen enthalten. Nicht immer kann man alle Elemente eines Grundbereichs in endlicher Zeit aufzählen: Mit den ganzen Zahlen zum Beispiel würde man niemals fertig. Aus diesem Grunde gibt es in der Prädikatenlogik sogenannte „Quantoren", den Allquantor $\forall$ und den Existenzquantor $\exists$. Diese kann man als Abkürzungen für die sprachlichen Ausdrücke „für alle" und „es gibt wenigstens ein" verstehen.

Mit dem Allquantor ist eine Aussage wie „Alle Menschen sind sterblich" sehr leicht zu formalisieren:

$$\forall x[\ mensch(x) \rightarrow sterblich(x)]$$

Die Aussage, die hinter dieser Formulierung steht, ist ungefähr folgende: „Für alles, wofür gilt, daß es ein Mensch ist, folgt, daß es sterblich ist."

Der Existenzquantor funktioniert auf ähnliche Weise. Als Beispiel betrachten wir die Aussage: „Es gibt einen Menschen, der keinen menschlichen Vater hat." Die prädikatenlogische Formulierung dazu lautet:

$$\exists x[\ mensch(x) \rightarrow \neg mensch(vater(x))]$$

Aufgabe 4.13 * *(Formalisierung von natürlichsprachlichen Aussagen mit Hilfe der Prädikatenlogik) Formalisieren Sie folgende Sätze; vergessen Sie nicht, die Interpretation anzugeben:*

- *Wenn zwei Zahlen positiv sind, dann ist auch ihr Produkt und ihre Summe positiv.*

- *Es gibt keinen Menschen, der unsterblich ist.*

- *Genau dann ist das Produkt zweier Zahlen gleich Null, wenn mindestens eine der beiden Zahlen gleich Null ist.*

Auswertung von prädikatenlogischen Ausdrücken

An dieser Stelle wollen wir genauer erklären, wie prädikatenlogische Formeln ausgewertet werden. Dafür definieren wir als erstes genau, wie prädikatenlogische Formeln aussehen.

Ein wichtiger Bestandteil solcher Formeln sind **Terme**. Terme stehen in den Formeln für Objekte aus dem Grundbereich. Solche Terme können drei verschiedene Gestalten haben:

- Alle Variablensymbole sind Terme. Als Variablensymbole benutzen wir eventuell indizierte kleine Buchstaben, etwa $\{x, y, z, x_1, y_1, \ldots\}$.

- Alle Konstantensymbole sind Terme.

- $t_1, t_2, \ldots, t_n$ seien Terme, und f sei ein n-stelliges Funktionssymbol; dann ist auch $f(t_1, \ldots, t_n)$ ein Term.

- Nur die so definierten Zeichenfolgen sind Terme.

Die prädikatenlogischen Formeln selbst stehen für Wahrheitswerte. Wir definieren sie folgendermaßen:

- $t_1, \ldots, t_n$ seien Terme und p ein n-stelliges Prädikatensymbol. $p(t_1, \ldots t_n)$ ist dann eine Formel.

- A und B seien Formeln und x eine Variable. Dann sind auch $(\neg A), (A \chi B)$ für $\chi \in \{\vee, \wedge, \rightarrow, \leftrightarrow, \nleftrightarrow\}$, $(\forall x A)$ und $(\exists x A)$ Formeln. Wenn Klammern weggelassen sind, fassen wir die Formeln so auf, daß die Negation am engsten bindet, **und** und **oder** gleich stark, dann kommen die Pfeile, und endlich die Quantoren.

- Nur die so definierten Zeichenfolgen sind Formeln.

Um festzulegen, wie die Formeln zu verstehen sind, definieren wir, was eine Interpretation I ist.

- I ordnet jedem n-stelligen Funktionssymbol f eine n-stellige Funktion auf dem Grundbereich zu. $I(f) : D^n \rightarrow D$

- I ordnet jeder Konstanten c ein Element im Grundbereich D zu. $I(c) \in D$. Konstanten werden übrigens auch oft als nullstellige Funktionssymbole angesehen.

- I ordnet jedem n-stelligen Prädikatensymbol p eine n-stellige Relation auf dem Grundbereich D zu. $I(p) \subseteq D^n$.

- I ordnet jedem 0-stelligem Prädikatensymbol p einen Wahrheitwert zu, also: $I(p) \in \{W, F\}$. Nullstellige Prädikatensymbole entsprechen also den Aussagesymbolen in der Aussagenlogik.

Damit haben wir alle wichtigen Grundbegriffe weitgehend geklärt, und die restliche Erklärung wird einfach und hoffentlich intuitiv einsichtig werden. Wir müssen allerdings noch eine Vereinbarung treffen. Die obige Definition prädikatenlogischer Formeln läßt zu, daß zum Beispiel mensch(x) eine Formel ist, wobei x eine Variable ist. Variablen haben durch die Interpretation aber kein Element im Grundbereich zugeordnet bekommen. Solange aber nicht bekannt ist, für welches Objekt das x in der Formel steht, bleibt unklar, ob wir die Formel wahr oder falsch nennen können. Wenn die Variable durch einen Quantor gebunden wäre, wie etwa in den Formeln $\exists x$ mensch(x) oder $\forall x$ mensch(x), dann wäre es einfacher, sich auf eine Bedeutung zu einigen.

Das Auftreten von Variablen, die nicht im Gültigkeitsbereich eines Quantors auftreten, nennt man „frei", andere nennt man „gebunden". Wir wollen für freie Variablen in Formeln vereinbaren, diese Variablen als allquantifiziert anzusehen. Die Formel mensch(x) soll also die gleiche Bedeutung haben wie $\forall x$ mensch(x).

Hier ein etwas ausführlicheres Beispiel zu freien und gebundenen Variablen:

$$\text{Wirkungsbereich des Quantors } \exists u$$
$$(\forall x((p(x) \rightarrow \overbrace{\exists u(p(u) \vee p(y))})) \rightarrow p(v))$$
$$\underbrace{\qquad\qquad\qquad\qquad\qquad\qquad}_{\text{Wirkungsbereich des Quantors } \forall x}$$

In diesem Beispiel ist das Auftreten von der Variable v frei, das Auftreten von u ist gebunden, das Auftreten der Variable y ist frei, das Auftreten der Variable x ist gebunden.

Unter Allquantifizierung verstehen wir, daß für jede freie Variable ein Allquantor vor die Formel geschrieben wird, der die entsprechende Variable bindet. Das Beispiel sieht damit folgendermaßen aus:

$$\forall y \forall v(\forall x((p(x) \rightarrow \exists u(p(u) \vee p(y)))) \rightarrow p(v))$$

Aufgabe 4.14 *(Begriffe „freie" und „gebundene" Variable und Allquantifizierung) Welche der Variablenvorkommen sind in den folgenden Formeln frei, welche gebunden?*

- $\exists v(\forall x(p(y) \vee p(v)) \wedge q(x))$

- $p(y) \vee \forall v \exists y(q(v) \wedge q(x))$

Allquantifizieren Sie die Formeln, bis alle Variablen gebunden sind.

Jetzt kommen wir zur Formelauswertung. Wir definieren also, wie den prädikatenlogischen Formeln Wahrheitswerte zugeordnet werden. Dazu benutzen wir eine Funktion $\omega_{D,I}$, die als Definitionsbereich alle prädikatenlogischen Formeln hat und diese auf die Menge der Wahrheitswerte $\{W, F\}$ abbildet. Die Indizes D und I geben an, daß ω vom Grundbereich und der Interpretion abhängig ist.

- Wenn P eine Formel mit freien Variablen ist, dann bezeichne P' die entsprechende allquantifizierte Formel. Dann definieren wir $\omega_{D,I}(P) := \omega_{D,I}(P')$. In den übrigen Fällen gehen wir davon aus, daß die Formeln keine freien Variablen hat.

- Sei p ein n-stelliges Prädikatensymbol und seien $t_1, \ldots, t_n$ Terme. Dann definieren wir:

$$\omega_{D,I}(p(t_1, \ldots, t_n)) := \begin{cases} W & \text{falls } (I(t_1), \ldots, I(t_n)) \in I(p) \\ F & \text{sonst} \end{cases}$$

- $\omega_{D,I}(p) := I(p)$ für jedes nullstelliges Prädikat p.

- $\omega_{D,I}(\neg B) := \begin{cases} W & \text{falls } \omega_{D,I}(B) = F \\ F & \text{falls } \omega_{D,I}(B) = W \end{cases}$

- $\omega_{D,I}(A \vee B) := \begin{cases} W & \text{falls } \omega_{D,I}(A) = W \text{ oder } \omega_{D,I}(B) = W \\ F & \text{falls } \omega_{D,I}(A) = F \text{ und } \omega_{D,I}(B) = F \end{cases}$

- Für alle zweistelligen aussagenlogischen Operatoren χ definieren wir analog zur Aussagenlogik $\omega_{D,I}(A \chi B)$. Wir führen die Definitionen nicht noch einmal im einzelnen auf.

-

$$\omega_{D,I}(\forall x A) := \begin{cases} W & \text{falls für alle } d \in D \text{ gilt: } \omega_{D,I}([x \Leftarrow d](A)) = W \\ F & \text{sonst} \end{cases}$$

Dabei bedeutet $[x \Leftarrow d]$, daß jedes Auftreten von x durch d ersetzt wird.

-

$$\omega_{D,I}(\exists x A) := \begin{cases} W & \text{falls für ein } d \in D \text{ gilt: } \omega_{D,I}([x \Leftarrow d](A)) = W \\ F & \text{sonst} \end{cases}$$

Am Beispiel der anfangs vorgestellten Formeln wollen wir die Benutzung dieser Begriffe noch einmal demonstrieren.

Als nächstes definieren wir die Interpretation I: I ordnet dem Symbol „xanthippe" den Menschen Xanthippe zu. Weiter ordnet I dem Prädikat „mensch" die Teilmenge der Menschen zu, die im Grundbereich enthalten sind. Dem Prädikat „sterblich" wird die Teilmenge aller sterblichen Objekte im Grundbereich zugeordnet.

Damit gilt also $\omega_{D,I}(\text{mensch}(\text{xanthippe})) = w$, denn es gilt $I(\text{xanthippe}) \in I(\text{mensch})$.

Aufgabe 4.15 *(Auswertung einer Formel) Versuchen Sie, den Wahrheitswert der folgenden Formel zu bestimmen:* $\forall x (\text{ mensch}(x) \rightarrow \text{sterblich}(x))$

Folgerungen in der Prädikatenlogik

In der Prädikatenlogik gibt es zwei Folgerungsregeln: Neben dem Modus Ponens, der in der Form gilt, in der er schon bei der Aussagenlogik vorgestellt wurde, gibt es die sogenannte **Spezialisierungsregel**, mit der man aus gültigen Formeln neue gültige Formeln ableiten kann.

Wir wollen diese Regel an unserem Eingangsbeispiel erklären. Es gelten die Formeln: .

- mensch(Xanthippe)

- $\forall x [\, \text{mensch}(x) \rightarrow \text{sterblich}(x)]$

Es soll gefolgert werden: sterblich(xanthippe). Wenn nun bewiesen werden könnte, daß die Formel mensch(xanthippe) $\rightarrow$ sterblich(xanthippe) gilt, dann könnte man mit Hilfe des Modus Ponens auch den gewünschten Schluß ableiten.

Mit Hilfe der Spezialisierungsregel läßt sich das Gewünschte erreichen. Die Spezialisierungsregel besagt: Wenn etwas für alle Objekte gilt, dann gilt es auch für ein spezielles Objekt. In der Schreibweise, in der auch schon der Modus Ponens vorgestellt wurde, sieht das folgendermaßen aus:

$$\frac{\forall x\, P(x)}{P(A)}$$

Dies bedeutet: Eine allquantifizierte Variable darf an allen Auftrittsstellen durch eine beliebige Konstante ersetzt werden, und der Allquantor darf dann entfernt werden.

Es gilt also:

$$\forall x [\, \text{mensch}(x) \rightarrow \text{sterblich}(x)]$$

Die Anwendung der Spezialisierungsregel ergibt:

$$[\text{mensch}(\text{xanthippe}) \rightarrow \text{sterblich}(\text{xanthippe})]$$

Zusammen mit der Voraussetzung mensch(xanthippe) ergibt sich mit dem Modus Ponens der gewünschte Schluß:

$$\text{sterblich}(\text{xanthippe})$$

Dieser Schluß wurde auf rein formalem Wege erhalten. Wir mußten zwar die Voraussetzungen kennen, aber für den Schluß selbst mußten wir nicht auf unser spezielles Wissen über den Menschen „Xanthippe" zurückgreifen.

Wir hoffen, daß an diesen Beispielen zweierlei deutlich geworden ist:

- Wie man eine natürlichsprachliche Aussage in eine prädikatenlogische umformuliert, und

- wieviel Gewalt man einer natürlichsprachlichen Aussage antun muß, um sie formal fassen zu können.

Ursprünglich waren wir von dem Satz „Alle Menschen sind sterblich" ausgegangen. Diesen Satz hatten wir für den Übergang zur Prädikatenlogik verbogen, bis folgendes herauskam: „Für alles, wofür gilt: es ist ein Mensch, gilt auch: es ist sterblich". Bei einem Vergleich fällt auf, daß sich diese beiden Sätze im Sprachgebrauch sehr wohl unterscheiden. Den ersten Satz können wir als eine Aussage über das Schicksal verstehen, das uns alle erwartet. Die zweite Aussage bezieht alle möglichen Objekte mit in die Aussage ein. Die Wirkungen, die die beiden Aussagen auf einen Menschen haben können, sind sicherlich in den allermeisten Fällen sehr unterschiedlich. Manche Wirkungen und Bedeutungen gehen bei der Formalisierung verloren, und es kommen neue hinzu, die ursprünglich nicht vorhanden waren. Dies wird durch die Gewalt bewirkt, der wir eine Aussage aussetzen müssen, um sie in das enge Korsett eines Formalismus zu zwingen.

Aufgabe 4.16 *Formalisieren Sie folgende Aussagen. Beobachten Sie dabei, wie sich die Bedeutung der Sätze für Sie dabei verändert.*

- *Denk ich an Deutschland in der Nacht, bin ich um den Schlaf gebracht.*

- *Ein unsterbliches Gedicht ist nicht sterblich.*

4.2.6 Formale Spezifikation: Das Beispiel Sortieren

In diesem Kapitel werden wir das Erstellen einer formalen Spezifikation an dem in der Literatur sehr beliebten Beispiel des Sortierens vorführen. An diesem Beispiel wird deutlich werden, daß man sich bei der praktischen Benutzung formaler Spezifikationen wesentlich mehr Freiheiten gönnt, als der strenge Formalismus, der gewöhnlich zur Darstellung der Prädikatenlogik benutzt wird, erlaubt. Dadurch werden die Beschreibungen zwar gewöhnlich wieder etwas mehrdeutiger, als man es möchte, aber sie werden besser verständlich, weil man sich auf Vorwissen der LeserInnen beziehen kann. Die Eindeutigkeit einer Spezifikation, die man durch einen sehr strengen Formalismus erreichen kann, hat keinen praktischen Nutzen, wenn das Ergebnis unverständlich ist. Aus diesem Grunde werden auch wir uns nicht eng an den vorgestellten Formalismus halten, sondern werden Symbole wie $\in$, $\leq$ und $+$ benutzen, ohne ihre Interpretation im Detail anzugeben.

Die Ausgangssituation bei diesem Problem ist folgende: Wir haben eine Anzahl von Elementen in beliebiger Reihenfolge, auf denen eine Ordnung definiert ist. Wir wollen diese Ordnung der Einfachheit wegen im folgenden mit dem Zeichen $\leq$ bezeichnen. Die Aufgabe ist nun, die Elemente gemäß dieser Ordnung zu sortieren.

Um diese Aufgabe zu lösen, wollen wir die Sortierprozedur als eine mathematische Funktion auffassen, die Listen von Zahlen auf Listen von Zahlen abbildet. Im Laufe der Spezifikation werden wir vom Begriff der Liste abgehen und statt dessen von n-Tupeln reden, da diese Beschreibung für unsere Zwecke geeigneter ist. Mit $\mathbb{N}^n$ bezeichnen wir die Menge der n-Tupel von natürlichen Zahlen.

- Die Länge der zu sortierenden Zahlenliste ist $n \in \mathbb{N}$.

- Die zu spezifizierende Funktion f bildet jedes Element aus $\mathbb{N}^n$ auf ein Element aus derselben Menge ab: $f : \mathbb{N}^n \to \mathbb{N}^n$.

- Für das Ergebnis gilt: $f : (x_1, x_2, ..., x_n) \mapsto (y_1, y_2, ..., y_n)$ mit folgenden Eigenschaften:

    1. Die Elemente des Ergebnistupels sind aufsteigend sortiert; statt

$$\forall i(i \in \{1, ..., n-1\} \to y_i \leq y_{i+1})$$

    schreiben wir kürzer

$$\forall i \in \{1, ..., n-1\} : y_i \leq y_{i+1}$$

2. Die erste Bedingung würde zum Beispiel schon durch ein Tupel von lauter Nullen erfüllt. Wir müssen darum noch verlangen, daß die Komponenten des Ergebnistupels die gleichen sind wie die im Ursprungstupel; das könnten wir tun, indem wir verlangen, daß die Häufigkeit jeder Zahl in Eingabe- und Ausgabetupel gleich ist:

$$\forall i \in \{1, ..., n\} : a_n(x_i, (x_1, x_2, ..., x_n)) = a_n(x_i, (y_1, y_2, ..., y_n))$$

wobei die Funktion a_n bestimmt, wie oft ein Element in einem n-Tupel vorkommt:

$$a_m : \quad \mathbb{N} \times \mathbb{N}^m \to \mathbb{N} \text{ mit } m \in \mathbb{N}$$

$$(x, (x_1, ..., x_m)) \mapsto \begin{cases} 0 \text{ falls } m = 0 \\ a_{m-1}(x, (x_1, ..., x_{m-1})) \\ \quad \text{falls } m > 0 \wedge x \neq x_m \\ 1 + a_{m-1}(x, (x_1, ..., x_{m-1})) \\ \quad \text{falls } m > 0 \wedge x = x_m \end{cases}$$

Man kann sich sicherlich über die Deutlichkeit und Einfachheit dieser Spezifikation streiten. Es gibt ungezählte andere Möglichkeiten, eine Sortierfunktion zu spezifizieren. Wir haben uns für diese entschieden, erheben aber keinen Anspruch darauf, die eleganteste oder verständlichste gewählt zu haben.

Aufgabe 4.17 *Wenn man statt der zweiten obigen Bedingung die Anforderung gemacht hätte, daß jeder in der Lösung vorkommende Wert im Ursprungstupel vorhanden sein sollte, etwa mit der Formel*

$$\forall i : 1 \leq i \leq n \to \exists j : (1 \leq j \leq n \wedge y_i = x_j)$$

könnten unerwartete Effekte die Freude über die kurze Spezifikation trüben. Was für ein Ergebnis könnte dieser Spezifikation entsprechen, aber doch unerwartet sein?

4.3   Grenzen der Spezifikation

Im ersten Teil dieses Kapitels haben wir versucht, darzustellen, was formales Spezifizieren bedeutet. Wir hoffen, daß Sie ein Gefühl für gewisse Möglichkeiten dieser Technik bekommen haben. In diesem zweiten Teil wollen wir genauer darauf eingehen, was nicht oder nur unzureichend möglich ist bzw. in welchen Fällen zu viel von einer Spezifikation erwartet wird.

Der Sinn einer Spezifikation ist es, die Aufgabe, die ein Softwareprodukt lösen soll, möglichst eindeutig festzulegen, damit das Programm auch das leistet, was eine AuftraggeberIn davon erwartet. Man kann zwei besonders wichtige Eigenschaften unterscheiden, die zu diesem Ziel beitragen können.

- Eine Spezifikation stellt möglichst eindeutige Bedingungen an eine Lösung der Aufgabe. Sie ermöglicht damit eine Kontrolle der Korrektheit. Aufgrund dieses Aspektes sollte eine Spezifikation formal gehalten sein.

- Eine Spezifikation sollte so verständlich sein, daß ein Mensch die Aufgabe, die mit dieser Spezifikation formalisiert wurde, erkennnen kann. Augrund dieses Aspektes sollte eine Spezifikation möglichst verständlich und unkompliziert gehalten sein.

4.3.1 Bedeutungsverlust durch Spezifikation

Viele WissenschaftlerInnen haben ein Verlangen nach „guten" Zufallszahlen, um gewisse Rechnersimulationen durchzuführen. Was liegt näher, als sich die Zufallszahlen vom Rechner liefern zu lassen? Dies ist dann eine Aufgabe für eine InformatikerIn.

Der erste Schritt ist, eine möglichst gute, vielleicht formale Spezifikation der Aufgabe zu erstellen. An dieser Stelle beginnen aber schon die Probleme. Was ist Zufall überhaupt? Oder in diesem Fall: Was sind die exakten Eigenschaften einer zufälligen Folge von Zahlen? Was sollen gar „gute" Zufallszahlen sein?

Jeder Mensch hat vom Zufall eine individuelle Vorstellung. Mancher mag den Zufall als einen „regellosen Zustand" aufzufassen. Dies wird deutlich, wenn folgende Frage zu beantworten ist: Ist es zufällig, ob es in einem Monat, um 6 Uhr morgens, regnen wird? Viele Menschen werden wohl nach einer kurzen Überlegung mit „Nein!" antworten. Auf die Frage, welche Zahl ich als nächstes würfeln werde, wird die Antwort eher sein: „Das ist zufällig". Diese Antworten sind vielleicht erklärlich, da wir gewöhnt sind, das Wetter als ein Phänomen zu verstehen, das gewissen Naturgesetzen unterworfen ist. Wie sonst könnten Meterologen Vorhersagen über das Wetter machen? Den Wurf eines Würfels verstehen wir als keinen Gesetzen unterworfen, deshalb nennen wir das Ergebnis zufällig. „Zufall" wird also zuweilen als ein Gegenbegriff zu „Regelhaftigkeit" oder „Kausalität" verstanden.

Wenn ein Mensch durch ein Ereignis zu Schaden an Leib oder Leben kommt, dann würde mancher Mensch das in einem harmloseren Zusammenhang als zufällig bezeichnen, in einem schweren Fall aber vielleicht eher als Schicksal, Strafe oder Sühne verstehen, vielleicht weil es für einen Menschen schwierig ist, daran zu glauben, der Tod könne sinnlos sein. Andere Menschen deuten umgekehrt fast alles, was ihnen oder anderen zustößt nicht als zufällig, sondern als in irgendeinem Sinne sinnvoll. Zufall ist also nicht nur ein Gegenbegriff zu Regelhaftigkeit, sondern auch zu Sinnhaftigkeit.

Nach diesen allgemeinen Betrachtungen über den Begriff des Zufalls bleibt die Frage offen, was die InformatikerInnen daraus machen, wenn sie den Zufall modellieren. Die Aufgabe beschränkt sich auf die Formulierung von statistischen Eigenschaften, die eine Zahlenfolge erfüllen soll, damit man sie als zufällig ansieht. Solche Eigenschaften sind z.B. eine bestimmte Verteilung der Zahlen in einem Intervall, oder der Wunsch, daß sich die Reihenfolge der Zahlen nicht wiederholt.

Die Informatik oder in diesem Fall die Mathematik geht wie so oft den immer gleichen Weg. Die Wirklichkeit oder die intuitive, individuelle, menschliche Sicht davon lassen sich nur schlecht in formale Korsette schnüren. Im Fall des Zufalls wird etwas Neues geschaffen, ein Begriff, der mit der ursprünglichen Vorstellung nur wenig gemein hat. Er besitzt allerdings den großen Vorteil, formalisierbar und damit einem mathematischen Verständnis zugänglich zu sein. Die Informatik spezifiziert einen mathematischen Zufallsbegriff, der sich mittels formaler Kriterien beurteilen läßt. Die Gleichsetzung mit dem intuitiven

Zufallsbegriff, von dem wir einige Varianten vorgestellt haben, ist allerdings sinnlos oder je nach Einschätzung und Verwendung gefährlich.

Die Vorgehensweise, mit der ein Begriff wie Zufall formalisiert wird, läßt sich bei anderen Begriffen ebenfalls beobachten. Dies tritt z.B. bei dem Versuch auf, den Begriff der Benutzerfreundlichkeit zu fassen. Es wird, ähnlich wie bei dem Versuch, den Zufall zu spezifizieren, darauf verzichtet, den eigentlichen Begriff zu beschreiben, sondern es werden Bedingungen genannt, die erfüllt sein sollen, um die Benutzerfreundlichkeit zu gewährleisten. Zu solchen Bedingungen kann ein bestimmtes Befehlformat oder eine vorgegebene maximale Antwortzeit gehöhren. Diese Forderungen sind sicherlich sinnvoll und erhöhen den Komfort, aber ob sie tatsächlich gewährleisten, daß ein Programm benutzerfreundlich ist, kann in Frage gestellt werden. Die Informatik scheint allzu oft dem Betrunkenen unter der Laterne zu ähneln, der auf dem Boden liegend etwas sucht. Ein Passant kommt vorbei und fragt ihn, was er denn mache. Der Betrunkene antwortet, er habe seinen Schlüssel verloren und könne ihn nicht wiederfinden. Daraufhin sucht der Passant eine Weile mit ihm, findet aber nichts, und fragt dann nach, wo ungefähr denn der Schlüssel verlorengegangen sei. Der Betrunken sagt: „Da hinten" und zeigt in die Finsternis. Warum er denn dann nicht dort suche, fragt der Passant verblüfft, worauf der Betrunkene antwortet, dort könne er doch nichts sehen.

4.3.2 Spezifikation von umfangreichen Aufgaben

Die Komplexität, die eine Spezifikation einer sehr großen Aufgabe annimmt, beispielsweise die Spezifikation eines Flugleitsystems, ist von einem Menschen allein nicht mehr zu bewältigen. Um die Aufgabe trotzdem lösen zu können, wird die Arbeit auf die Mitglieder eines Teams verteilt. Durch diese Aufteilung bedingt versteht aber kein einzelner Mensch mehr die gesamte Spezifikation. Die zwei Aufgaben, die eine Spezifikation erfüllen sollte – Eindeutigkeit und Verständlichkeit – sind damit nicht mehr unbedingt erfüllt. Wenn eine Spezifikation so umfangreich und komplex ist, daß sie kein einzelner Mensch mehr versteht, kann man sich nicht sicher sein, daß sie mit den Erwartungen der AuftraggeberIn übereinstimmt. Da der Wert also zweifelhaft und der Aufwand oft groß ist, unterbleibt normalerweise die vollständige formale Spezifikation von sehr umfangreichen Aufgabe.

4.3.3 Wirkungen auf die Gesellschaft

Die Auswirkung eines Programms besteht in der Lösung eines Problems. In einer Spezifikation wird erklärt, wie der Ausgangszustand aussieht, und was von der Lösung erwartet wird. Ein Programm hat, wie viele Medikamente, oft nicht nur eine erwünschte Hauptwirkung, sondern zumeist zusätzliche unerwünschte Nebenwirkungen. In einem Beipackzettel eines Medikaments werden die Anwendungsgebiete angegeben und ebenso die bekannten Nebenwirkungen. Bei einem Programm sollte dies auch so sein, ist es aber nicht. Es sollten den Nebenwirkungen eines Programms Grenzen gesetzt werden. Dies würde bedeuten, daß man sich in der Spezifikation der Anforderungen an ein Programm auch mit möglichen Wirkungen beschäftigen müßte, die nicht unmittelbar zur Lösung des Problems gehören. Dazu gehören Fragen wie etwa: Welche Wirkungen hat ein Programm auf die Menschen, die mit ihm arbeiten? Welche Wirkungen hat die Anwendung eines Programms auf den Arbeitsmarkt? Welche Folgen hat die Anwendung eines Programms auf die Arbeitsabläufe an einem Arbeitsplatz?

Die Antworten auf diese Fragen lassen sich nicht sinnvoll formalisieren und damit in einer formalen Spezifikation unterbringen. Trotzdem sind dies Fragen, die sich jede InformatikerIn stellen sollte, die bei der Konzeption, Spezifikation und Implementierung eines Programms mitwirkt. Heutzutage hat die Computertechnologie einen erheblichen Einfluß auf das Arbeitsleben und damit auf unsere Gesellschaft. Wer Vorstellungen darüber hat, wie die tägliche Arbeit vieler Menschen aussehen oder nicht aussehen sollte, der sollte sich über solche Fragen Gedanken machen, auch wenn er keine so exakten Anworten erhalten wird wie im Bereich der Technik.

4.4 Zusammenfassung

- Informelle Aufgabenstellungen und Spezifikationen sind oft relativ ungenau und nicht eindeutig.

- Möglichkeiten, Spezifikationen formal zu gestalten, sind die Aussagen- und die Prädikatenlogik.

- Eine logische Aussage ist eine sprachliche Aussage, der man eindeutig einen der Wahrheitswerte $\{W, F\}$ zuordnen kann.

- Um die Schreibarbeit zu vermindern und die Übersichtlichkeit bei zusammengesetzten Aussagen zu erhöhen, benutzt man in der Aussagenlogik Aussagensymbole.

- Um logische Ausagen miteinander zu verknüpfen, werden logische Operatoren wie **nicht, und, oder, Implikation** verwendet.

- Der **Modus ponens** ist eine Schema, mit dessen Hilfe man einen logischen Schluß durchführen kann, ohne die inhaltlichen Aussagen verstehen zu müssen.

- Die Prädikatenlogik ist eine Erweiterung der Aussagenlogik um Prädikate, Funktionen und Quantoren. In der Prädikatenlogik wird der innere Aufbau einer einfachen Aussage näher betrachtet.

- In der Prädikatenlogik gibt es, wie in der Aussagenlogik, eine Auswertungsfunktion, die einer Formel einen Wahrheitswert zuordnet.

- Die **Spezialisierungsregel** ist neben dem Modus Ponens in der Prädikatenlogik eine weitere formale Schlußregel.

- Um eine natürlichsprachliche Aussage zu formalisieren, muß ihr Gewalt angetan werden.

- Eine Spezifikation soll eindeutig sein, und sie sollte möglichst verständlich sein.

- Grenzen einer Spezifiaktion sind erreicht, wenn der Versuch unternommen wird, komplexe Begriffe wie Zufall oder Benutzerfreundlichkeit zu spezifizieren.

- In einer Spezifikation sollten auch die Wirkungen bedacht werden, die ein Einsatz des zu spezifizierenden Programms auf betroffene Menschen haben kann.

5 Validierung von Programmen

5.1 Überblick

Häufig leisten Programme nicht, was von ihnen erwartet wird. Manchmal ist das nur störend; manchmal kostet das irgendjemanden Geld; und manchmal besteht die Möglichkeit, daß zum Beispiel ein computergesteuertes Flugzeug durch einen Programmierfehler abstürzt und Menschen verletzt oder getötet werden. Spätestens in solchen Fällen muß man sich sehr genau Gedanken darüber machen, wie man möglichst sicher sein kann, daß ein Programm keine Fehler enthält.

Es gibt in der Informatik zu diesem Thema ein geflügeltes Wort: „There is always one more bug." „Bug" bedeutet einen Programmierfehler. Die Erfahrung, daß jedes Programm Fehler hat, machen InformatikerInnen schon lange. Es wird auf verschiedenste Weise versucht, die Fehleranfälligkeit in Programmen zu vermindern.

Die meistbenutzte Methode ist der Test von Programmen: Man probiert das Programm oder die einzelnen Teile mit verschiedenen, möglichst systematisch ausgewählten Eingabedatensätzen aus, betrachtet die Ergebnisse und entscheidet dann, ob das Programm einen Fehler gemacht hat oder nicht; wenn ein Fehler vermutet wird, dann wird genauer nachgeforscht, wie das unerwartete Programmverhalten zustande kam.

Von vielen Menschen wird ein anderes Verfahren, der formale Beweis von Programmen, als die sicherste Methode angesehen: Man spezifiziert fmöglichst formal – etwa mit den vorgestellten formalisierten Sprachen – was ein zu untersuchender Programmteil leisten soll und versucht dann Schritt für Schritt nachzuweisen, daß die Anweisungsfolge, aus der das Programm besteht, die Anforderungen erfüllt. Theoretisch kann man auf diese Weise die Korrektheit eines Programms nachweisen, ohne es je laufen zu lassen.

Wir wollen uns in diesem Kapitel um Stärken und Schwächen dieser beiden bekannten Methoden kümmern.

5.2 Der Test von Programmen

In diesem Abschnitt soll beschrieben werden, wie Programme getestet werden. Wir werden ein Beispiel für ein fehlerhaftes Programm vorstellen, das eigentlich eine Anzahl von Zahlen einlesen soll, bis eine Null kommt, sie dann mit einer „Selectionsort"-Prozedur sortieren und ausgeben soll.

Um zu entscheiden, was als Fehler zu verstehen ist, muß festgelegt sein, was von dem Programm erwartet wird. Erwartungen sind allerdings subjektiv; deswegen ist auch die Überprüfung, ob ein Programm einer Erwartung entspricht, subjektiv. Weil man aber häufig Programme nicht zum eigenen Vergnügen schreibt, muß man sich mit anderen Menschen über die Anforderungen unterhalten, die an das Programm zu stellen sind. Deshalb wird versucht, die Erwartungen aufzuschreiben, um sich so besser darüber unterhalten zu können und Nichtübereinstimmungen leichter erkennen zu können; dies nennt man, wie schon gesagt, **Spezifikation.** Zunächst eine (unvollständige) Beschreibung von Erwartungen an ein einfaches Sortierprogramm:

- Es sollen nur positive Zahlen sortiert werden.

- In jeder Eingabezeile soll eine Zahl angegeben werden.

- Wenn in einer Eingabezeile eine Null angegeben wird, dann ist das als das Ende der Liste zu verstehen.

- Die Zahlen sollen sortiert ausgegeben werden.

- Das Programm soll auf keinen Fall abstürzen, auch wenn falsche Eingaben gemacht werden. In diesem Fall soll eine Fehlermeldung geliefert werden.

Aufgabe 5.1 *(Es geht um die Vollständigkeit von Spezifikationen.) Mit der obigen Anforderungsliste sind die Wünsche an das Programm nicht sehr genau festgelegt. Was würden Sie als ProgrammiererIn an weiteren Angaben verlangen, um sicherer sein zu können, ein Programm nach den Wünschen der AuftraggeberIn zu programmieren? Was muß genauer angegeben werden? Wo müssen die erlaubten Leistungsgrenzen des Programms deutlicher gemacht werden?*

Hier ein FEHLERHAFTES Programm:

```
PROGRAM SortierenFehlerhaft;
CONST maxarraylaenge = 100;
TYPE tintarray = ARRAY[1..maxarraylaenge];
VAR fuellungsgrad: INTEGER;
    zahlenfeld: tintarray;

  (* Die Prozedur erhaelt als Argumente ein Feld von ganzen
   * Zahlen und die Anzahl der Elemente, die in dem Feld
   * stehen. *)
  PROCEDURE selectionsort(VAR zahlen: tintarray;
                          laenge: INTEGER);
  VAR ende, lauf, maxindex: INTEGER;
      merkzahl: INTEGER;
  BEGIN
    FOR ende := laenge DOWNTO 1 DO BEGIN
      maxindex := 1;
      FOR lauf := 2 TO ende DO BEGIN
        IF zahlen[lauf] > zahlen[maxindex] THEN BEGIN
          maxindex := lauf;
        END;
```

```
        merkzahl := zahlen[ende];
        zahlen[ende] := zahlen[maxindex];
        zahlen[maxindex] := merkzahl;
      END;
    END;
  END (* selectionsort *);

BEGIN
  fuellungsgrad := 0;
  REPEAT
    READLN(zahlenfeld[fuellungsgrad]);
  UNTIL zahlenfeld[fuellungsgrad] = 0;
  selectionsort(zahlenfeld, fuellungsgrad-1);
  FOR lauf := 1 TO fuellungsgrad-1 DO BEGIN
    WRITELN(zahlenfeld[lauf]);
  END;
END.
```

Aufgabe 5.2 *(Es geht um die Schwierigkeit, alle Fehler eines Programms zu finden.)
Finden Sie möglichst viele Fehler im Programm* **SortierenFehlerhaft**. *Benutzen
Sie als Maßstab Ihre Erwartungen oder, wenn Sie nicht sicher sind, die von Ihnen ergänzte
Anforderungsliste. Versuchen Sie zunächst, Fehler beim Durchlesen des Programms zu
finden. Geben Sie das Programm dann in einen Rechner ein, korrigieren Sie schon erkannte
Fehler, und testen Sie es. Überlegen Sie sich, wie Sie das Programm systematisch testen
könnten.*

5.2.1 Teststrategie

Bei so kurzen Programmen, wie wir sie als Beispiele angeben müssen, kann man manche
Tests im Kopf durchführen; manche Details lassen sich aber nicht vorhersehen, weil sie
zum Beispiel in der Sprachdefinition nicht festgelegt sind und auf verschiedenen Rechnern
verschieden ablaufen oder weil der Übersetzer oder die Hardware Fehler hat. Hier eine
unvollständige Liste von Beispielen dafür, was getestet werden sollte:

- Es sollte mit typischen Eingaben getestet werden.

- Es sollte mit untypischen, aber zulässigen Eingaben getestet werden.

- Es sollte mit Eingaben getestet werden, die als fehlerhaft zurückgewiesen werden
  müssen.

- Das Zeitverhalten, der Speicherplatzbedarf und der Bedienungskomfort des Programms sollten überprüft werden.

- Die Grenzen der Leistungsfähigkeit des Programms sollten ausgelotet werden. In
  unserem Fall können das unter anderem folgende Tests sein:

  - Eingabe von zu vielen Elementen
  - Eingabe einer leeren Eingabeliste
  - Eingabe von Leerzeilen oder Buchstaben statt einer Zahl

- Eingabe einer zu großen Zahl

- Eingabe doppelter Elemente

- Eingabe von Zahlen, die zwar verschieden sind, die aber mit Hilfe der normalen Rechnergenauigkeit nicht voneinander unterscheidbar sind. Wie werden solche Zahlen behandelt?

Wenn man Erfahrungen mit einem Programm sammelt, fallen einem immer wieder neue sinnvolle Tests ein. Diese sollten in einer Checkliste gesammelt werden. Bevor ein Programm an einen Kunden ausgeliefert wird, sollten die in der Checkliste vermerkten Fälle überprüft werden.

5.2.2 Modultest und Systemtest

Wenn ein Programm aus Modulen aufgebaut ist, dann werden zunächst die einzelnen Module getestet und erst anschließend das aus Modulen zusammengesetzte Gesamtprogramm. Um einzelne Module zu testen, müssen oft besondere Testumgebungen zur Verfügung stehen. Das sind nur zum Test gedachte Programme, die die Funktionen des zu testenden Moduls auf verschiedene Weise benutzen. Wenn das zu testende Modul auf andere Module zurückgreift, muß man sich überlegen, wie man beim Test ohne diese Module auskommt, wenn die wirklich benötigten noch nicht fertig sind. Der Test der einzelnen Module wird einsichtigerweise **Modultest** genannt.

Der Test des gesamten Programmsystems heiß **Systemtest**. Nachdem die einzelnen Module eines Programms getestet wurden, beginnt man damit, die Module zusammenzuschalten und im Zusammenhang zu testen. Jetzt können Fehler gefunden werden, die dadurch entstehen, daß verschiedene Module nicht zusammenpassen.

Wenn das Gesamtsystem aus vielen Modulen besteht, dann werden beim Systemtest nicht gleich von Anfang an alle Module zusammengeschaltet. Es gibt verschiedene Strategien dafür, welche Module als erste getestet werden sollten. Wenn mit den Modulen begonnen wird, die von wenigen anderen Modulen abhängen, dann nennt man dies die **Bottom-Up-Strategie**, weil man erst die einfachsten oder „am weitesten unten befindlichen" Module testet und dann nach oben fortschreitet. Wenn mit den Modulen begonnen wird, die von sehr vielen anderen Modulen abhängig sind, nennt man dies die **Top-Down-Strategie**. In diesem Fall muß man für die noch nicht getesteten, aber benötigten Module einfache Ersatzmodule schreiben, mit denen die zu testenden Funktionen ausgeführt werden können.

5.2.3 White-Box-Tests und Black-Box-Tests

Normalerweise kennt die TesterIn das Programm, das sie oder er untersucht, und berücksichtigt bei der Auswahl der Stichproben auch den Aufbau des Programms. Auch das hat einen besonderen Namen: **White-Box-Test** oder **Glass-Box-Test**. Den Gegensatz dazu bilden die **Black-Box-Tests**, bei denen der TesterIn der Aufbau des Programms unbekannt ist.

White-Box-Tests haben bestimmte Nachteile: Die Aufmerksamkeit wird bei dieser Technik mehr auf die Programmstruktur als auf die Anforderungen an das Programm gelenkt. Wenn im Programmtext manche Anforderungen gar nicht berücksichtigt werden, dann fällt das einem Menschen, der die Tests in enger Anlehnung an diesen Programmtext durchführt, nicht unbedingt auf. Deshalb wurden die Black-Box-Tests vorgeschlagen. Hier kann man beim Entwurf der Testfälle nicht auf die Programmstruktur zurückgreifen und muß sich die sinnvollen Stichproben auf eine andere Weise bestimmen, zum Beispiel, indem man die sinnvollen Stichproben allein anhand der Erwartungen an das Programm errät. Allerdings können bei Black-Box-Tests besonders komplizierte Programmstellen nicht besonders intensiv getestet werden, weil die TesterInnen den Programmtext nicht kennen.

Die Vor- und Nachteile der verschiedenen Testverfahren machen es deutlich, wieso man sowohl White-Box-Tests als auch Black-Box-Tests machen sollte. White-Box-Tests machen am besten die ProgrammiererInnen selbst, denn sie kennen die Module besonders gut. Black-Box-Tests sollte eine andere Gruppe durchführen.

5.3 Zur Leistungsfähigkeit von Black-Box-Tests

Wie oft muß man einen Test ausführen, um einen Ausfall, der mit einer bestimmten Wahrscheinlichkeit auftritt, mit einer Sicherheit von beispielsweise 99% zu finden?

Allgemein gilt: Um einen Fehler, der mit einer Wahrscheinlichkeit von P auftritt, mit einer Sicherheit von S zu finden, kann man eine Anzahl n von unabhängigen Versuchen ausführen, so daß diese n Versuche höchstens mit einer Wahrscheinlichkeit von $1 - S$ alle gelingen. Die Wahrscheinlichkeit, daß ein Versuch gelingt, ist $(1 - P)$; diejenige, daß n unabhängige Versuche gelingen, ist $(1 - P)^n$. Diese Wahrscheinlichkeit darf höchstens so groß sein wie die zulässige Irrtumswahrscheinlichkeit $1 - S$. Wir verlangen $(1 - P)^n \leq 1 - S$, oder anders geschrieben: $n \geq \ln(1 - S)/\ln(1 - P)$.

Die Sicherheitsanforderungen im Bereich der Flugsicherheit bewegen sich oft in der Größenordnung von 10^{-9} kritischen Fehlern pro Flugstunde. Man müßte die kritischen Systeme ungefähr 4.6 Milliarden Stunden testen (das sind ungefähr 525000 Jahre), um solche Fehler mit einer Irrtumswahrscheinlichkeit von höchstens einem Prozent auszuschließen. Zudem müßte sicher sein, daß die im Labor zu Testzwecken hergestellten Bedingungen mit den wirklichen Bedingungen übereinstimmen.

Wenn die gesamte Testzeit eines solchen Systems auf ein Jahr verkürzt werden sollte, dann müssen in einer Teststunde so viele Situationen durchgespielt werden, wie in der Wirklichkeit in 525000 Stunden auftreten. Das entspricht etwa 60 Jahren. Dabei wiederholen sich allerdings sicherlich viele Situationen immer wieder. Die Anzahl der zu überprüfenden Situationen kann extrem verkleinert werden, weil einmal getestete Situationen nie mehr wieder untersucht werden müssen. Aber auch bei dieser Strategie muß man darauf vertrauen können, daß innerhalb einer Teststunde wenigstens die bei wirklichen Flügen in 60 Flugjahren möglicherweise neu auftretenden Fälle berücksichtigt werden.

Die Zeitdimensionen sollten verdeutlichen, daß die möglicherweise auftretenden Fehler nicht mit genügender Sicherheit ausgeschlossen werden können, wenn man die Programme nur mit einem Black-Box-Verfahren testet und wenn es zuviele Testfälle gibt, als daß man jede einzelne Möglichkeit ausprobieren könnte. Weil durch Tests allein nicht mit annehmbarem Aufwand beurteilt werden kann, ob ein solches kritisches System sicher genug arbeitet, muß man sich darum bemühen, das System so zu konstruieren, daß ein Mensch eventuelle Fehler möglichst leicht erkennen kann, etwa durch Glass-Box-Tests oder durch die noch zu beschreibenden Beweise.

5.3.1 Leistungen und Mängel von Tests

Tests sind das am längsten benutzte Verfahren für die Feststellung, ob die Qualität von Programmen ausreicht, sie an Kundinnen oder Kunden abzugeben. Jeder Mensch weiß intuitiv, wie Tests funktionieren, die Prinzipien der beschriebenen Teststrategien sind schnell verständlich und einsichtig, und die Verfahren kosten relativ wenig Zeit und damit Geld; das unterscheidet Tests von so komplizierten Verfahren wie formalen Beweisen, die gleich besprochen werden sollen. Wer eine Vorstellung davon hat, was von dem Programm erwartet werden wird, oder welche Aufgaben ein Modul in einem Programmsystem übernehmen soll, die oder der kann das Modul auch testen. Beim Test können zudem nicht nur Eigenschaften überprüft werden, die zuvor formal spezifiziert wurden, sondern auch wenig konkretisierbare Vorstellungen, die zum Beispiel die Eleganz einer Benutzeroberfläche betreffen. Außerdem können beim Ausprobieren eines Programms Anforderungen deutlich werden, die zu spezifizieren man zuvor vergessen hatte, wie zum Beispiel Laufzeiten, der Speicherplatzbedarf oder die Verständlichkeit von Fehlermeldungen. Und außerdem können mit der Testausführung in einer realistischen Umgebung nicht das Programm allein, sondern auch der Übersetzer und die Rechnerhardware getestet werden.

Mit diesen Vorteilen von Tests hängen aber auch die Nachteile zusammen. Tests bieten keine sehr hohe Sicherheit über die Korrektheit des Programms. Nur über die Fälle, die tatsächlich ausprobiert wurden, kann mit Sicherheit gesprochen werden; Verallgemeinerungen setzen voraus, daß man das Programm genau verstanden hat. Es gibt auch keine harten Kriterien, mit denen beurteilt werden könnte, ob ein Programm genügend getestet worden sei, so daß man sich für einen gegebenen Zweck darauf verlassen dürfte: Für geringe Fehlerwahrscheinlichkeiten und hohe Sicherheitsanforderungen ist eine genaue Kenntnis der Einsatzbedingungen und ein gewaltiger Testaufwand erforderlich. Während der Testaufwand kein Hindernis für ein hartes Kriterium darstellt, ist die Kenntnis der möglichen Einsatzbedingungen über viele Jahre hin sicherlich schwer beurteilbar. Deswegen ist auch das sehr ausführliche Testen von Programmen ein relativ weiches Kriterium. Allein kann es die Qualität eines Programms nicht garantieren, es gehört sehr viel mehr dazu, unter anderem Kompetenz und guter Wille. Dies läßt sich nicht „hart" und „technisch" erfassen, sondern Gefühl und Erfahrung, das möglichst gute Verständnis des Programms und das Vertrauen in Menschen spielen eine wichtige Rolle.

Harte Kriterien scheinen aber in manchen Anwendungen sehr sinnvoll, besonders in solchen, die potentiell Leben gefährden. Als relativ hartes Kriterium wird zuweilen die formale Verifikation von Programmen vorgeschlagen.

5.4 Die formale Verifikation von Programmen

Die formale Verifikation eines Programms ist eine häufig vorgeschlagene Methode, um sich davon zu überzeugen, daß ein Programm den Erwartungen entspricht. „Formal" bedeutet in diesem Falle, daß das Programm und eine formale Spezifikation auf Übereinstimmung hin untersucht werden sollen. Das Ergebnis soll ein mathematischer Beweis sein.

5.4.1 Ein Beweis

Wie beweist man mathematisch, daß ein Programm einer Spezifikation entspricht? Eine Idee hat P. Naur im Jahre 1966 vorgeschlagen; sie ist in formaler Gestalt unter dem Namen **Hoare-Kalkül** bekannt geworden. Es wird damit begonnen, die Bedingungen anzugeben, die vor Beginn des Programmlaufes und nach dessen Abschluß gelten sollen; man nennt dies die **Vorbedingungen** und die **Nachbedingungen** eines Programmstücks. Diese Bedingungen bestehen aus einer Anzahl von Aussagen über die Inhalte der Variablen des zu beweisenden Programmstücks.

Ein einfaches Beispiel: Hier ist eine Folge von Anweisungen, von denen wir glauben, daß sie die Werte der Variablen **a** und **b** austauscht:

```
h := a;
a := b;
b := h;
```

Aber wie beweisen wir das?

Eine Aussage zu beweisen heißt, ihre Wahrheit auf überzeugende Weise zu demonstrieren. Dabei geht man davon aus, daß in der Aussage selbst der Wahrheitscharakter nicht deutlich wird. Häufig wird versucht, zu diesem Zweck die zu beurteilende Aussage möglichst exakt in möglichst gut verständlichen Begriffen zu fassen.

Um die Aussage, das obige Programm tausche die Werte der Variablen **a** und **b** aus, zu beweisen, formulieren wir zunächst diese Aussage möglichst exakt. Die Variablen sollen nach der Anweisungsfolge ihre Werte getauscht haben. Das können wir so ausdrücken: Wenn **a** vor Ablauf des Programms den Wert `wert1` hat, und **b** den Wert `wert2`, dann hat **a** nach Ablauf des Programms den Wert `wert2` und **b** den Wert `wert1`. Diese zu beweisende Behauptung können wir auch folgendermaßen aufschreiben:

$$a = \texttt{wert1} \wedge b = \texttt{wert2}$$

```
h := a;
a := b;
b := h;
```

$$a = \texttt{wert2} \wedge b = \texttt{wert1}$$

Das Programm ist dann korrekt, wenn unter der Bedingung, daß vor dem Programmlauf die Vorbedingung $a = wert1 \wedge b = wert2$ gegolten hat, nach dem Lauf des Programms die Nachbedingung $a = wert2 \wedge b = wert1$ wahr ist.

Wenn eine solche Behauptung überzeugend nachgewiesen werden soll, dann geht man im allgemeinen schrittweise vor. Jeder Begründungsschritt muß so einfach sein, daß die LeserIn ihn nicht bezweifelt, sondern ihn akzeptiert. So geht man Schritt für Schritt vor, bis am Ende eine überzeugende Argumentation für die Wahrheit der Behauptung zustande gekommen ist.

Um die obige Behauptung, daß das Programm die Werte der Variablen **a** und **b** austauscht, zu beweisen, beginnt man mit der Anwendung des Hoare-Kalküls am hinteren Ende des Programms. Der erste Argumentationsschritt des Beweises lautet folgendermaßen:

1. Argumentationsschritt: Damit das Programm korrekt ist, muß am Ende die Bedingung $a = wert2 \wedge b = wert1$ gelten. Gerade zuvor hat aber **b** den Wert von **h** erhalten. Damit nach Auführung der dritten Anweisung die obige Formel stimmt, müssen die Aussagen, die an dieser Stelle von der Variable **b** gelten, zuvor von **h** gegolten haben. Damit das Programm richtig ist, muß vor der dritten und nach der zweiten Zuweisung $a = wert2 \wedge h = wert1$ gelten.

Es muß jetzt noch bewiesen werden, daß aus der Vorbedingung und der Ausführung der ersten beiden Anweisungen die Nachbedingung der zweiten Anweisung folgt, die im ersten Argumentationsschritt bestimmt wurde. Die dritte Anweisung und ihre Nachbedingung sind damit vorerst bearbeitet.

2. Argumentationsschritt: Die mittlere Zuweisung wird auf ähnliche Weise wie die erste bearbeitet: Was nach der zweiten Zuweisung von **a** gilt, muß vorher von **b** gegolten haben, denn in der zweiten Zuweisung wird der Wert von **b** an **a** zugewiesen. Das Programm ist dann richtig, wenn vor der zweiten und nach der ersten Zuweisung $b = wert2 \wedge h = wert1$ gilt.

Auch im zweiten Argumentationsschritt haben wir die Aufgabe verkleinert: Jetzt muß noch bewiesen werden, daß aus der Vorbedingung und der Ausführung der ersten Anweisung die im zweiten Argumentationsschritt bestimmte Nachbedingung der zweiten Anweisung folgt.

3. Argumentationsschritt: Was nach der ersten Anweisung von **h** gilt, muß vorher von **a** gegolten haben, denn in der ersten Anweisung hat **h** den Wert von **a** erhalten. Damit das Programm stimmt, muß vor der ersten Anweisung gelten: $b = wert2 \wedge a = wert1$.

4. Argumentationsschritt: Diese Aussage besagt das gleiche wie $a = wert1 \wedge b = wert2$, und dies ist die Vorbedingung der Anweisungsfolge. Der Beweis ist beendet.

Wir haben das Zahlenaustauschprogramm in vier Argumentationsschritten bewiesen, indem wir für jede Anweisung begründet haben, unter welcher Vorbedingung sie die richtige Nachbedingung liefert, und indem wir gezeigt haben, daß die notwendige Vorbedingung der ersten Anweisung zu Beginn des Programmlaufs gegeben ist.

Diese Argumentation ist ein Beweis in dem Sinne, daß wir hoffen, die anfängliche Behauptung auf eine Anzahl anderer Behauptungen zurückgeführt zu haben, deren Wahrheitsgehalt offensichtlich ist. Ob diese einfacheren Behauptungen wahr sind, hängt natürlich damit zusammen, ob wir eine richtige Vorstellung davon haben, was eine Zuweisungsanweisung in einer Programmiersprache bedeutet. Der Beweis beruht darauf, daß bekannt ist, wie Zuweisungen in Programmiersprachen funktionieren.

Damit könnte man unzufrieden sein, wenn nicht sicher ist, daß die Zeichenfolge `h:=a` wirklich das tut, was gehofft wird.

Wenn eine Zuweisungsoperation bewiesen werden soll, müßte man erst formalisieren, was genau von ihr erwartet wird, und dann müßte man nach Möglichkeiten suchen, mit welchen Argumentationsschritten die Operation bewiesen werden könnte. Dies wird normalerweise aber nicht versucht, denn die Zuweisungsoperation wird als so einfach angesehen, daß sie nicht bewiesen werden muß. Daß dies nicht so einfach ist, werden wir später zeigen.

5.4.2 Die Beweisidee

Eine Idee bei formalen Beweisen von Programmen ist folgende: Man muß für jede Art von Anweisung (Zuweisung, **WHILE**, **IF** etc.) festlegen, wie die Bedingungen vor und nach der Ausführung dieser Anweisung voneinander abhängen. Wenn wir wissen, welche Aussagen für irgendwelche Variable vor Beginn einer Anweisung oder einer Folge von Anweisungen gelten, dann können wir auch berechnen, welche Aussagen nach der Ausführung der Anweisungen gelten. Und umgekehrt: Wenn wir wissen, welche Aussagen nach Ausführung einer Folge von Anweisungen gelten müssen, dann können wir die Vorbedingungen bestimmen, die vor dieser Anweisungsfolge gelten müssen. Die Bedingungen werden durch jeden Befehl auf eine bestimmte Weise transformiert.

Wir wissen normalerweise intuitiv, was ein Befehl tun soll, und können daraus ableiten, wie man eine Vorbedingung verändern muß, um eine gültige Nachbedingung zu erhalten, oder wie man aus der Nachbedingung eines Befehls die Vorbedingung errechnet, die vorher gelten muß, damit am Ende die Nachbedingung gilt. Hoare macht es umgekehrt: Im Hoare-Kalkül wird versucht, für jeden Befehl einer Programmiersprache festzulegen, wie sich die Vor- und Nachbedingungen zueinander verhalten. Auf diese Weise wird die Bedeutung jedes Befehls definiert. Hoare nennt seine Methode, festzulegen, was die Befehle einer Programmiersprache bedeuten, die **axiomatische Methode.**

Im folgenden werden wir uns um die Bedingungstransformationsregeln kümmern, die zu jedem Befehl gehören.

5.4.3 Die Zuweisung

In unserem Beispiel zum Austausch der Werte zweier Variablen müssen wir Zuweisungen und Sequenzen von Befehlen berücksichtigen. Betrachten wir zunächst die Zuweisungen:

Wenn einer Variable x ein neuer Wert f zugewiesen wird, dann enthält nach der Zuweisung die Variable diesen Wert. Die Nachbedingung P soll im Anschluß an die Zuweisung gelten, wenn vorher die Vorbedingung P_0 gegolten hat; wenn in der Nachbedingung etwas über die Variable behauptet wird, dann muß dies vorher vom zugewiesenen Wert gegolten haben. Wir schreiben dies so:

$$P_0$$

```
x := f;
```

$$P$$

wobei

x der Name einer Variable ist,

f ein Ausdruck, und

P_0 aus P bestimmt wird, indem jedes Vorkommen von x in P durch f ersetzt wird.

Dies ist das sogenannte „Zuweisungsaxiom". Die angegebene Anforderung beschreibt, wie sich Vor- und Nachbedingung einer Zuweisung zueinander verhalten müssen, damit sich ein richtiger Argumentationsschritt ergeben kann. Wenn sich Vor- und Nachbedingung einer Zuweisung so zueinander verhalten, wie es diese Anforderung formuliert, dann soll der Argumentationsschritt als zulässig anerkannt werden.

In unserem obigen Beispiel haben wir ein solches Axiom nicht gebraucht, weil wir rein anschaulich und auf der Grundlage unseres Wissens über Zuweisungen in Programmiersprachen argumentiert haben. Das Zuweisungsaxiom ist ein Versuch, unser intuitives Wissen über Zuweisungen in eine exakte Form zu bringen. Ob das Zuweisungsaxiom in einer gegebenen Programmiersprache tatsächlich gilt, müssen wir erst überprüfen. Wenn wir aber sicher sind, daß das Zuweisungsaxiom in der Programmiersprache, die wir benutzen, gilt, dann können wir es in Zukunft anwenden, ohne bei jeder Zuweisung unser intuitives Wissen zu Hilfe zu nehmen. Unter solchen Bedingungen könnte man sich auch vorstellen, daß ein Programm den Beweis einer Zuweisungsanweisung durchführt, indem es mechanisch aus der Nachbedingung die Vorbedingung erzeugt.

5.4.4 Folgerungen

Wenn wir aus einer logischen Aussage eine weitere logische Aussage folgern können, dann dürfen wir auch in unseren Programmbeweisen diese Folgerungen verwenden. Im einführenden Zahlentauschbeispiel haben wir zum Beispiel gefolgert, daß an einer Stelle im Programm, an der a = wert1 $\wedge$ b = wert2 gilt, auch b = wert2 $\wedge$ a = wert1 gilt.

Folgerungen müssen nicht immer so einfach sein wie diese; wichtig ist nur, daß wir uns sehr sicher sind, daß eine Folgerung gilt. Manche logischen Folgerungen kann man mit einem Programm überprüfen lassen, aber es gibt logische Folgerungen über Zahlen, deren Wahrheit nicht algorithmisch überprüft werden kann. In solchen Fällen ist ein vollautomatischer Beweis nicht möglich.

Über logische Folgerungen wird im Hoare-Kalkül folgende Aussage gemacht:

Für beliebige Befehle Q gilt, daß man eine Vorbedingung P durch O ersetzen kann, wenn P aus O folgt, und daß man eine Nachbedingung R durch S ersetzen kann, wenn S aus R folgt; wir schreiben:

$$\text{Aus } P\boxed{\;Q\;}R \text{ und } (O \rightarrow P)$$
$$\text{folgt}$$
$$O\boxed{\;Q\;}R$$

$$\text{Aus } P\boxed{\;Q\;}R \text{ und } (R \rightarrow S)$$
$$\text{folgt}$$
$$P\boxed{\;Q\;}S$$

5.4.5 Sequenz

Die Hintereinanderausführung zweier Befehle Q_1 und Q_2 ergibt einen zusammengesetzten Befehl $(Q_1; Q_2)$. Wenn die Nachbedingung von Q_1 gleich der Vorbedingung von Q_2 ist, dann ist die Vorbedingung von Q_1 die Vorbedingung des zusammengesetzten Befehls und die Nachbedingung von Q_2 ist die Nachbedingung des zusammengesetzten Befehls:

$$\text{Aus } P\boxed{\;Q_1\;}R_1 \text{ und } R_1\boxed{\;Q_2\;}R$$
$$\text{folgt}$$
$$P\boxed{\;Q_1; Q_2\;}R$$

Auch dies ist ein Axiom, dessen Gültigkeit wir mit unserem intuitiven Wissen über zusammengesetzte Befehle überprüfen müssen.

5.4.6 Beispiel: Austausch zweier Werte

Mit diesen Hoareschen Axiomen können wir unser Zahlenaustauschprogramm noch einmal sehr übersichtlich beweisen:

$$a = \mathtt{wert1} \wedge b = \mathtt{wert2}$$
$$\longrightarrow$$
$$b = \mathtt{wert2} \wedge a = \mathtt{wert1}$$

$$\boxed{\;\mathtt{h\ :=\ a;}\;}$$

$$b = \mathtt{wert2} \wedge h = \mathtt{wert1}$$

$$\boxed{\;\mathtt{a\ :=\ b;}\;}$$

$$a = \mathtt{wert2} \wedge h = \mathtt{wert1}$$

$$\boxed{\;\mathtt{b\ :=\ h;}\;}$$

$$a = \mathtt{wert2} \wedge b = \mathtt{wert1}$$

Auch wenn man einen Beweis mit Hilfe von formalisierten Axiomen führt, muß es möglich sein, prinzipiell jeden Schritt intuitiv zu überprüfen, denn jedes Axiom ist ja als Ausdruck des intuitiven Wissens entstanden. Oft ist es aber bequemer, rein syntaktisch zu überprüfen, ob das Axiom richtig angewendet worden ist. In diesem Fall ist man aber nicht mehr in der Lage, falsche Axiome zu erkennen. Viele Ausnahmefälle, die man bei der Formulierung von Axiomen vielleicht vergessen hat, können bei einer solchen Beweisführung vergessen werden.

Ein Beispiel für eine solche Ausnahme: Viele Programmiersprachen lassen es zu, daß in einer Zuweisung auf der rechten Seite eine Funktion aufgerufen wird, in der die Werte verschiedener Variablen verändert werden; zum Beispiel könnte eine Zufallszahlenfunktion den Wert einer globalen Variablen ändern. In diesem Fall hat das Zuweisungsaxiom nicht die vollständigen Auswirkungen einer Ausführung der Zuweisung beschrieben, vielmehr müssen zusätzlich noch die Auswirkungen der Ausführung der Funktion aufgenommen werden. Ein Programm, das eine solche Zufallszahlenfunktion benutzt und mit dem normalen Zuweisungsaxiom bewiesen wird, kann ein anderes als das spezifizierte Ergebnis liefern!

Aufgabe 5.3 *(Es geht um einen möglichen Fehler im Zuweisungsaxiom.) Schreiben Sie gemäß dem eben beschriebenen Beispiel eine Prozedur und eine Spezifikation der Prozedur, die man mit Hilfe des Hoareschen Zuweisungsaxioms beweisen kann, die aber dennoch nicht das spezifizierte Ergebnis liefert.*

Fehler solcher Art kann man vermeiden, indem man die Hoareschen Axiome als Definitionen der Programmiersprachen auffaßt. In diesem Fall kann die Axiomatisierung nicht falsch sein, sondern höchstens die Umsetzung der Sprachdefinition in einen Übersetzer. Aber gleichgültig, ob man einen Compiler oder die Axiomatisierung als maßgeblich annimmt: Immer muß überprüft werden, ob die Axiomatisierung der Sprachelemente und die Umsetzung in der Programmiersprache zueinander passen, oder man muß darauf vertrauen. Weil formale Beweise von so großen und komplizierten Programmen wie Compilern heute noch nicht möglich sind, finden die Überprüfungen nicht in Form von Beweisen statt, sondern man vertraut im allgemeinen darauf, daß ein Compiler das tut, was man intuitiv von ihm erwartet, und vergleicht dann dieses intuitive Wissen mit dem eigenen Verständnis einer Axiomatisierung.

Aufgabe 5.4 *(Es geht in erster Linie um das Hoaresche Zuweisungsaxiom.) Das folgende Programm soll den Inhalt dreier Variablen austauschen. Finden Sie eine Spezifikation und beweisen sie das Programm:*

```
h  := a;
a  := b;
b  := c;
c  := h;
```

Aufgabe 5.5 *(Es geht noch einmal um die Anwendung des Hoareschen Zuweisungsaxioms.) Gegeben sei folgendes Programm für den Austausch zweier Zahlen:*

```
a  := b-a;
b  := b-a;
a  := a+b;
```

Beweisen Sie, daß dieses Programm die Werte der Variablen a und b austauscht; stellen Sie dafür zunächst die Vor- und die Nachbedingung auf, und bedenken Sie, daß es besonders einfach ist, den Beweis von Zuweisungen von der Nachbedingung ausgehend zu konstruieren.

Die letzte Aufgabe macht deutlich: Auch ein bewiesenes Programm kann Fehler haben. Erstens: Wenn die Variablen a und b nur Zahlen bestimmter Bereiche aufnehmen können, dann können die Subtraktionen zu Beginn aus dem zulässigen Zahlenbereich herausführen. Zweitens: Wenn die Zahlen Gleitkommazahlen sind und a einen viel kleineren Betrag hat als b, so daß in der gewählten Zahlendarstellung der Unterschied zwischen b und b−a oder b und b+a nicht darstellbar ist, dann hat nach dem Austausch zwar a den Wert, den vorher b hatte, aber b hat den Wert 0. Wo liegt der Fehler im Beweis? Wir sind von idealen Additionen und Subtraktionen ausgegangen. In einem wirklichen Rechner können wir aber keine natürlichen oder reellen Zahlen und die Operationen darauf darstellen. Die Fälle, in denen die Rechneroperationen im Rechner nicht der Algebra der natürlichen Zahlen und der reellen Zahlen entsprechen, müssen sorgfältig identifiziert werden.

5.4.7 Auswahlanweisung

Das Axiom der Auswahlanweisung hat die folgende allgemeine Form:

$$P$$

$$\boxed{\texttt{IF } B \texttt{ THEN } A_1 \texttt{ ELSE } A_2}$$

$$Q$$

Das Hoaresche Axiom dazu muß die beiden Zweige berücksichtigen. Wenn A_1 ausgeführt wird, dann darf von $P \wedge B$ ausgegangen werden, bei A_2 von $P \wedge \neg B$. In jedem Fall muß aber Q die Nachbedingung sein. Das kann man folgendermaßen formalisieren:

$$\text{Aus } P \wedge B \,\boxed{A_1}\, Q \text{ und } P \wedge \neg B \,\boxed{A_2}\, Q$$

$$\text{folgt}$$

$$P\,\boxed{\texttt{IF } B \texttt{ THEN } A_1 \texttt{ ELSE } A_2}\,Q.$$

5.4.8 Ein Beispiel für den Beweis eines Programms mit Auswahlanweisung

Das folgende Programm soll den Betrag einer Zahl z in einer Variable b ablegen. Das können wir folgendermaßen formalisieren:

```
(Keine Vorbedingung)
```

```
IF z>0 THEN BEGIN
   b := z;
END ELSE BEGIN
   b := -z;
END;
```

$$(z > 0 \rightarrow b = z) \land (z \leq 0 \rightarrow b = -z)$$

Um diese Aussage zu beweisen, müssen gemäß dem Axiom für die Auswahlanweisung zwei Bedingungen überprüft werden.

Beweis des THEN-Zweigs der Auswahlanweisung

$$z > 0$$

```
b := z;
```

$$(z > 0 \rightarrow b = z) \land (z \leq 0 \rightarrow b = -z)$$

Nach dem Zuweisungsaxiom ist dafür zu zeigen:

$$z > 0$$
$$\longrightarrow$$
$$(z > 0 \rightarrow z = z) \land (z \leq 0 \rightarrow z = -z)$$

Dies gilt aber wegen:

$$z > 0$$
$$\longleftrightarrow$$
$$z > 0 \land \texttt{true} \land \texttt{true}$$
$$\longleftrightarrow$$
$$z > 0 \land (\texttt{true} \rightarrow \texttt{true}) \land (\texttt{false} \rightarrow \texttt{false})$$
$$\longleftrightarrow$$
$$z > 0 \land (z > 0 \rightarrow z = z) \land (z \leq 0 \rightarrow z = -z)$$
$$\longrightarrow$$
$$(z > 0 \rightarrow z = z) \land (z \leq 0 \rightarrow z = -z)$$

Beweis des ELSE-Zweigs der Auswahlanweisung

Der zweite Zweig der IF-Anweisung wird folgendermaßen bewiesen:

$$\neg z > 0$$

$$\boxed{\texttt{b := -z;}}$$

$$(z > 0 \rightarrow b = z) \wedge (z \leq 0 \rightarrow b = -z)$$

Die Anwendung des Zuweisungsaxiom liefert hier folgende zu beweisende Formel:

$$\neg z > 0$$
$$\longrightarrow$$
$$(z > 0 \rightarrow -z = z) \wedge (z \leq 0 \rightarrow -z = -z)$$

Dies gilt wegen:

$$\neg z > 0$$
$$\longleftrightarrow$$
$$z \leq 0$$
$$\longleftrightarrow$$
$$z \leq 0 \wedge \texttt{true} \wedge \texttt{true}$$
$$\longleftrightarrow$$
$$z \leq 0 \wedge (\texttt{false} \rightarrow \texttt{false}) \wedge (\texttt{true} \rightarrow \texttt{true})$$
$$\longrightarrow$$
$$z \leq 0 \wedge (z > 0 \rightarrow -z = z) \wedge (z \leq 0 \rightarrow -z = -z)$$
$$\longrightarrow$$
$$(z > 0 \rightarrow -z = z) \wedge (z \leq 0 \rightarrow -z = -z)$$

Aufgabe 5.6 *(Es geht um die Anwendung des Hoareschen IF-Axioms.) Beweisen Sie folgendes Programm:*

$$(\textit{Keine Vorbedingung})$$

$$\boxed{\texttt{IF a>b THEN max := a ELSE max := b}}$$

$$max \geq a \wedge max \geq b$$

Aufgabe 5.7 *(Es geht darum, ein einfaches Axiom aufzustellen.) Wie sieht das Axiom einer IF-Anweisung aus, bei der der ELSE-Zweig fehlt?*

5.4.9 Schleife

Wir wollen als letztes das Axiom einer **WHILE**-Schleife angeben. Eine Schleife hat folgende Gestalt:

$$P \boxed{\text{WHILE } B \text{ DO } A} \, \neg B \wedge P$$

Das bedeutet erstens: Es gibt eine Aussage P, deren Wahrheitswert durch den Durchlauf der Schleife nicht verändert wird; sie gilt sowohl vor der Schleife als auch danach. Aus diesem Grund wird P auch **Schleifeninvariante** genannt. Zweitens kann man davon ausgehen, daß die Schleifenbedingung B nicht mehr gilt, wenn die Schleife beendet wurde.

Die Beweisidee, die in dem Schleifenaxiom ausgedrückt wird, ist folgende: Wir können erstens festhalten, daß der Anweisungsblock A nur ausgeführt wird, wenn B gilt. Zweitens: Wir sorgen dafür, daß vor jeder Ausführung von A die Schleifeninvariante P gilt. Dann verlangen wir drittens nur noch von A, daß unter diesen Bedingungen auch nach der Ausführung von A die Invariante P wieder gelten soll.

Immer, wenn A ausgeführt wird, kann von $P \wedge B$ ausgegangen werden, und im Anschluß daran wird immer P gelten. Wenn B immer noch gilt, wird die Schleife ein weiteres Mal ausgeführt, ansonsten wird sie abgebrochen. Hoare formuliert das ganze folgendermaßen:

$$\text{Aus } P \wedge B \boxed{A} P$$

$$\text{folgt}$$

$$P \boxed{\text{WHILE } B \text{ DO } A} \, \neg B \wedge P$$

Die größte Schwierigkeit beim Beweis von Schleifen liegt darin, die Schleifeninvariante zu finden. A und B lassen sich aus dem Programm ablesen. Um eine sinnvolle Schleifeninvariante P einer Schleife zu finden, muß man die Schleife aber verstanden haben.

Eine beliebige Schleifeninvariante ist schnell gefunden. $1 = 1$ ist so eine Aussage, die immer gilt, auch direkt vor und direkt nach jedem Schleifendurchlauf. Aber das hilft nicht viel. Es ist vielmehr eine **interessante** Schleifeninvariante gesucht, mit Hilfe derer etwas bewiesen werden kann.

5.4.10 Ein Beispiel für einen Beweis mit Hilfe einer Schleifeninvariante

Wir wollen das Produkt **p** zweier nichtnegativer ganzer Zahlen **a** und **b** durch fortgesetzte Addition bestimmen. Wir gehen davon aus, daß unser Rechner keinen Multiplikationsbefehl enthält; dafür zählen wir eine Zählvariable **z** herunter. Eine Möglichkeit der

Umsetzung ist die folgende:

$$a \geq 0 \wedge a \in \mathbb{N} \wedge b \geq 0 \wedge b \in \mathbb{N}$$

```
p := 0;
z := a;
WHILE z>0 DO BEGIN
   p := p+b;
   z := z-1;
END
```

$$p = a * b;$$

Wir müssen jetzt eine Schleifeninvariante P suchen, mit der wir nachweisen können:
$(P \wedge \neg(z > 0)) \rightarrow p = a * b)$. Außerdem soll P schon vor dem ersten und nach
jedem einzelnen Schleifendurchlauf gelten. Welche interessante Bedingung ist nach jedem
Schleifendurchlauf immer wieder erfüllt? Eine Möglichkeit ist folgende: Wir bemerken,
daß in p zu Beginn und nach jeder Ausführung der Anweisungen immer eine Teilsumme
steht und setzen diese Teilsumme zum beabsichtigten Gesamtergebnis in Beziehung; p ist
dabei die Teilsumme, die schon berechnet wurde, und z * b ist der Teil der Summe, der
noch zu berechnen ist; interessant ist außerdem, daß z immer größer oder gleich Null ist.
Wir können folgende Invariante aufstellen:

$$P \leftrightarrow (z \geq 0 \wedge p + z * b = a * b)$$

Die Schleifenbedingung nennen wir B:

$$B \leftrightarrow (z > 0)$$

Mit Hilfe der Schleifeninvariante und der Schleifenbedingung läßt sich das Beispielprogramm beweisen. Es sind zu zeigen:

1. $a \geq 0 \wedge a \in \mathbb{N} \wedge b \geq 0 \wedge b \in \mathbb{N}$ `p := 0; z := a;` P

2. $P \wedge B$ `p := p+b; z := z-1;` P

3. $P \wedge \neg B \rightarrow p = a * b$

Der erste Punkt läßt sich mit Hilfe des Zuweisungsaxioms und des Sequenzaxioms beweisen. Der zweite Punkt verdient mehr Aufmerksamkeit:

$$P \wedge z > 0$$

```
p := p+b;
z := z-1;
```

$$P$$

Dies beweisen wir wieder vom Ende her:

$$P \wedge z > 0$$
$$\longrightarrow \quad (\text{Da } z > 0 \text{ und } z \in \mathbb{N}, \text{ gilt noch } z - 1 \geq 0)$$
$$z - 1 \geq 0 \wedge p + z * b = a * b$$
$$\longleftrightarrow$$
$$z - 1 \geq 0 \wedge p + b + (z - 1) * b = a * b$$

```
p := p+b;
```

$$z - 1 \geq 0 \wedge p + (z - 1) * b = a * b$$

```
z := z-1;
```

$$z \geq 0 \wedge p + z * b = a * b$$
$$\longleftrightarrow$$
$$P$$

Damit bleibt noch der dritte Punkt zu beweisen:

$$P \wedge \neg B$$
$$\longrightarrow$$
$$z \geq 0$$
$$\wedge \quad p + z * b = a * b$$
$$\wedge \quad z \leq 0$$
$$\longleftrightarrow \quad (\text{Aus } z \geq 0 \wedge z \leq 0 \text{ folgt } z = 0.)$$
$$p = a * b$$

Der Beweis ist beendet.

Aufgabe 5.8 *(Es geht um die Schleifeninvariante.) Stellen Sie sich vor, Sie sollten mit einem Rechner arbeiten, der keine allgemeine Additionsoperation durchführen kann, sondern nur die Erhöhung oder Verminderung einer Variable um eins. In diesem Fall muß auch die allgemeine Addition von Zahlen mit Hilfe der Erhöhung und Verminderung um eins programmiert werden. Das folgende Programm löst dieses Problem. Suchen Sie eine sinnvolle formale Spezifikation und eine Schleifeninvariante für folgendes Programm, und beweisen Sie es dann; das Programm soll in der Variablen s die Summe der positiven ganzen Zahlen a und b berechnen.*

```
z := a;
s := b;
```

```
WHILE z > 0 DO BEGIN
   s := s+1;
   z := z-1;
END;
```

5.4.11 Terminierung von Schleifen

Bei der Beschreibung des Beweises von WHILE-Schleifen haben wir ein wenig gemogelt. Es gibt nämlich eine zusätzliche Komplikation: Es kann sein, daß eine Schleife nicht beendet wird. Wenn man sich bei einem Korrektheitsbeweis um die Terminierung des Programms nicht kümmert, dann nennt man dies den Nachweis der **partiellen Korrektheit**. Wenn zusätzlich noch die Terminierung des Programms nachgewiesen wird, dann wird das **totale Korrektheit** genannt.

Wie können wir aus dem obigen partiellen Korrektheitsbeweis einen totalen machen? Wir müssen die Terminierung der Schleife nachweisen. Das kann man zum Beispiel folgendermaßen durchführen: Wir suchen nach irgendeiner Formel F, für die folgende beiden Bedingungen gelten:

1. Bei jedem Schleifendurchlauf wird der Wert der Formel um einen bestimmten Mindestwert m erhöht.

2. Wenn der Wert der Formel größer oder gleich einer beliebigen Konstante k ist, bricht die Schleife ab.

Unter diesen Bedingungen kann die Schleife nicht endlos laufen. Entweder ist der Wert der Formel von vornherein größer oder gleich der Konstanten k. Dann wird die Schleife gar nicht erst betreten. Oder der Wert w der Formel ist am Anfang kleiner als k. Da der Wert in jedem Durchlauf um wenigstens m erhöht wird, ist die Schleife nach höchstens $\lceil \frac{k-w}{m} \rceil$ Durchläufen beendet.

Tatsächlich finden wir für die Schleife im Multiplikationsbeispiel eine Formel F und Konstanten k und m, die diesen Anforderungen genügen: $F = -z$, $k = 0$, $m = 1$. Es ist noch nachzuweisen, daß diese Konstanten die Bedingungen erfüllen:

1. Der Wert von $-z$ erhöht sich in jedem Schleifendurchlauf um wenigstens $m = 1$,

$$-z = \mathtt{wert1}$$

```
p := p+b;
z := z-1;
```

$$-z \geq \mathtt{wert1} + 1$$

Dies läßt sich leicht mit Hilfe des Zuweisungsaxioms nachweisen.

2. Bei einem Wert von $-z > 0$ bricht die Schleife ab:

$$-z > 0 \rightarrow z \leq 0$$

Dies ist sofort einsichtig.

Aufgabe 5.9 *(Es geht um einen Terminierungsbeweis.) Weisen Sie nach, daß Ihr oben angegebenes Additionsprogramm terminiert.*

5.4.12 Ein etwas größeres Beispiel: Bestimmung des Maximums einer Liste

Wir wollen versuchen, mit dem eben erklärten Verfahren ein Programmstück zu beweisen, mit dem das Maximum einer Liste von Zahlen berechnet werden soll. Die Zahlenliste soll in einem Array z von 1 bis maxdex stehen, wobei maxdex wenigstens gleich 1 sein soll. Dieser Beweis ist relativ lang. Wir wollen damit einerseits die einzelnen Verfahren noch einmal demonstrieren, andererseits zeigen, daß auch der Beweis kurzer Programme sehr lang und unübersichtlich werden kann.

$$\text{maxdex} \geq 1$$

```
max  := z[1];
lauf := 2;
WHILE lauf <= maxdex DO BEGIN
   IF z[lauf] > max THEN max := z[lauf];
   lauf := lauf + 1;
END;
```

$$\forall i \in \mathbb{N} : 1 \leq i \leq \text{maxdex} \rightarrow \text{max} \geq z_i$$

Die Schleifeninvariante

Zum Beweis des Programms gehen wir wieder rückwärts vor: Wir brauchen zunächst eine Nachbedingung der WHILE-Schleife; diese besteht aus der verneinten Schleifenbedingung und der Schleifeninvariante. Wir haben schon erwähnt, daß es das Hauptproblem bei der Behandlung von Schleifen ist, diese Schleifeninvariante zu erraten, in der sozusagen die „Idee der Schleife" gebündelt wird.

In diesem Fall kann man die Idee der Schleife folgendermaßen formulieren: In max steht stets das Maximum eines Anfangsstücks der Liste $z_1, \ldots, z_{\text{maxdex}}$, beginnend beim Element z_1 bis zum Element Nummer $z_{\text{lauf}-1}$. In jedem Schleifendurchlauf wird dieses Anfangsstück um ein Element länger, und irgendwann umfaßt das Anfangsstück die ganze Schleife. Wir können als Invariante schreiben: $\forall i \in \mathbb{N} : 1 \leq i \leq \text{lauf-1} \rightarrow \text{max} \geq z_i$.

Dann sieht unser Programm folgendermaßen aus:

$$\mathbf{maxdex} \geq 1$$

```
max  := z[1];
lauf := 2;
```

$$\forall i \in \mathbb{N} : 1 \leq i \leq \mathbf{lauf\text{-}1} \rightarrow \mathbf{max} \geq \mathbf{z}_1$$

```
WHILE lauf <= maxdex DO BEGIN
  IF z[lauf] > max THEN max := z[lauf];
  lauf := lauf + 1;
END;
```

$$\neg(\mathbf{lauf} \leq \mathbf{maxdex})$$
$$\wedge \quad \forall i \in \mathbb{N} : 1 \leq i \leq \mathbf{lauf\text{-}1} \rightarrow \mathbf{max} \geq \mathbf{z}_i$$
$$\longrightarrow \quad (\text{*** siehe Kommentar})$$
$$\forall i \in \mathbb{N} : 1 \leq i \leq \mathbf{maxdex} \rightarrow \mathbf{max} \geq \mathbf{z}_i$$

Der Beweis der letzten Implikation

Wir versuchen, die oben mit drei Sternen gekennzeichnete Folgerung einzusehen:

$$\neg(\mathbf{lauf} \leq \mathbf{maxdex})$$
$$\wedge \quad \forall i \in \mathbb{N} : 1 \leq i \leq \mathbf{lauf} - 1 \rightarrow \mathbf{max} \geq \mathbf{z}_i$$
$$\longrightarrow$$
$$\mathbf{lauf} > \mathbf{maxdex}$$
$$\wedge \quad \forall i \in \mathbb{N} : 1 \leq i \leq \mathbf{lauf} - 1 \rightarrow \mathbf{max} \geq \mathbf{z}_i$$

Daraus können wir die gewünschte Nachbedingung noch nicht ableiten. Wir müssen nachweisen, daß $\mathbf{lauf} = \mathbf{maxdex} + 1$ gilt. Wie können wir das erreichen? Wir müssen scharf nachdenken (wie oft beim formalen Beweis von Programmen), und dann erkennen wir, daß wir die Schleifeninvariante um eine Bedingung für $\mathbf{lauf}$ erweitern könnten, zum Beispiel: $\mathbf{lauf} - 1 \leq \mathbf{maxdex}$. Wir haben zu beweisen:

$$\mathbf{lauf} > \mathbf{maxdex}$$
$$\wedge \quad \mathbf{lauf} - 1 \leq \mathbf{maxdex}$$
$$\wedge \quad \forall i \in \mathbb{N} : 1 \leq i \leq \mathbf{lauf\text{-}1} \rightarrow \mathbf{max} \geq \mathbf{z}_i$$
$$\longrightarrow$$
$$\mathbf{lauf} > \mathbf{maxdex}$$
$$\wedge \quad \forall i \in \mathbb{N} : 1 \leq i \leq \mathbf{lauf\text{-}1} \rightarrow \mathbf{max} \geq \mathbf{z}_i$$

Da die Variable $\mathbf{lauf}$ nur ganzzahlige Werte annehmen kann, können wir aus $\mathbf{lauf} > \mathbf{maxdex} \wedge \mathbf{lauf} - 1 \leq \mathbf{maxdex}$ folgern, daß $\mathbf{lauf} = \mathbf{maxdex} + 1$ gilt. Damit ist die letzte Implikation bewiesen.

Der Beweis der WHILE-Schleife

Als nächstes beweisen wir die WHILE-Schleife; mit der erweiterten Schleifeninvariante ist folgendes nachzuweisen:

$$\texttt{lauf} - 1 \leq \texttt{maxdex}$$
$$\wedge \quad \forall i \in \mathbb{N} : 1 \leq i \leq \texttt{lauf-1} \rightarrow \texttt{max} \geq z_i$$

```
WHILE lauf <= maxdex DO BEGIN
  IF z[lauf] > max THEN max := z[lauf];
  lauf := lauf + 1;
END;
```

$$\neg(\texttt{lauf} \leq \texttt{maxdex})$$
$$\wedge \quad \texttt{lauf} - 1 \leq \texttt{maxdex}$$
$$\wedge \quad \forall i \in \mathbb{N} : 1 \leq i \leq \texttt{lauf-1} \rightarrow \texttt{max} \geq z_i$$

Gemäß dem Schleifenaxiom müssen wir dazu folgendes nachweisen:

$$\texttt{lauf} - 1 \leq \texttt{maxdex}$$
$$\wedge \quad \forall i \in \mathbb{N} : 1 \leq i \leq \texttt{lauf-1} \rightarrow \texttt{max} \geq z_i$$
$$\wedge \quad \texttt{lauf} \leq \texttt{maxdex}$$

```
IF z[lauf] > max THEN max := z[lauf];
lauf := lauf + 1;
```

$$\texttt{lauf} - 1 \leq \texttt{maxdex}$$
$$\wedge \quad \forall i \in \mathbb{N} : 1 \leq i \leq \texttt{lauf-1} \rightarrow \texttt{max} \geq z_i$$

Beweis der Auswahlanweisung in der WHILE-Schleife

Wenn wir die Zuweisung beweisen, dann bleibt als Nachbedingung der Auswahlanweisung folgendes übrig:

$$\texttt{lauf} \leq \texttt{maxdex} \wedge \forall i \in \mathbb{N} : 1 \leq i \leq \texttt{lauf} \rightarrow \texttt{max} \geq z_i$$

Wir haben zweierlei zu tun: Wir müssen den THEN-Zweig und den ELSE-Zweig beweisen.

Der **THEN**-Zweig sieht so aus:

$$\text{lauf} - 1 \leq \text{maxdex}$$
$$\wedge \quad \forall i \in \mathbb{N} : 1 \leq i \leq \text{lauf-1} \rightarrow \text{max} \geq z_i$$
$$\wedge \quad \text{lauf} \leq \text{maxdex}$$
$$\wedge \quad z_{\text{lauf}} > \text{max}$$

$$\boxed{\texttt{max := z[lauf];}}$$

$$\text{lauf} \leq \text{maxdex}$$
$$\wedge \quad \forall i \in \mathbb{N} : 1 \leq i \leq \text{lauf} \rightarrow \text{max} \geq z_i$$

Der nicht hingeschriebene **ELSE**-Zweig sieht so aus:

$$\text{lauf} - 1 \leq \text{maxdex}$$
$$\wedge \quad \forall i \in \mathbb{N} : 1 \leq i \leq \text{lauf-1} \rightarrow \text{max} \geq z_i$$
$$\wedge \quad \text{lauf} \leq \text{maxdex}$$
$$\wedge \quad \neg z_{\text{lauf}} > \text{max}$$
$$\longrightarrow$$
$$\text{lauf} \leq \text{maxdex}$$
$$\wedge \quad \forall i \in \mathbb{N} : 1 \leq i \leq \text{lauf} \rightarrow \text{max} \geq z_i$$

Der Beweis des THEN-Zweiges

Um den **THEN**-Zweig zu beweisen, können wir zunächst wieder das Axiom für die Zuweisung verwenden. Dann ist noch zu zeigen:

$$\text{lauf} - 1 \leq \text{maxdex}$$
$$\wedge \quad \forall i \in \mathbb{N} : 1 \leq i \leq \text{lauf-1} \rightarrow \text{max} \geq z_i$$
$$\wedge \quad \text{lauf} \leq \text{maxdex}$$
$$\wedge \quad z_{\text{lauf}} > \text{max}$$
$$\longrightarrow$$
$$\text{lauf} \leq \text{maxdex}$$
$$\wedge \quad \forall i \in \mathbb{N} : 1 \leq i \leq \text{lauf} \rightarrow z_{\text{lauf}} \geq z_i$$

Dabei steht $\text{lauf} \leq \text{maxdex}$ schon auf der linken Seite der Implikation, dieser Teil ist schon bewiesen. Es fehlt noch der Nachweis von

$$\forall i \in \mathbb{N} : 1 \leq i \leq \text{lauf} \rightarrow z_{\text{lauf}} \geq z_i$$

Dies ist aber leicht zu erkennen: Wir wissen, daß $z_{\text{lauf}} > \text{max}$, und daß max größer oder gleich allen Elementen bis $\text{lauf} - 1$ ist. Dann gilt dies auch für z_{lauf}. Natürlich ist z_{lauf} auch größer oder gleich ihm selbst. Und damit ist z_{lauf} größer oder gleich als alle Elemente von 1 bis lauf, und das ist die Aussage der rechten Seite der Implikation.

Der Beweis des ELSE-Zweiges

Diesen Teil des Beweises überlassen wir Ihnen:

Aufgabe 5.10 **(Es geht um die Anwendung Hoarscher Axiome.) Beweisen Sie den ELSE-Zweig.*

Der Beweis des Anfangs des Programms

Auch diesen Teil des Beweises überlassen wir Ihnen:

Aufgabe 5.11 *(Es geht wieder um die Anwendung Hoarscher Axiome.) Beweisen Sie den Anfang des Programms:*

$$(Keine\ Vorbedingung)$$
$$maxdex \geq 1$$

```
max := z[1];
lauf := 2;
```

$$lauf - 1 \leq maxdex$$
$$\wedge \quad \forall i \in \mathbb{N} : 1 \leq i \leq lauf\text{-}1 \rightarrow max \geq z_i$$

Alle Einzelkomponten des Programms sind damit partiell bewiesen.

Beweis der Terminierung

Auch die Terminierung der WHILE-Schleife ist relativ leicht nachzuweisen:

Aufgabe 5.12 *(Es geht um den Beweis der Terminierung.) Der Wert welcher Formel wächst mit jedem Schleifendurchlauf wenigstens um eine positive Konstante? Bei welchem Wert dieser Größe bricht die Schleife ab? Beweisen Sie Ihre beiden Behauptungen.*

5.4.13 Einige Probleme bei formalen Verifikationen

Eine Grenze der formalen Verifikation liegt in der Voraussetzung, daß eine richtige formale Spezifikation der Anforderungen vorhanden sein muß. Wir haben gesehen, daß man erstens nicht alle Erwartungen an ein Programm formalisieren kann, und das man zweitens nur selten ganz sicher sein kann, alle wichtigen formalisierbaren Anforderungen erfaßt zu haben. Dazu gehört eher ein gutes Gefühl für das Anwendungsziel als die Fähigkeit zu formalisieren.

Eine andere Grenze liegt in der Korrektheit der verwendeten Axiome: Man kann nicht exakt beweisen, ob sie korrekt sind; man muß sie intuitiv überprüfen. Hier hilft nicht ein

Formalismus, sondern eine zuverlässige Intuition, ein gutes Verständnis der Axiome und der Programmiersprache. An Beispielen von Fehlern des Zuweisungsaxioms und beim Zahlenüberlauf haben wir das erkennen können. Es ist nicht klar, wie man sich ganz sicher werden kann, alle notwendigen Bedingungen für die korrekte Ausführung einer Anweisung axiomatisch erfaßt zu haben.

Ein weiteres Problem liegt darin, daß man zwar Algorithmen beweisen kann, aber nicht die konkreten Programme auf konkreten Rechnern, weil die Hardware immer ausfallen kann: Die Axiome stimmen nicht immer, selbst wenn sie normalerweise stimmen. Um Programmbeweise auch für solche Fälle benutzen zu können, muß vorausgesetzt werden, daß die Hardware so arbeitet, wie es erwartet wird. Dieses Vorgehen kann man vielleicht manchmal, nicht aber in sehr kritischen Bereichen rechtfertigen. Rechner fallen zuweilen aus. Der Beweis, wie wir ihn vorgestellt haben, kann nur in einem Teilbereich die Ausfallsicherheit eines Programms erhöhen. Der ganze Bereich der Hardwarefehler wird ausgeblendet. Dies kann man zum Teil umgehen, indem man eine Liste von Hardwarefehlern anfertigt, die man tolerieren möchte und dann beweist, daß das Programm auch bei Auftreten der in der Liste verzeichneten Hardwarefehler die spezifizierten Ergebnisse liefert. Damit dieses Verfahren sinnvoll ist, muß man allerdings sehr genau wissen, welche Hardwarefehler auftreten können.

Weitere Grenzen für die Nützlichkeit formaler Beweise resultieren aus ihrem Umfang. Der Aufwand, der getrieben werden muß, ist enorm. Beispielsweise haben wir beim Beweis des Programms zur Bestimmung des Maximums noch nicht einmal beachtet, ob die Zahlen im gültigen Zahlenbereich des Rechners bleiben; möglicherweise sind noch viele weitere interessante Fragen unbeantwortet geblieben. Mit jeder zusätzlich zu beweisenden Anforderung wird der Aufwand für den Beweis wachsen. Prozeduraufrufe und Rekursion, Ein- und Ausgabe, die Möglichkeit von Speicherüberlauf und viele andere Einzelheiten haben wir auch nicht beachtet. Fehlerhafte Deklarationen von Namen können nicht entdeckt werden, weil sich der Beweis nur auf die Befehle bezieht, in denen die Variablen benutzt werden, und nicht auf die Deklarationen der Variablen.

Außerdem geraten formale Beweise leicht unübersichtlich. Fehler im Beweis bleiben leicht unentdeckt. Wenn man sich auf formale Beweisverfahren beschränkt, so kann das zwar erzwingen, daß man zum Beispiel genau herausfinden muß, wie eine Schleife funktioniert. Aber andererseits werden Beweise auf diese Weise so lang, daß leicht der Überblick verloren geht und deswegen die Beweise in bezug auf die Vollständigkeit und Fehlerfreiheit unsicher werden.

Es gibt Menschen, die zwar Beweise von Programmen sinnvoll finden, dabei aber auf die Formalität der Beweise keinen so großen Wert legen wie auf die Einsicht, die nötig ist, um sich die Funktion eines Programms erklären zu können. Die gewonnene Einsicht ist jedoch wiederum ein subjektives, ein „weiches" Kriterium für die Korrektheit eines Programms, und wie zum Beispiel in dem interessanten Bericht von Gerhart und Yelowitz[GerhartYelowitz] aus dem Jahre 1976 nachzulesen ist, kein allzu zuverlässiges: Irrtümer unterlaufen auch den bekanntesten WissenschaftlerInnen in den kleinsten Programmen.

Die hohen Kosten formaler Beweise und die Unsicherheit, ob der Beweis eines Programms auch richtig ist, legen den Versuch nahe, Programme automatisch beweisen zu lassen. Es gibt viele Versuche in dieser Richtung. Ein Hauptproblem ist das Erraten von guten Schleifeninvarianten. Dies muß im allgemeinen von Menschen gemacht werden. Heutige automatische Beweissysteme haben eine erhebliche Unterstützung durch einen Menschen nötig; der Aufwand für einen Beweis eines großen Programms ist auch mit Maschinenunterstützung sehr groß. Ein vollständig automatischer Beweis von allgemeinsten Algorithmen kann sowieso nicht stattfinden; dazu gibt es eine Grenze, die nicht am menschlichen Unvermögen oder an fehlenden Finanzen von Interessenten liegt, sondern an einer Eigenschaft aller Algorithmen. Man kann nämlich das sogenannte „Halteproblem" im allgemeinen nicht lösen.

5.4.14   Das Halteproblem

Das **Halteproblem** spielt in der Informatik eine zentrale Rolle. Man kann es folgendermaßen formulieren:

„Geben Sie einen Algorithmus an, der als Eingaben ein beliebiges Pascalprogramm und eine beliebige Eingabe erhält, und der berechnet, ob das Pascalprogramm bei der Eingabe terminiert." Dabei kommt es im Grunde nicht auf die gewählte Programmiersprache an; sie muß nur mächtig genug sein, prinzipiell alle Algorithmen zu bearbeiten.

Man kann zeigen, daß das Halteproblem nicht lösbar ist. Das bedeutet, daß man keinen Beweiser schreiben kann, der für jedes Programm und jede Eingabe beweist, ob das Programm endet oder nicht. Hier die Begründung:

1. Wir nehmen an, es gäbe einen Algorithmus „**HältAn**", der das Halteproblem löst. Dieser hat zwei Eingaben: Die Beschreibung des zu testenden Algorithmus und eine Eingabe für diesen Algorithmus. Wenn wir in einen Widerspruch geraten, dann ist diese Annahme falsch. Den Widerspruch können wir folgendermaßen finden:

2. Unter Verwendung des Algorithmus „**HältAn**" können wir einen Algorithmus „**HältBeiEigenemText**" definieren, der bestimmt, ob ein Algorithmus anhält, wenn man ihm seinen eigenen Beschreibungstext als Eingabe gibt. „**HältBeiEigenemText**" hat nur ein Argument a. Man kann ihn ungefähr so aufschreiben:

$$\textbf{HältBeiEigenemText}(a) = \textbf{HältAn}(a, a).$$

3. Mit Hilfe des Algorithmus „**HältBeiEigenemText**" können wir einen weiteren Algorithmus „**EndlosWennHält**" definieren, der genau dann, wenn ein Algorithmus bei Eingabe seines eigenen Textes hält, in eine Endlosschleife geht, und sonst eine 1 liefert; das kann ungefähr so aussehen:

```
EndlosWennHält(a)
   =  IF HältBeiEigenemText(a)
         THEN BEGIN
            WHILE TRUE DO BEGIN
            END;
         END ELSE BEGIN
            ergebnis := 1;
         END
```

4. Das ist die gesamte Konstruktion. Jetzt folgt ein Gedankenexperiment: Was geschieht, wenn wir dem Algorithmus „**EndlosWennHält**" seinen eigenen Text als Argument eingeben? Gerät er in eine Endlosschleife, oder hält er an? Wir untersuchen die beiden Möglichkeiten:

(a) Wir nehmen als erstes an, der Algorithmus gerate tatsächlich in eine Endlosschleife, hält nicht. Unter dieser Bedingung muß der Algorithmus „**Hält-BeiEigenemText**" ein **FALSE** liefern. Dann liefert aber der Algorithmus „**EndlosWennHält**" eine Eins, damit hält der Algorithmus und gerät damit nicht in eine Endlosschleife. Das ist ein Widerspruch! Deswegen muß eine Voraussetzung falsch sein: entweder hält der Algorithmus „**EndlosWenn-Hält**", oder es gibt keinen Algorithmus „**HältAn**".

(b) Als zweites nehmen wir versuchsweise an, daß „**EndlosWennHält**" anhält, wenn dieser Algorithmus seinen eigenen Text als Eingabe erhält. Das bedeutet, daß „**HältBeiEigenemText**" ein **TRUE** liefert, und das wiederum bedeutet, daß „**EndlosWennHält**" in eine Endlosschleife gerät. Ein zweiter Widerspruch!

5. Unter der Voraussetzung, daß es einen Algorithmus „**HältAn**" gibt, geraten wir notwendig in einen Widerspruch. Das bedeutet aber, daß unsere Voraussetzung, es gebe einen solchen Algorithmus, falsch sein muß. Es kann keinen Algorithmus geben, der zu einem beliebigen Algorithmus und einer beliebigen Eingabe berechnet, ob der Algorithmus hält oder nicht!

Das Halteproblem ist nicht mit einem Algorithmus lösbar; das heißt nicht, daß man nicht von einzelnen Programmen und Eingaben beweisen kann, daß das Programm zu einem Ende kommt; in einzelnen Fällen kann man sehr wohl berechnen, ob ein Algorithmus terminiert; im allgemeinen Fall jedoch nicht.

Das Halteproblem ist unabhängig von der benutzten Algorithmennotation. Wenn nur jede algorithmische Problemlösung in der jeweiligen Notation beschrieben werden kann, dann ist auch das Halteproblem für diesen Notationstyp unlösbar, mögen dies Pascalprogramme oder andere Berechnungsmodelle sein. Dies ist eine prinzipielle Grenze des Beweisens von Programmen.

Aufgabe 5.13 * *(Es geht um das Halteproblem.) Kann man allgemein beweisen, ob zwei Programme dasselbe leisten?*

5.4.15 Folgerungen aus den Grenzen der formalen Beweise

Obwohl der formale Beweis eines Programms theoretisch ein hartes Kriterium dafür darstellen könnte, daß sich ein Mensch eingehend mit dem Programm beschäftigt hat, ist der praktische Wert formaler Beweise für die Programmierung nicht ganz klar. Was hat man von einem formalen Beweis für ein Programm? Darf man sich sicher sein, daß das Programm tut, was es soll, wenn ein formaler Beweis mit dem zugehörigen erheblichen Aufwand geführt wurde?

Die Antwort hängt von unserem Bild des Menschen ab, der einen solchen Beweis durchführt oder überprüft. Wenn wir daran glauben, daß dieser Mensch die Korrektheit eines solchen Beweises mit Sicherheit feststellen kann, dann werden wir auch ein großes Vertrauen in den Algorithmus setzen. Die korrekte Ausführung eines tatsächlich einzusetzenden Programms allerdings hängt nicht nur erstens von der Korrektheit des Algorithmus ab, sondern zweitens auch von der Korrektheit des Übersetzers, drittens von der Korrektheit des Betriebssystems und viertens der der Hardware, fünftens von der Erfüllung der Anforderungen, die nicht spezifiziert wurden, weil es zu aufwendig gewesen wäre oder weil wir nicht wissen, wie wir sie formal ausdrücken sollen, oder weil sie vergessen wurden.

Aufgrund solcher Schwierigkeiten unterbleibt die formale Verifikation auch bei Programmen, bei denen man einen hohen Kostenaufwand vielleicht rechtfertigen könnte, wie etwa in Anwendungen, die Menschenleben gefährden können, wie zum Beispiel in Waffen, im Flug- und Schienenverkehr oder in medizinischen Apparaturen.

Wir müssen festhalten: Auch formal bewiesene Programme entsprechen nicht allen denkbaren sinnvollen objektiven Sicherheitskriterien; auch mit dieser Methode kann nicht nachgewiesen werden, daß ein Programm absolut sicher sei. Das bedeutet, daß man sich bei der Entscheidung, ob man ein umfangreiches Programm in einem das Leben gefährdenden Bereich einsetzen möchte, nicht auf dieses angeblich harte Kriterium verlassen kann. Durch die Unsicherheit und Willkürlichkeit der Spezifikation, die Unsicherheit über die Korrektheit des Beweises und vor allem die Unsicherheit über die Korrektheit der Bestandteile eines Rechensystems, die man beim formalen Beweis nicht berücksichtigt, wird auch dieses Kriterium aufgeweicht. Es scheint kein wirklich hartes Kriterium dafür übrig zu bleiben, ob man es zum Beispiel verantworten kann. ein Programm im Notabschaltsystem eines Kernreaktors zu betreiben. Man muß sich wohl oder übel auch hier auf die weichen Kriterien stützen, die zur Verfügung stehen. Die Unsicherheit, die daraus resultiert, darf nicht vergessen werden.

Aufgabe 5.14 *(Es geht um die Sicherheit validierter Programme und die Verantwortung dafür.) Wie sollte man entscheiden, ob man ein Programm in einem lebensgefährdenden Bereich einsetzen darf? Wer sollte das entscheiden? Wer sollte die Kriterienfestlegen? Wer sollte die Verantwortung übernehmen? Was sollte in dem Fall geschehen, daß aufgrund eines Fehlers ein Programm in einem lebensgefährdenden Bereich Menschen verletzt?*

5.5 Reviews

Es gibt weitere Methoden dafür, Fehler in Programmen zu entdecken. **Reviews** bestehen zum Beispiel darin, jedes einzelne Programmteil und seine Beschreibung (die sogenannte „Dokumentation") von kritischen Menschen sorgfältig lesen zu lassen, die dann die Verantwortung dafür übernehmen, daß es einer Liste von Vorgaben entspricht. Wenn man diese Methode verwenden will, kommt es sehr auf das Vertrauen an, das man in die LeserIn setzt, und auf das Vertrauen, daß die Liste von Vorgaben ausreicht; diese explizite soziale oder psychologische Komponente macht den Umgang mit diesem Verfahren für Informatiker nicht einfach; sie läßt sich zum Beispiel nicht einfach quantifizieren. Die wissenschaftlichen Erkenntnisse über diese Methodik gehen vielleicht aus diesem Grunde nicht so weit wie die über die anderen Methoden. Die besondere Eigenschaft dieser Methode liegt darin, daß bei ihr die Notwendigkeit, Menschen bei der Überprüfung von Programmen zu vertrauen, sehr deutlich wird. Damit wird diesen Menschen auch ihre Verantwortung für ein Programm deutlicher vor Augen geführt, und es kann leichter fallen, zu erkennen, unter welchen Bedingungen man einem Programm nicht mehr trauen sollte.

Aufgabe 5.15 *(Es geht um das Verhältnis formalerer zu informelleren Verfahren.) Welche Vorteile können Verfahren, in denen viel Wert auf Reviews gelegt wird, gegenüber anderen haben, in denen Beweise wichtiger sind? Welche Vorteile kann man bei Beweisen gegenüber Review-Verfahren finden?*

5.6 Zusammenfassung

- Tests und Beweise werden häufig vorgeschlagen, um die Korrektheit von Programmen sicherzustellen. Tests werden praktisch benutzt, von Beweisen erhofft man sich die größte Sicherheit.

- Um beurteilen zu können, wann ein Programm richtig oder falsch arbeitet, muß man eine Erwartung haben. Weil „Übereinstimmung mit Erwartungen" ein subjektives Kriterium ist, und weil objektive Bewertungskriterien für Programme erwartet werden, schreibt man die Erwartungen in einer Spezifikation auf. Die Übereinstimmung einer schriftlichen Beschreibung mit einer inneren Erwartung kann man nicht sicherstellen. Das ist eine wichtige Fehlerquelle für Validierungsverfahren, die auf einer vollständigen und korrekten Spezifikation beruhen und diese nicht auch überprüfen.

- Systematische Testverfahren untersuchen mehrere typische Eingabefälle, in irgendeinem Sinne ungewöhnliche aber dennoch erlaubte Eingaben, die Erkennung fehlerhafter Eingaben durch das Programm, sowie Eingabefälle, die das Zeitverhalten, den Speicherplatzbedarf und den Bedienungskomfort erkennen lassen; Checklisten helfen dabei, einmal gemachte Erfahrungen festzuhalten.

- Testverfahren beruhen auf der Hoffnung, daß die Ergebnisse, die bei den Stichproben gewonnen werden, auf viele andere, nicht getestete Eingaben verallgemeinerbar sind. Die Erfüllung dieser Hoffnung läßt sich nicht garantieren; Experten können gute Stichproben, die größere Sicherheit verschaffen als schlechte, erkennen, aber es sind keine eindeutigen, formalen Kriterien dafür bekannt. Der Test von Programmen ist daher ein weiches Validierungskriterium.

- Beim systematischen Testen unterscheidet man den Modultest, bei dem einzelne Module getestet werden, vom Systemtest, bei dem das gesamte Rechensystem getestet wird. Beim Systemtest unterscheidet man die Bottom-Up-Strategie von der Top-Down-Strategie. Beim Modultest unterscheidet man Black-Box-Tests von White-Box-Tests.

- Der Testaufwand, der getrieben werden muß, um auch sehr unwahrscheinliche Fehler mit großer Sicherheit zu finden, ist erheblich.

- Vorteile des Testens: Intuitiv einleuchtend; Überprüfung auch einiger nicht explizit spezifizierter Eigenschaften; Überprüfung auch des Übersetzers, des Betriebssystems, der Hardware.

- Nachteile des Testens: Keine Sicherheit bei der Verallgemeinerung von Testfällen auf andere Eingabefälle; wann wurde genügend getestet?

- Formale Beweise beruhen auf der Korrektheit einer vorgegebenen Spezifikation.

- Naur hat 1966 ein Beweisverfahren vorgeschlagen, das heute in der exakter gefaßten Form von Hoare als axiomatische Methode bekannt geworden ist.

- Jedem Programmkonstrukt entspricht eine Transformationsregel für Bedingungen.

- Der Beweis einer Schleife ist schwierig, weil man die Idee der Schleife in einer sogenannten Schleifeninvariante formalisieren muß.

- Schon der Beweis kleiner Programme kann umfangreich und unübersichtlich werden.

- Partielle Korrektheit besagt, daß ein Programm unter der Bedingung, daß es anhält, korrekt ist, daß aber nicht überprüft wurde, ob es vielleicht in eine Endlosschleife geraten könne.

- Nachweis totaler Korrektheit bedeutet: Nachweis der Terminierung und partieller Korrektheit.

- Automatische Beweissysteme funktionieren bislang nur als Hilfsmittel für Menschen, nicht als eigenständige Beweiser.

- Das Halteproblem ist eine prinzipielle Leistungsgrenze von vollautomatischen Beweissystemen.

- Der Nachweis der formalen Korrektheit eines Programms bedeutet nichts für die Korrektheit des Betriebssystems oder der Hardware oder für die Erfüllung schlecht spezifizierbarer Anforderungen.

- Beim Einsatz von Programmen in Leben gefährdenden Bereichen kann man nicht darauf hoffen, die heutigen weichen Überprüfungsverfahren vollständig durch harte ersetzen zu können.

- Die Durchführung von Reviews ist eine Methode, die nicht nur implizit, sondern explizit auf dem Vertrauen beruht, daß Menschen Programme beurteilen können.

6 Der Zeitbedarf beim Programmablauf

Wir haben bislang außer acht gelassen, ob wir eine Liste von tausend Zahlen in Sekundenbruchteilen sortiert können, oder ob wir einige Tage auf das Ergebnis warten müssen. Solche Unterscheidungen wollen wir jetzt untersuchen. Wie kann man zum Beispiel die Frage beantworten, welcher von zwei Algorithmen der schnellere sei?

6.1 Die Stoppuhr-Zeit

Die einfachste Methode wäre es, zu jedem zu untersuchenden Algorithmus ein Programm zu schreiben, jedes der Programme zu übersetzen, es mit einem Datensatz laufen zu lassen und die Zeiten mit einer Stoppuhr zu messen. Wenn die Programme zu schnell laufen, als daß man ihre Laufzeit mit der Hand genügend genau messen könnte, dann könnte man eine längere Liste eingeben; oder es könnte die Zeit vom Betriebssystem des benutzten Rechners gemessen werden.

Auf diese Weise kann die **Stoppuhr-Zeit** gemessen werden. Die Stoppuhr-Zeit hängt allerdings von vielen speziellen Eigenschaften des Übersetzers, des Betriebssystems und des Rechners ab, auf dem das Programm ausgeführt wird. Ein Beispiel: Wenn ein Programm von einem Rechner ausgeführt wird, so nennt man dies einen **Prozeß**. Häufig bearbeiten Rechner mehrere Prozesse fast gleichzeitig, indem sie eine Liste von ausführbereiten Prozessen verwalten, und viele Male in der Sekunde zwischen diesen Prozessen umschalten. Je weniger Prozesse zur Ausführung bereit sind, desto häufiger kommt jeder an die Reihe. Die Stoppuhr-Laufzeit eines Programms hängt in diesem Fall davon ab, auf wieviele Prozesse der Rechner seine Zeit aufteilen muß. Um Programme sinnvoll miteinander vergleichen zu können, wird davon abstrahiert, wie lange die Benutzer/innen warten müssen, und nur noch betrachtet, wie schnell ein einzelnes Programm ausgeführt wird; in diesem Fall ist nicht die Stoppuhr-Zeit interessant, sondern die sogenannte **Prozessorzeit**. Das ist der Teil der Gesamtlaufzeit des Programms, der für den interessierenden Prozeß benutzt wurde. Solche Messungen kann man in vielen Betriebssystemen relativ problemlos vornehmen.

Aufgabe 6.1 *(Es geht um den Unterschied zwischen Prozessorzeit und Stoppuhr-Zeit.) In welchem Falle interessiert man sich eher für die Stoppuhr-Zeit eines Prozesses, und in welchem für die Prozessorzeit?*

Ist unter der Bedingung, daß mit dem Betriebssystem die Prozessorzeit gemessen werden könnte, die Entscheidung möglich, welcher von zwei Algorithmen der schnellere ist?

Leider können Laufzeitunterschiede die unterschiedlichsten Ursachen haben: Ein Rechner kann schneller sein als ein anderer, ein Übersetzer kann besser sein als ein anderer, die eine Kodierung eines Algorithmus geschickter sein als eine andere.

Es gibt eine Möglichkeit, die einen allerdings sehr abstrakten Vergleich von Algorithmen zuläßt. Ein wichtiges Kennzeichen von Algorithmen ist, daß sie schrittweise vorgehen. Um die Geschwindigkeiten zweier Algorithmen zu vergleichen, könnte man versuchen zu zählen, wieviele Schritte sie jeweils machen müssen. Das bedeutet aber nicht, daß ein Programm, das auf dem Algorithmus beruht, der weniger Schritte braucht, schneller laufen muß als ein Programm, das auf dem anderen Algorithmus beruht: Denn Unterschiede in den Rechnergeschwindigkeiten, in den Kodierungen und in den Übersetzungen werden hier nicht mehr berücksichtigt.

6.2 Beispiel: Die Suche eines Elementes in einer Liste

Als Demonstrationsbeispiel geben wir einen Algorithmus an, der überprüft, ob ein gegebenes Element in einer Liste enthalten ist:

Algorithmus Enthaltensein

1. Eingaben sind das zu suchende Element e und die Liste l_1 bis l_n mit $n > 0$ Elementen.

2. i ist der Index des momentan betrachteten Elementes. Beginne mit $i := 1$.

3. Wenn $l_i = e$, dann ist das gesuchte Element gefunden, der Algorithmus ist beendet; sonst wird in Schritt 4 fortgefahren.

4. Wenn $l_i \neq e$, dann erhöhe i um eins: $i := i + 1$.

5. Wenn $i > n$, dann ist e nicht in der Liste, der Algorithmus ist beendet; sonst wird in Schritt 3 fortgefahren.

Wir geben diesem Algorithmus nun folgende Eingaben: Zunächst soll das Element 3 in der Liste „3, 4, 3" gesucht werden. Wieviele Schritte braucht der Algorithmus?

Leider kann man nicht allgemein eindeutig festlegen, was als ein einzelner Schritt in einem Algorithmus zu gelten hat. Ist ein Sprung zur nächsten Anweisung ein Schritt? Ist die Auswertung eines Ausdrucks ein einzelner Schritt? Ist die Bestimmung des Wertes einer Variable ein einzelner Schritt?

Wir wollen zählen, wieviele Befehlszeilen des Algorithmus ausgeführt werden müssen, bis ein Ergebnis bestimmt ist.

Aufgabe 6.2 *(Es geht um die Schwierigkeit, die Anzahl der Schritte eines Algorithmus zu zählen.) Was für Argumente könnte man gegen unser Verfahren finden, die Anzahl der Schritte zu zählen?*

Wieviele Schritte macht der Algorithmus bei der oben beschriebenen Eingabe? Zunächst wird der erste Schritt ausgeführt, dann der zweite, und dann der dritte, damit ist der Algorithmus beendet; es müssen drei Schritte gemacht werden.

Weniger Schritte kann unser Algorithmus niemals machen; deshalb bezeichnet man diese Eingabe auch als den besten Eingabefall, englisch: **best case.** Im besten Fall macht der Algorithmus genau drei Schritte. Allgemein gilt: Eine Eingabe für einen Algorithmus ist dann ein best case, wenn der Algorithmus bei keiner anderen Eingabe weniger Schritte braucht.

In unserem Beispiel ist der schlechteste Fall der, in dem das gesuchte Element nicht in der Liste enthalten ist. Wenn wir etwa in der oben angegeben Liste nach einer 1 suchen würden, hätten wir folgende Schritte auszuführen: 1., 2., 3., 4., 5., 3., 4., 5., 3., 4., 5., Ende. Der Algorithmus braucht elf Schritte. Dies ist der schlechteste Fall oder **worst case.**

Aufgabe 6.3 *(Es geht um die Anzahl der Schritte im worst case.) Die Anzahl der Schritte im worst case hängt von der Listenlänge n ab. Geben Sie eine von n abhängige Formel für die Anzahl der Schritte an.*

Das Verhalten eines Algorithmus im worst case ist häufig eine interessantere Information als die im best case, denn wenn man den best case nicht kennt, dann sind positive Überraschungen möglich; wenn der worst case nicht bekannt ist, dann bedeutet das, daß man sehr unangenehme Überraschungen erleben kann. Der worst case ist außerdem manchmal noch relativ leicht zu erkennen. Anders ist das mit dem durchschnittlichen Fall, dem **average case,** mit dem wir uns jetzt beschäftigen.

Wieviele Schritte braucht unser Algorithmus im Durchschnitt? Diese Frage kann man mit unseren bisherigen Kenntnissen über die Eingabedaten nicht beantworten. Wir müßten etwas darüber wissen, welche Zahlen mit welchen Wahrscheinlichkeiten an welcher Stelle in der Liste auftreten, wie lang die Liste mit welcher Wahrscheinlichkeit ist, und mit welcher Wahrscheinlichkeit wir nach welcher Zahl suchen würden. Wir müßten sehr viel über die möglichen Eingaben wissen, um einen Erwartungswert für die Anzahl von Schritten berechnen zu können.

Wir wollen das Problem konkretisieren, indem wir annehmen, die Liste könne nur aus Zahlen von eins bis zehn bestehen, und für jede gegebene Listenposition seien die Wahrscheinlichkeiten, die das Auftreten jeder Zahl an dieser Listenposition angeben, gleich, also 10%. Die Liste soll zudem wenigstens ein und höchstens fünf Elemente lang sein, und jede dieser Längen soll mit der gleichen Wahrscheinlichkeit von 20% eintreten. Dann nehmen wir an, daß die Wahrscheinlichkeit dafür, daß wir nach einer bestimmten gegebenen Zahl suchen, für alle Zahlen von eins bis zehn die gleiche ist (wieder 10%), und für alle anderen Zahlen gleich Null. Schließlich nehmen wir an, alle diese Wahrscheinlichkeiten seien voneinander unabhängig.

Unter diesen Voraussetzungen können wir eine Tabelle aufstellen, in der wir zu jeder möglichen Schrittzahl die Wahrscheinlichkeit berechnen, daß diese Schrittzahl tatsächlich eintritt. e steht in dieser Tabelle für die zu suchende Zahl, und l_1 bis l_5 stehen für die fünf Listenelemente. Alle nicht aufgeführten Schrittzahlen können nicht auftreten:

Schritte	Bedingung	Wahrscheinlichkeit
3	$e = l_1$	0.1
5	$e \neq l_1 \wedge n = 1$	$0.9 * 0.2 = 0.18$
6	$e \notin \{l_1\} \wedge n > 1 \wedge e = l_2$	$0.9 * 0.8 * 0.1 = 0.072$
8	$e \notin \{l_1, l_2\} \wedge n = 2$	$0.9^2 * 0.2 = 0.162$
9	$e \notin \{l_1, l_2\} \wedge n > 2 \wedge e = l_3$	$0.9^2 * 0.6 * 0.1 = 0.0486$
11	$e \notin \{l_1, l_2, l_3\} \wedge n = 3$	$0.9^3 * 0.2 = 0.1458$
12	$e \notin \{l_1, l_2, l_3\} \wedge n > 3 \wedge e = l_4$	$0.9^3 * 0.4 * 0.1 = 0.02916$
14	$e \notin \{l_1, l_2, l_3, l_4\} \wedge n = 4$	$0.9^4 * 0.2 = 0.13122$
15	$e \notin \{l_1, l_2, l_3, l_4\} \wedge n > 4 \wedge e = l_5$	$0.9^4 * 0.2 * 0.1 = 0.013122$
17	$e \notin \{l_1, l_2, l_3, l_4, l_5\} \wedge n = 5$	$0.9^5 * 0.2 = 0.118098$

Der sogenannte Erwartungswert gibt die Anzahl der Schritte an, die man bei sehr häufiger Ausführung des Algorithmus im Durchschnitt macht. Man kann ihn berechnen, indem man jede mögliche Schrittanzahl mit ihrer zugehörigen Wahrscheinlichkeit multipliziert und diese Produkte aufsummiert. Der Erwartungswert für die Anzahl der Schritte ist $3 * 0.1 + 5 * 0.18 + 6 * 0.072 + 8 * 0.162 + 9 * 0.0486 + 11 * 0.1458 + 12 * 0.02916 + 14 * 0.13122 + 15 * 0.013122 + 17 * 0.118098 \approx 9.36$. Das bedeutet: Im Schnitt macht unser Algorithmus ungefähr 9.36 Schritte.

Um den durchschnittlichen Wert für die Anzahl der Schritte berechnen zu können, müssen wir sehr viele Annahmen über die Eingaben machen, und man muß aufwendige Berechnungen durchführen. Oft weiß man aber bei weitem nicht so viel über die Eingabewerte, wie wir in unserem Beispiel vorausgesetzt haben, und oft sind die Berechnungen auch noch wesentlich komplizierter als in unserem Beispiel. Deshalb beschrankt man sich häufig auf die Angabe der Schrittzahlen im schlechtesten Fall und betrachtet den Durchschnittsfall nicht.

6.3   Die Messung der „Größe" von Eingabedaten

Wenn der Algorithmus gegeben ist, dann ist die Schrittzahl nur noch von der Eingabe abhängig. Um es besonders einfach zu haben, versucht man, die Größe der Eingabe möglichst durch eine einzige Zahl zu charakterisieren; in Abhängigkeit von dieser Zahl will man dann die Anzahl der Schritte berechnen. Wie kann das in unserem Beispiel geschehen? Die Anzahl der Schritte im schlechtesten Fall läßt sich hier abhängig von der Länge der eingegebenen Liste angeben. Häufig kann man die „Größe" der Eingabe auf eine einfache Art und Weise durch eine oder zwei Zahlen charakterisieren. Mit Hilfe dieser Beschreibung kann man die Anzahl der Schritte im worst case mit einer Funktion ausdrücken, die von dieser Zahl abhängig ist. Aber natürlich funktioniert auch dies nicht immer.

Das Problem liegt in unserem Algorithmusbegriff, und wieder einmal in unserer Definition eines Bearbeitungsschrittes. Ein Beispiel: Wir haben bislang eine Addition immer als einen einzelnen Schritt angesehen. Bei kleinen Zahlen ist das sicherlich plausibel. Bei sehr großen Zahlen ist allerdings zu beachten, daß wir die Dauer einer Addition vernünftiger-weise von der Größe der zu addierenden Zahlen abhängig machen sollten, zum Beispiel von der Anzahl der Ziffern; dies gilt nicht nur für die Addition, sondern auch für den Vergleich von Zahlen oder die anderen arithmetischen Operationen. In unserem obigen Beispiel etwa vergleichen wir immer wieder ein Element der Liste mit dem gesuchten Element, und an anderer Stelle erhöhen wir den Wert einer Zahl um eins. Wir waren ein-fach davon ausgegangen, daß diese Operationen nur einen Schritt beanspruchten. Wenn die gesuchte Zahl und die Zahlen in der Liste aber sehr, sehr groß sind, dann ist der Algorithmus wichtig, mit dem Zahlen verglichen und addiert werden. Womöglich muß man mehr als einen Schritt pro Vergleich oder Additionsoperation ansetzen.

Wenn wir uns darauf beschränken könnten, nur kleine Zahlen zu verarbeiten, dann könnte man begründen, daß Addition und Vergleich von Zahlen in einem einzigen Schritt abgear-beitet werden können. Aber zu den Prinzipien von Algorithmen gehört, daß sie mit Zahlen beliebiger Größe arbeiten sollen. Um dieses Prinzip kümmert man sich im Zusammen-hang mit Laufzeiten in der Informatik nur selten. Wenn wir – entgegen dem Prinzip der Beliebigkeit der Größe zu verarbeitender Eingaben – annehmen, für eine Addition dürften wir einen einzigen Schritt statt einer ganzen Anzahl von Schritten veranschlagen, dann vereinfachen wir das Problem, und unsere Ergebnisse gelten nicht für Algorithmen im allgemeinen, sondern nur für Algorithmen, in denen keine allzu großen Zahlen verwendet werden.

Wenn die Zeiten für Vergleiche und Additionen konstant sind, dann ist es unnötig, die Maximalgröße der auftretenden Zahlen in die Beschreibung der Größe der Eingabe mit aufzunehmen. Wenn diese Zeiten aber nicht als konstant angesehen werden, dann ist auch die Größe der zu verarbeitenden Zahlen wichtig für die Beschreibung der Größe des Gesamtproblems, denn dann hat diese Größe einen Einfluß auf die Laufzeit des Programms.

Es ist meistens nicht trivial, die Größe eines Problems sinnvoll und allgemeingültig anzu-geben. Deswegen unterschlägt man gern einzelne Schwierigkeiten und macht immer wie-der vereinfachende Annahmen, um die Anzahl der Schritte eines Algorithmus möglichst einfach zählen zu können. Auf diese Weise kann man zu relativ einfachen Formeln für die Anzahl der Schritte eines Algorithmus kommen. Diese sind dann zwar nicht mehr allgemeingültig, aber wenn man bei der Einführung von Vereinfachungen aufpaßt, sind die Ergebnisse vielleicht doch noch für manchen Zweck brauchbar.

6.4 Ein schon bekanntes Beispiel: Selectionsort

Im folgenden wird ein aufwendigerer Algorithmus auf seine Laufzeit hin untersucht: Selec-tionsort. Die Schritte des Algorithmus werden nicht mehr einzeln gezählt; wie dargestellt wurde, ist diese Zahl nicht sehr aussagekräftig. Interessant ist aber, ob im schlechtesten Fall die Anzahl der Schritte konstant ist, proportional zur Problemgröße oder ob sie zum Bei-spiel quadratisch mit der Problemgröße wächst; diese Größen sind ziemlich unabhängig von der Art und Weise, wie man den Algorithmus aufschreibt. Im ersten Beispiel, bei der Suche nach einem Element, ist die worst-case-Laufzeit proportional zur Länge der eingegebenen Liste. Auch beim Sortieren wird die Länge der Liste als die Größe des Problems gewählt. Wie sieht der worst case hier aus?

Bei Selectionsort wird immer der Index des größten Elementes im unsortierten Teil der Liste bestimmt; dieses Element wird mit dem letzten Element des unsortierten Teils ausgetauscht; dabei schrumpft der unsortierte Listenteil am Ende um ein Element. Daraufhin beginnt der Ablauf von vorne. Der gesamte Ablauf endet, wenn der unsortierte Teil der Liste leer geworden ist. Man kann den Algorithmus folgendermaßen aufschreiben:

Algorithmus Selectionsort

1. Eingabe ist eine Liste l_1 bis l_n von n Zahlen; $n > 0$ wird vorausgesetzt.

2. j ist der Index des letzten Elementes des unsortierten Teils der Liste. Begonnen wird mit $j := n$.

3. Solange $j > 1$, solange also noch nicht die gesamte Liste sortiert ist, werden folgende Schritte wiederholt:

> 3.1 Der Index m des größten Elementes der Teilliste von l_1 bis l_j wird bestimmt. Wie dies geschieht, ist in dem Teilalgorithmus „Maximumsuche" beschrieben.
>
> 3.2 Die Elemente an den Positionen l_m und l_j werden ausgetauscht.
>
> 3.3. Der unsortierte Teil ist um ein Element verkürzt: $j := j - 1$.

Der Teilalgorithmus zur Bestimmung des Maximums sieht folgendermaßen aus:

Algorithmus Maximumsuche

1. Eingaben sind die Liste von Zahlen und der größte zu beachtende Index, j; $j > 1$ wird vorausgesetzt.

2. Die Indexvariable m nimmt den Index des größten bislang gefundenen Elementes auf, die Indexvariable i gibt an, bis zu welchem Element schon alles durchsucht wurde. Mit $m = 1$ und $i = 1$ wird begonnen.

3. Solange $i < j$, solange also noch nicht die gesamte Liste durchsucht ist, wiederhole folgendes:

> 3.1 Das nächste Element wird betrachtet: $i := i + 1$.
>
> 3.2 Wenn das neue betrachtete Element l_i größer ist als das bisherige Maximum l_m, dann wird der Index i des neuen größten Elementes in der Variable m abgelegt: $m := i$.

Um die Laufzeit eines solchen etwas komplizierteren Algorithmus zu bestimmen, sucht man nach den Schleifen. Dieser Algorithmus hat zwei Schleifen: In der inneren, in „Maximumsuche", wird der Index des maximalen Elementes bestimmt; diese Schleife hat eine Laufzeit, die proportional zur Länge des unsortierten Teils der Liste ist. In der äußeren Schleife in „Selectionsort" wird immer wieder die innere aufgerufen und dann das maximale Element mit dem letzten vertauscht.

Wieviele Schritte braucht dieser Algorithmus, um eine Liste zu sortieren?

- Zunächst wird der Algorithmus aufgerufen und es wird initialisiert; das sind zwei Schritte. Was dann geschieht, hängt von der Eingabe ab.

- Zunächst wird getestet, ob die Liste schon sortiert ist: Man braucht einen Schritt für jedes j im Bereich von $n, n - 1, ..., 1$, also insgesamt n Schritte.

- Für jeden Wert von j im Bereich von $n, n - 1, n - 2, ..., 2$ wird dann per „Maximumsuche" der Index des größten Elementes der Teilliste berechnet; diese $n - 1$ Schritte zählen wir gesondert.

- Ebenso wird für jedes j im Bereich von $n, n - 1, ..., 2$ das gefundene Element und das letzte ausgetauscht, und j wird vermindert. Das sind noch einmal $n - 1$ Schritte.

Ohne die Maximumsuche haben wir $2 + n + (n - 1) + (n - 1) = 3n$ Schritte.

Die Maximumsuche selbst wird für jedes j im Bereich $n, n - 1, ..., 2$ durchgeführt.

- Wir beginnen mit dem Aufruf und der Initialisierung: zwei Schritte.

- Für jedes i im Bereich $1, ..., j$ wird i mit j verglichen.

- Für jedes i im Bereich von $1, ..., j - 1$ wird i um Eins erhöht.

- Für jedes i im Bereich von $2, ..., j$ wird der Index des neuen größten Elementes berechnet.

Das sind insgesamt $2 + j + 2(j - 1) = 3j$ Schritte.

Beide Algorithmen insgesamt haben $3n + \sum_{j=2}^{n} 3j = 3n + 1.5n^2 + 1.5n - 3 = 1.5n^2 + 4.5n - 3$ Schritte.

Diese Formel kann man noch vereinfachen. Wir gehen davon aus, die zu sortierende Liste sei sehr, sehr lang. In diesem Fall hat die Konstante Drei, die man subtrahiert, fast keinen Anteil mehr am Gesamtergebnis; auch der lineare Anteil $4.5n$ hat mit wachsendem n einen immer geringeren Anteil an der Gesamtsumme. Deshalb kann man die Laufzeit für sehr große n auch allein mit dem ersten Summanden $2n^2$ abschätzen. Und weil die absolute Länge der einzelnen Schritte nicht interessiert, kann man absolute Vorfaktoren, wie in diesem Fall die 2, weglassen. Übrig bleibt als Abschätzung der Laufzeit n^2.

Auf all diese Vereinfachungen läßt man sich in der Informatik gerne ein, und man sagt: Der Algorithmus Selectionsort hat eine quadratische Laufzeit, und das bedeutet: die Laufzeit wächst quadratisch mit der Problemgröße.

6.5 Ein neues Beispiel: Heapsort

Man kann Listen schneller sortieren. Wir wollen jetzt einen Sortieralgorithmus vorstellen, dessen Laufzeit nicht quadratisch wächst, sondern nur mit $n \log n$.

6.5.1 Der Algorithmus

Hier zunächst eine Beschreibung des Algorithmus: Er heißt **Heapsort**. Die n zu sortierenden Zahlen seien l_1 bis l_n. Man versteht den Algorithmus am leichtesten, wenn man sich vorstellt, daß diese n Zahlen als ein sogenannter **Binärbaum** organisiert sind. Ein Binärbaum mit zwölf Knoten kann zum Beispiel folgendermaßen aussehen:

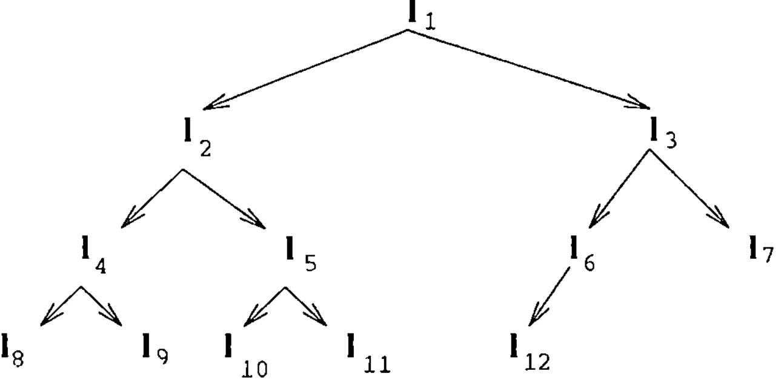

Zur Erklärung: Bäume wachsen in der Informatik nach unten. Dieser Binärbaum besteht aus zwölf Knoten, die mit l_1 bis l_{12} bezeichnet sind. l_1 wird die **Wurzel** genannt, weil von diesem Knoten alle anderen ausgehen. Der Baum heißt **Binär**-Baum, weil von jedem Knoten höchstens zwei Zweige abgehen. Man nennt die Knoten l_{2i} und l_{2i+1}, die sich direkt unter einem Knoten l_i befinden, die **Kinderknoten**, und l_i selbst heißt **Mutterknoten**. Zum Mutterknoten l_2 gehören beispielsweise die Kinderknoten $l_{2*2} = l_4$ und $l_{2*2+1} = l_5$ Kinderknoten.

Eine Liste kann man auch als Binärbaum deuten: Wenn man die Listenelemente mit l_1 bis l_n bezeichnet, dann ist l_1 die Wurzel des Binärbaums, und zu jedem Knoten l_i mit $2 \le i \le n$ können wir den Mutterknoten $l_{\lfloor i \rfloor}$ bestimmen. Zu jedem Knoten l_j sind l_{2j} und l_{2j+1} die Kinderknoten, wenn sie existieren. Im folgenden Bild ist mit Pfeilen dargestellt, welche Kinderknoten zu einem Mutterknoten gehören:

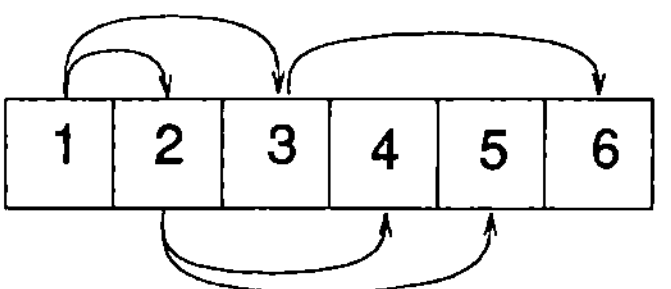

Man kann einen Binärbaum also auf diese Weise in einer Liste darstellen. Wie funktioniert Heapsort? Der Algorithmus arbeitet in zwei Phasen: In der ersten Phase werden die Elemente des Binärbaums so umsortiert, daß jeder Mutterknoten l_i größer ist als die Kinderknoten l_{2i} und l_{2i+1}, wenn diese Elemente noch in der Liste enthalten sind. Damit ist l_1 größer als l_2 und l_3, l_2 größer als l_4 und l_5, l_3 größer als l_6 und l_7, und so weiter. Wenn ein Binärbaum diese Eigenschaft hat, nennt man ihn einen **Heap**; wenn wir den Binärbaum in einer Liste darstellen, dann können wir auch sagen, die Liste habe die

Heap-Eigenschaft. Man erkennt, daß in einem Binärbaum, der die Heap-Eigenschaft hat, an der Stelle l_1 das größte Element stehen muß.

Diese Tatsache wird in der zweiten Phase ausgenutzt. Man tauscht jetzt l_1, das größte Element der Liste, mit dem letzten aus. Wenn zunächst 12 Elemente in der Liste standen, dann steht jetzt ganz am Ende das größte Element; und dort gehört es auch hin. Dieses Element kann man deshalb in Zukunft vergessen. Ab jetzt werden nur noch die ersten elf Elemente der Liste und der Binärbaum betrachtet, der aus diesen elf Elementen besteht.

Dieser Binärbaum hat vielleicht die Heap-Eigenschaft nicht, weil l_1 jetzt neu ist. Man muß jetzt die Heap-Eigenschaft für die Restliste wieder neu erzeugen. Wie das geschieht, wird weiter unten beschrieben. Wenn das gelungen ist, dann steht in der Wurzel das größte Element der Liste bis l_{11}, insgesamt das zweitgrößte Element der Gesamtliste. Dieses Element kann wieder mit dem letzten Element der Restliste, das ist gleich dem zweitletzten der Gesamtliste, ausgetauscht werden. Auch dieses Element steht dann wieder an der richtigen Stelle.

Der zu sortierende Teil der Liste ist wieder um ein Element verkürzt worden. Jetzt muß wieder die Heap-Eigenschaft hergestellt werden, dann kann das so gefundene drittgrößte Element mit dem drittletzten Element der Liste ausgetauscht werden, und so weiter. Dies geschieht so lange, wie der Heap noch mehr als ein Element enthält. Sobald der Heap nur noch ein Element enthält, kann man abbrechen; jetzt ist die Liste sortiert.

Das ist die Grundidee des Algorithmus. Es bleibt noch zu klären, wie in der ersten und in der zweiten Phase die Heap-Eigenschaft hergestellt werden soll. In der ersten Phase, wenn alles ganz ungeordnet ist, kann man folgendermaßen vorgehen: Man sorgt dafür, daß immer eine Anfangsliste der Liste die Heap-Eigenschaft erfüllt, und daß diese Anfangsliste wächst.

- Zu Beginn betrachten wir eine Anfangsliste, die nur aus dem ersten Element l_1 besteht: Dies ist ein Element ohne Kinder, damit haben wir einen Heap.

- Jedes Element l_m, das hinzugefügt werden soll, wird mit seiner Mutter, dem Element $l_{\lfloor m/2 \rfloor}$, verglichen.

- Wenn das Kind kleiner ist, dann steht es schon an der richtigen Stelle. Ansonsten werden Mutter und Kind ausgetauscht.

- Wenn ein Austausch stattgefunden hat, dann muß das nach oben getauschte Kind mit seiner neuen Mutter verglichen werden.

- Ist die neue Mutter größer, dann ist das Kind richtig eingeordnet, ansonsten muß wieder ausgetauscht werden.

- So wird das Kind immer wieder mit seiner neuen Mutter verglichen, bis es entweder keine Mutter mehr hat, oder bis die Mutter größer ist. Das neu an den Binärbaum anzufügende Element wandert nach oben, bis es seinen Platz gefunden hat.

- Wenn so die Heap-Eigenschaft für die Liste mit m Elementen hergestellt ist, wird wieder ein neues Element in den Heap eingeordnet: Auch dieses wandert nach oben, bis es seinen Platz gefunden hat. Element für Element kann auf diese Weise nacheinander die Gesamtliste zu einem Heap zusammengesetzt werden.

Es bleibt noch zu klären, wie man in der zweiten Phase des Algorithmus die Heap-Eigenschaft wieder herstellen kann, nachdem man das größte Element entfernt hat und gegen ein möglicherweise zu kleines ausgetauscht hat.

- Ein Konflikt liegt vor, wenn l_1 kleiner ist als eines seiner Kinder. Man muß das größte dieser drei Elemente bestimmen.

- Wenn die Mutter das größte Element ist, dann ist die Heap-Eigenschaft erhalten geblieben, man ist fertig.

- Wenn aber ein Kind l_i das größte der drei Elemente ist, dann wird die Mutter mit diesem Kind ausgetauscht. Unter diesen drei Elementen bestehen dann wieder die richtigen Größenbeziehungen.

- Jetzt muß aber die nach unten gewanderte Mutter mit ihren beiden neuen Kindern verglichen werden.

- Wenn auch hier wieder ein Austausch nötig ist, wandert die Mutter noch weiter nach unten. Dies geschieht immer wieder, bis die Mutter keine Kinder mehr hat oder größer ist als die beiden Kinder. In dieser zweiten Phase wird die Heap-Eigenschaft wieder hergestellt, indem das in der Wurzel neu eingefügte Element immer weiter nach unten fließt, bis es seinen Platz gefunden hat.

Hier ein Beispiel: Die Liste $3, 2, 5, 1, 9, 4$ soll per Heapsort sortiert werden.

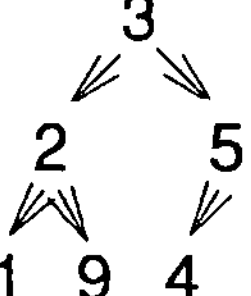

- Wir bauen zunächst schrittweise den Heap auf; die Grenze des eigentlichen Heap markieren wir mit einem Stern „*", die noch nicht betrachteten Elemente mit einem Doppelkreuz „#".

  - $(3 * 2, 5, 1, 9, 4)$ ist der erste Heap.

  - $(3 * 2\#5, 1, 9, 4)$: Die hinzugekommene Zwei ist kleiner als der Mutterknoten, sie wandert nicht nach oben.

  - $(3, 2 * 5\#1, 9, 4)$: Die hinzugekommene Fünf ist größer als ihr Mutterknoten, sie wandert dadurch nach oben: $(5, 2, 3 * 1, 9, 4)$.

  - $(5, 2, 3 * 1\#9, 4)$: Die hinzugekommene Eins ist kleiner als ihr Mutterknoten 2, sie bleibt deswegen stehen.

  - $(5, 2, 3, 1 * 9\#4)$: Die hinzugekommene Neun ist größer als ihr Mutterknoten 2, wandert deswegen nach oben: $(5 * 9, 3, 1, 2\#4)$. Die nach oben getauschte Neun ist wiederum größer als ihr Mutterknoten Fünf: $(9, 5, 3, 1, 2 * 4)$.

- $(9, 5, 3, 1, 2 * 4\#)$: Die hinzugekommene Vier ist größer als ihr Mutterknoten Drei, wird deswegen nach oben getauscht: $(9, 5, 4 * 1, 2, 3\#)$. Die nach oben getauschte Vier ist kleiner als ihr Mutterknoten Neun, bleibt deswegen stehen.

- Der vollständige Heap ist: $(9, 5, 4, 1, 2, 3)$.

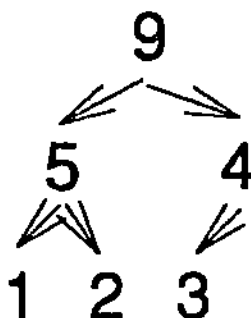

Jetzt wird der Heap schrittweise wieder abgebaut; das Doppelkreuz steht jetzt vor den Elementen, die schon an ihrer zukommenden Stelle stehen.

- Das erste Element wird mit dem letzten ausgetauscht: $(3 * 5, 4, 1, 2\#9)$. Das größte Kind der Drei ist die Fünf, aus diesem Grund werden die beiden ausgetauscht: $(5, 3 * 4, 1, 2\#9)$. Das größte Kind der Drei ist jetzt die Zwei; die ist kleiner als die Drei, damit steht die Drei an der richtigen Stelle.

- Es wird wieder das erste Element mit dem letzten Heapelement ausgetauscht: $(2 * 3, 4, 1\#5, 9)$. Das größte Kind der Zwei ist die Vier, deswegen werden diese beiden ausgetauscht: $(4, 3, 2 * 1\#5, 9)$. Die Zwei hat jetzt kein Kind mehr im Heap, deswegen steht sie an der richtigen Stelle: $(4, 3, 2, 1\#5, 9)$.

- Wieder wird das erste Element mit dem letzten Heapelement ausgetauscht: $(1 * 3, 2\#4, 5, 9)$. Das größte Kind der Eins ist die Drei: $(3, 1 * 2\#4, 5, 9)$. Die Eins hat keine Kinder mehr im Heap: $(3, 1, 2\#4, 5, 9)$.

- Austausch des ersten mit dem letzten Heapelement: $(2 * 1\#3, 4, 5, 9)$. Die Zwei ist größer als ihr größtes Kind, sie bleibt stehen: $(2, 1\#3, 4, 5, 9)$.

- Austausch: $(1\#2, 3, 4, 5, 9)$. Die Eins hat keine Kinder: Wir sind fertig: Das Resultat ist $(1, 2, 3, 4, 5, 9)$.

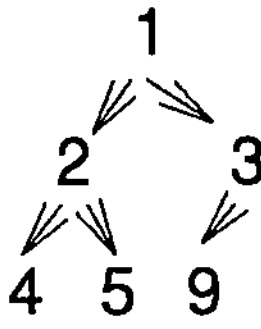

Aufgabe 6.4 *(Es geht um das Verständnis des Algorithmus „Heapsort".) Sortieren Sie per Hand mit Heapsort die Liste* $(2, 4, 5, 1, 6, 3)$.

Algorithmus Heapsort

1. Eingaben sind eine Liste l_1 bis l_n von $n > 0$ Elementen.

2. Wir beginnen mit der ersten Phase: Die Liste muß zu einem Heap umsortiert werden. j ist der Index des letzten Elementes, das schon in den Heap eingeordnet ist. Wir beginnen mit $j = 1$.

3. Solange der Heap nicht vollständig ist, solange also $j < n$ gilt, werden folgende Schritte wiederholt:

   3.1 Wir versuchen, ein neues Element in den Heap einzubauen: $j := j + 1$.

   3.2 Das Element an der Stelle l_j wird in den Heap eingeordnet. Die augenblickliche Stelle i dieses Elementes ist j: $i := j$.

   3.3 Das Element an der Stelle l_i muß jetzt bis zu der ihm gebührenden Position aufsteigen. Das geschieht in folgender Schleife: Solange wir noch nicht an der Wurzel angelangt sind (in dieser Zeit gilt $i > 1$) und l_i größer ist als seine Mutter $l_{\lfloor i/2 \rfloor}$, wiederhole folgendes:

   3.3.1 Die Werte in l_i und im Mutterknoten $l_{\lfloor i/2 \rfloor}$ werden ausgetauscht.

   3.3.2 Dann wird der Index i auf die Mutter verschoben: $i := \lfloor i/2 \rfloor$.

4. Der Heap ist jetzt fertig aufgebaut, die zweite Phase kann beginnen. Jetzt wird nach und nach der Heap verkleinert. Die Indexvariable e bezeichnet das Ende des Heap. Wir beginnen mit $e = n$.

5. Solange der Heap noch mehr als ein Element umfaßt (damit gilt $e > 1$), wird folgende Schleife wiederholt:

   5.1 l_1 und l_e werden ausgetauscht.

   5.2 e wird um Eins vermindert: $e := e - 1$.

   5.3. Jetzt muß die Zahl, die in die Wurzel l_1 eingetragen wurden, nach unten wandern, bis sie ihren Platz erreicht hat. Der momentane Index dieses Wertes wird mit der Indexvariable i bezeichnet. Wir beginnen mit $i = 1$.

   5.4 In einer Schleife sackt das Element in l_i nach unten auf seinen Platz: Solange l_i noch wenigstens ein Kind hat ($2i \leq e$), wird folgendes wiederholt:

   5.4.1 Wenn l_i genau ein Kind hat ($2i = e$), dann werden Mutter l_i und Kind l_{2i} miteinander verglichen.

   5.4.1.1 Wenn die Mutter größer oder gleich dem Kind ist, dann ist sie an der richtigen Stelle: Damit die Schleife 5.4 abbricht, setzen wir $i := e$.

   5.4.1.2 Wenn die Mutter kleiner ist, dann werden Mutter und Kind ausgetauscht, der Heap ist wieder hergestellt. Damit die Schleife 5.4 abbricht, wird auch hier $i := e$ gesetzt.

   5.4.2 Wenn l_i zwei Kinder hat ($2i + 1 \leq e$), dann werden Mutter und beide Kinder miteinander verglichen. Dabei werden folgende Fälle unterschieden:

   5.4.2.1 Wenn die Mutter größer oder gleich beiden Kindern ist, dann hat sie die richtige Stelle erreicht: Damit Schleife 5.4 beendet wird: $i := e$.

5.4.2.2 Ansonsten ist wenigstens ein Kind größer als die Mutter. In diesem Fall wird folgendes getan:

5.4.2.2.1 Das größere der beiden Kinder l_{2i} und l_{2i+1} wird bestimmt; g sei der Index des größeren Kindes.

5.4.2.2.2 Das größere Kind l_g wird gegen die Mutter l_i ausgetauscht.

5.4.2.2.3 i erhält den neuen Index des nach unten getauschten Elementes: $i := g$.

Aufgabe 6.5 *(Es geht um die Umsetzung des Heapsort-Algorithmus in ein Programm.) Schreiben Sie ein Programm, das eine Liste von Zahlen mit dem Heapsort-Algorithmus sortiert.*

6.5.2 Laufzeit

Oben war versprochen worden, daß dieser Algorithmus schneller sei als Selectionsort. Wie kann man das einsehen? Zunächst kann man sich überlegen, daß die maximale Anzahl von Ebenen eines ausgewogenen Binärbaums, wie wir ihn vorgestellt haben, in etwa zum Logarithmus der Anzahl der Knoten proportional ist: Bei Verdoppelung der Anzahl der Knoten kommt nur eine Stufe dazu. Die Herstellung der Heap-Eigenschaft bei Hinzufügen eines neuen Elementes, sei es unten oder oben, braucht damit im schlechtesten Falle auch eine Zeit, die proportional zur Anzahl der Knoten ist, weil die neuen Knoten ja nach unten oder nach oben wandern.

Wir berechnen in diesem Fall die Zahl der Schritte nicht exakt, sondern schätzen sie nach oben ab; das ist einfacher, und wenn wir auf diese Weise ein besseres Ergebnis als bei Selectionsort finden, dann gilt das noch mehr für die wirkliche Schrittzahl.

Zählen wir zunächst die Anzahl der Schritte in der ersten Phase.

- Zunächst wird der Algorithmus aufgerufen (1.), und es wird initialisiert (2.).

- Dann werden alle Elemente in den Heap eingearbeitet. Zunächst wird für $j = 1, ..., n$ der Test (Schritt 3.) ausgeführt.

- Dann wird für $j = 1, ..., n - 1$ Schritt 3.1 ausgeführt.

- Dann wird für $j = 2, ..., n$ Schritt 3.2 ausgeführt.

- Für $j = 2, ..., n$ wird dann Schritt 3.3 aufgerufen; wir verfolgen im einzelnen, was hier geschieht:

  - Die Schleife beginnt stets mit einem Test (3.3). Dieser wird pro Aufruf von Schritt 3.3 maximal $(\log j)$-mal ausgeführt. Da $j \leq n$ gilt, kann man dies mit $\log n$ abschätzen.

  - Schritte 3.4.1 und 3.4.2 werden ebenfalls pro Aufruf von Schritt 3.3 maximal $(\log j)$-mal ausgeführt.

Die Schrittzahl eines einzigen Aufrufs der Schleife 3.3 kann man mit $3 \log n$ nach oben abschätzen.

- Schritt 4. ist die Initialisierung für die Phase zwei: ein Schritt.

- Für $e = n, n - 1, ..., 1$ wird der Test in Zeile 5. ausgeführt.

- Für $e = n, n - 1, ..., 2$ werden die Schritte 5.1, 5.2, 5.3 und die Schleife 5.4 ausgeführt. Der Zeitaufwand eines einzelnen Aufrufs von Schleife 5.4. wird wieder gesondert abgeschätzt.

  - Der Test 5.4.1 wird maximal $(\log e)$-mal ausgeführt. Hier kann man e mit n abschätzen.

  - Der Test 5.4.1.1 wird auch maximal $(\log e)$-mal ausgeführt; der Test ist für jeden Aufruf von 5.4. maximal ein Mal erfüllt, in diesem Fall wird die Schleife 5.4 beendet.

  - Der Test 5.4.1.2 wird auch maximal $(\log e)$-mal ausgeführt.

  - Der Test 5.4.2 findet ebenfalls maximal $(\log e)$-mal statt.

  - Im schlechtesten Fall werden dann ebensohäufig 5.4.2.1, 5.4.2.2, 5.4.2.2.1, 5.4.2.2.2 und 5.4.2.2.3 ausgeführt.

Insgesamt braucht die Schleife 5.4 $9 \log e$ Schritte pro Aufruf; dies kann man mit $9 \log n$ abschätzen.

Wir kommen für Phase 1 auf eine obere Abschätzung der Schrittsumme von $1 + 1 + n + (n - 1) + (n - 1) + (n - 1) * (3 \log n)$, und für die Phase 2 auf die Schrittsumme $1 + n + (n - 1)(1 + 1 + 1 + 9 \log n)$, insgesamt sind dies $12n \log n + 7n - 12 \log n - 2$. Diese Formel kann man, wie im Fall von Selectionsort, vereinfachen, indem man die Summanden, die bei sehr großen n nur einen kleinen Anteil liefern, wegläßt, und konstante Vorfaktoren ebenfalls entfernt. Bei Heapsort kommen wir so auf ein Zeitverhalten von $n \log n$.

Die Basis des Logarithmus ist übrigens gleichgültig. Wir verwenden das Zeichen $\log$ für den Logarithmus zur Basis 2. Wenn man aber den Logarithmus zur Basis 10 benutzt, dann kommt man aufgrund der Identität $\log_2 n = \log_{10} n / \log_{10} 2$ zu einer Formel für die Größenordnung der Laufzeit von $n \log_{10} n / \log_{10} 2$, die sich von der ersten nur durch einen Vorfaktor (nämlich $1 / \log_{10} 2$) unterscheidet, den man weglassen kann.

6.6   Vergleich der Laufzeiten von Selectionsort und Heapsort

Heapsort zeigt bei langen Listen ein besseres Zeitverhalten als Selectionsort; aber sollte immer Heapsort benutzt werden, wenn die Wahl zwischen diesen beiden Sortierverfahren besteht? Um das entscheiden zu können, müßten die zahlreichen Vereinfachungen wieder rückgängig gemacht werden, die vorgenommen wurden. Es wurde von sehr langen

Eingabelisten ausgegangen, und es wurde davon ausgegangen, daß der Vergleich zweier Zahlen in konstanter Zeit möglich sei. Wie lang müssen aber die Eingabelisten sein, damit man sicher sein kann, daß die lästigen Terme vergessen werden können, die die Formeln für die Anzahl der Schritte kompliziert machen? Das kann nur bestimmt werden, indem die Schritte genau gezählt und nicht grob mit einer einfachen Formel abgeschätzt werden. Dann muß aber exakterweise auch festgelegt sein, wie schnell die einzelnen Schritte ausgeführt werden. Um exakte Ergebnisse zu bekommen, müßten die Algorithmen exakter aufgeschrieben sein, etwa in Pascal, um so die Schritte zuverlässiger zählen zu können.

Die vereinfachten Formeln sollte man mit Vorsicht genießen. Wenn der Vorteil des „besseren" Algorithmus erst bei einer Listenlänge von 10000 Elementen deutlich wird, aber nur Listen von 20 Elementen zu sortieren sind, dann können die vereinfachten Formeln nicht benutzt werden; und um solche Fälle zu erkennen, müssen exakter berechnete Formeln verwendet werden.

6.6.1 Das O-Kalkül

Die vereinfachten Formeln muß man nicht auf eine so informelle Weise bestimmen, wie wir es getan haben. Es gibt exakte Rechenregeln dafür. Bei den Vereinfachungen geht es einerseits darum, von konstanten Vorfaktoren abzusehen, und andererseits darum, unwichtige Summanden wegfallen zu lassen. Die tatsächliche Anzahl der Schritte eines Algorithmus läßt sich meist nur mit einer komplizierten Formel genau darstellen. Solche komplexen Formeln wollen wir mit einer einfachen Funktion nach oben abschätzen.

Alle Funktionen für Schrittzahlen, die mit einer Funktion $f(n)$ nach oben abgeschätzt werden können, werden in der Menge $O(f(n))$ zusammengefaßt. Am einfachsten wäre es, alle Funktionen in diese Menge hineinzunehmen, die überall kleiner oder gleich $f(n)$ sind. Diese Menge würde man folgendermaßen aufschreiben:

$$\{g : \forall n \, g(n) \leq f(n)\}$$

Es wird aber nicht diese Menge mit $O(f(n))$ bezeichnen, sondern eine andere, bei der einige Anforderungen verallgemeinert sind:

- Die abgeschätzten Funktionen $g(n)$ sollen nicht nur nach oben mit $f(n)$, sondern auch nach unten mit $-f(n)$ abgeschätzt werden. Das bedeutet, daß der Betrag von $g(n)$ $f(n)$ nicht überschreiten sollte. Der zweite Versuch der Festlegung einer Menge von Funktionen, die mit $f(n)$ abgeschätzt werden sollen, ist:

$$\{g : \forall n \, |g(n)| \leq f(n)\}$$

- Konstante Vorfaktoren sind gleichgültig. Wenn $f(n)$ nicht überall größer oder gleich $g(n)$ ist, aber $c * f(n)$ für eine beliebige Konstante c, dann sollen die so abgeschätzten g auch in die Menge hinein. Auf diese Weise wird zum Beispiel erreicht, daß sowohl $3 * n$ als auch $0.001 * n$ in $O(n)$ liegen. In die Menge werden alle g mit hineingenommen, für die eine Konstante c existiert, so daß $c * f(n)$ überall größer oder gleich $|g(n)|$ ist:

$$\{g : \exists c \in \mathbb{R} \, \forall n \, |g(n)| \leq c * f(n)\}$$

- Drittens wird verlangt, daß die Abschätzung erst für Eingaben ab einer Mindestgröße gelten muß. Es sollen zum Beispiel alle Funktionen, die ab einer Zahl n_0 bis auf einen konstanten Vorfaktor kleiner oder gleich der Funktion n^2 sind, in der Menge $O(n^2)$ zusammengefaßt werden. Dieses Mindestgrößenkriterium ermöglicht es, von Summanden, die bei großen Problemen wenig aussagekräftig sind, abzusehen. Zum Beispiel sind die Funktionen $n^2 + 3$, n und $n^2 + \log n$ in dieser Menge enthalten. Allgemein kann man definieren:

$$O(f(n)) = \{g : \exists c, n_0 \in \mathbb{R} \; \forall n \geq n_0 |g(n)| \leq c * f(n)\}$$

Das heißt: Die Menge $O(f(n))$ aller mit $f(n)$ nach oben abgeschätzen Funktionen sind alle Funktionen $g(n)$, für die man einen Anfangswert n_0 finden kann, ab dem ihr Betrag kleiner ist als $c * f(n)$. Dabei ist c eine beliebige Konstante, die benutzt wird, um Vorfaktoren ignorieren zu können.

Um Laufzeiten, die mit Hilfe des O-Kalküls abgeschätzt sind, bewerten zu können, muß man Werte für n_0 und für c kennen. Wenn eine Funktion nur mit einem unrealistisch großen n_0 abgeschätzt werden kann, dann ist die Information, daß sie etwa in $O(n)$ liegt, nicht sehr interessant. Und wenn die Konstante c riesig sein muß, damit $c * f(n)$ größer wird als $g(n)$, dann kann das auch bedeuten, daß das Programm mit der Laufzeit $g(n)$ viel zu langsam ist, obwohl es in $O(1)$ liegt.

Aufgabe 6.6 *(Es geht um die Beweistechnik im O-Kalkül.) Weisen Sie nach, daß* $10000 * n + 0.000000001 * 2^n$ *in* $O(2^n)$ *liegt.*

Aufgabe 6.7 *(Es geht um die Abschätzung einer Laufzeit.) Gegeben sei eine sortierte Liste von Zahlen und eine Zahl, die zu suchen ist. Diese Suche kann in sortierten Listen besonders schnell geschehen: Man betrachtet zunächst das mittlere Element der Liste. Ist es größer als das gesuchte Element, dann wird in der unteren Hälfte weitergesucht, sonst in der oberen. Diese Halbierung des durchsuchten Teils der Liste wird immer wieder wiederholt, bis das gesuchte Element gefunden ist oder die zu durchsuchende Teilliste leer ist. Wie mißt man hier die Problemgröße? In welcher O-Klasse liegt die Laufzeit im schlechtesten Fall?*

6.6.2 „Schwere" Probleme und Heuristiken

Einige Klassen von Laufzeiten werden sorgfältiger untersucht als andere. Ein Zeitaufwand in $O(1)$ bedeutet, daß der Aufwand unabhängig von der Problemgröße ist. Der Test, ob eine Binärzahl gerade ist, kann zum Beispiel in konstanter Zeit durchgeführt werden: Man sieht einfach nach, ob das niederwertigste Bit 0 oder 1 ist.

Ein Zeitaufwand von $O(\log n)$ bedeutet, daß man das Problem in einer Anzahl von Schritten lösen kann, die logarithmisch von der Problemgröße abhängt. Bei der Addition langer Zahlen beispielsweise kann die Anzahl der Schritte zur Anzahl der Ziffern proportional sein, und diese Anzahl ist proportional zum Logarithmus der Größe der Zahlen. Wenn man die maximale Größe der Zahlen als Größe des Problems definiert, dann liegt die Schrittzahl für eine herkömmliche Addition im worst case in $O(\log n)$.

In $O(n \log n)$ liegen zum Beispiel die Zeiten guter Sortieralgorithmen, in $O(n^2)$ die Zeiten mancher schlechterer Sortieralgorithmen.

Hin und wieder stößt man noch auf Laufzeiten in $O(n^3)$ oder auch in $O(n^4)$. Natürlich kann man aber Laufzeiten von Programmen für beliebig viele solcher Mengen $O(f(n))$ finden. Besonders interessant ist aber noch die exponentielle Laufzeit: $O(2^n)$.

Der Schritt von polynomialen Laufzeiten wie n^2 oder n^{10} zur exponentiellen ist ein enormer Schritt. Das wird deutlich, wenn man die Werte für andere Funktionen diesen gegenüberstellt. Wenn wir sehr grob und sehr vereinfachend annehmen, daß jeder Schritt eine Mikrosekunde braucht, kommen folgende Werte zustande (gerundet; „d" steht für Tage, „a" für Jahre, „ms" steht für Millisekunden und „us" für Mikrosekunden):

n	$\log_2 n$	n	$n \log_2 n$	n^2	n^{10}	2^n	$n!$
1	0us	1us	0us	1us	1us	2us	1us
10	3us	10us	33us	100us	3h	1ms	4s
20	4us	20us	86us	400us	119d	1s	77094a
30	5us	30us	147us	900us	19a	18min	$8 * 10^9$ Mrd a
40	5us	40us	213us	1.6ms	332a	13d	$2 * 10^{25}$ Mrd a
50	6us	50us	282us	2.5ms	3095a	36 a	$10 * 10^{41}$ Mrd a
60	6us	60us	354us	3.6ms	19161a	36534a	$3 * 10^{59}$ Mrd a
70	6us	70us	429us	4.9ms	89511a	37 Mio a	$4 * 10^{77}$ Mrd a
80	6us	80us	506us	6.4ms	340248a	38 Mrd a	$2 * 10^{96}$ Mrd a
90	6us	90us	584us	8.1ms	1 Mio a	39228 Mrd a	$5 * 10^{115}$ Mrd a
100	7us	100us	664us	10ms	3 Mio a	$40 * 10^6$ Mrd a	$5 * 10^{135}$ Mrd a

Immer, wenn die Problemgröße um 10 steigt, verlängert sich im exponentiellen Fall die Zeit um den Faktor $2^{10} = 1024$. Das ist ziemlich viel, wie man sieht. Und man sieht auch, daß zunächst die Funktion n^{10} größere Werte liefert als 2^n, später aber die Exponentialfunktion das Polynom bei weitem übertrifft. Das Wachstum der Fakultätsfunktion stellt allerdings alle anderen in den Schatten.

Es gibt viele interessante Algorithmen, die sehr unangenehme Laufzeiten haben. Sehr bekannt ist das sogenannte **Traveling-Salesman-Problem**. Gegeben seien eine Anzahl n von Städten, die Verbindungen zwischen je zweien dieser Städte, und der Name der Stadt, in der die Reise beginnen soll. Gesucht ist die kürzeste Rundreise, die alle Städte anfährt.

Ein Algorithmus, der dieses Problem löst, besteht darin, alle möglichen Reihenfolgen von Städten aufzuzählen, für jede dieser Reihenfolgen die Reiselänge auszurechnen, und die Strecke mit der minimalen Reiselänge zu speichern. Wenn wir zum Beispiel die fünf Städte Halle(HAL), Heilbronn (HN), Hannover(H), Helmstedt(HE) und Hameln(HM) betrachten, und eine Rundreise suchen, die in Halle beginnt und endet, dann würden wir folgende Kombinationen betrachten:

<pre>
 1:HAL,HN,H,HE,HM;   2:HAL,HN,H,HM,HE;   3:HAL,HN,HE,H,HM;
 4:HAL,HN,HE,HM,H;   5:HAL,HN,HM,H,HE;   6:HAL,HN,HM,HE,H;
 7:HAL,H,HN,HE,HM;   8:HAL,H,HN,HM,HE;   9:HAL,H,HE,HN,HM;
10:HAL,H,HE,HM,HN;   11:HAL,H,HM,HN,HE;   12:HAL,H,HM,HE,HN;
13:HAL,HE,H,HN,HM;   14:HAL,HE,H,HM,HN;   15:HAL,HE,HN,H,HM;
16:HAL,HE,HN,HM,H;   17:HAL,HE,HM,H,HN;   18:HAL,HE,HM,HN,H;
</pre>

19:HAL,HM,H,HE,HN; 20:HAL,HM,H,HN,HE; 21:HAL,HM,HE,H,HN;
22:HAL,HM,HE,HN,H; 23:HAL,HM,HN,H,HE; 24:HAL,HM,HN,HE,H;

Für jede dieser Kombination würden die Wegstrecken summiert, und dann würde die kürzeste Gesamtstrecke ausgewählt.

Wie lange braucht ein solcher Algorithmus, bis er eine Lösung hat? Die Schritte sollen nicht mehr im Einzelnen gezählt, sondern von Anfang an abgeschätzt werden:

- Die erste Stadt steht immer fest. Für die zweite Stadt gibt es $n - 1$ Wahlmöglichkeiten, für die dritte $n - 2$, für die vierte $n - 3$, und so weiter, bis für die letzte Stadt nur noch eine Möglichkeit übrigbleibt. Das sind insgesamt $(n - 1)!$ verschiedene Möglichkeiten für Reisestrecken.

- Der Aufbau und die Messung der Reisezeit für jede einzelne dieser Reisestrecken braucht $O(n)$ Schritte, für alle zusammen sind das $O(n!)$.

- Der Vergleich der Reisezeiten braucht insgesamt $O((n - 1)!)$ Schritte.

Insgesamt kann die Berechnungszeit mit $O(n!+(n-1)!) \subseteq O(2*n!) = O(n!)$ abgeschätzt werden. Wie man sich mit Hilfe der obigen Tabelle verdeutlichen kann, wächst diese Funktion recht rasch. Um die kürzeste Rundreisestrecke für nur zwanzig Städte berechnen zu können, braucht man bereits mehr als 77000 Jahre. Selbst wenn wir uns bei der Zeit für einen Schritt um den Faktor Tausend verschätzt hätten, oder wenn man in naher Zukunft Rechner bauen könnte, die die Schritte tausendfach schneller ausführen können, müßte man noch 77 Jahre auf das Ergebnis warten. Aus diesem Grunde sucht man nach anderen Algorithmen für solche Probleme, und zwar möglichst nach solchen, bei denen sich der Zeitaufwand mit einem Polynom abschätzen läßt.

Für viele Probleme hat man bislang allerdings nur Algorithmen gefunden, die wenigstens eine exponentielle Laufzeit haben. Solche Probleme nennt man auch einfach **schwere Probleme.**

Wenn sich ein Problem nur lösen läßt, indem man alle möglichen Kombinationen von n Variablen, die jeweils k verschiedene Werte annehmen können, ausprobiert, dann müssen insgesamt k^n Kombinationen getestet werden, dies bedeutet: exponentiell viele. Es gibt tatsächlich Probleme, für die man keine wesentlich besseren Lösungen gefunden hat als die, alle Möglichkeiten auszuprobieren. Auch wenn nur die Hälfte, oder auch nur ein Tausendstel der Kombinationen ausprobiert werden muß, bleibt die Laufzeit exponentiell, das Problem ist damit für große Eingaben in annehmbarer Zeit nicht lösbar.

Wir wollen uns an einem Problem versuchen, das als schwierig bekannt ist. Stellen Sie sich etwa vor, Sie hätten einen Haufen von Einrichtungsgegenständen herumliegen. Ein paar davon können Sie sich in die Wohnung stellen, der Rest muß in den Keller. Die Gegenstände sind unterschiedlich nützlich; jede Nützlichkeit ist mit einer ganzen Zahl angegeben (das ist zugegebenermaßen etwas schwierig, aber das soll uns nicht weiter stören). Leider sind die Gegenstände alle ziemlich häßlich, aber auch dies unterschiedlich. Auch die Häßlichkeit ist als ganze Zahl angegeben. Nun verträgt niemand in seiner Wohnung mehr als ein Maximalmaß an Häßlichkeit. Es geht darum, aus all den Gegenständen eine Teilmenge auszuwählen, so daß die Häßlichkeitstoleranz nicht überschritten wird und die Nützlichkeit maximal wird.

Man hat für dieses Problem keine wesentlich bessere Lösung gefunden, als alle Teilmengen zu überprüfen. Jede Teilmenge, die die Häßlichkeitsgrenze überschreitet, kann außer acht gelassen werden, für alle anderen muß man berechnen, wie nützlich sie ist, und dann kann aus allen die nützlichste ausgewählt werden.

Aufgabe 6.8 *Welchen Aufwand bedeutet es, alle Teilmengen aufzuzählen? Wie aufwendig ist der Test, ob eine Teilmenge über der Häßlichkeitstoleranz liegt? Wie aufwendig ist die Berechnung der Nützlichkeit?*

Sie sehen: Dieser Algorithmus braucht eine lange Zeit. Deshalb haben sich auch viele Menschen darüber Gedanken gemacht, wie er beschleunigt werden könnte. Wenn zum Beispiel nicht unbedingt die beste Lösung gesucht ist, sondern auch eine schlechtere genügt, dann läßt sich das Problem schneller lösen. Oder vielmehr: Dann wird nicht mehr das Originalproblem gelöst – die eigentliche Problemstellung verlangt schließlich die optimale Lösung.

Eine Anzahl verschiedener Faustregeln ist denkbar: So könnte zum Beispiel bei jedem Gegenstand die Häßlichkeit ignoriert werden; dann werden einfach immer die nützlichsten in die Wohnung geschafft, bis das Häßlichkeitslimit erreicht ist. Oder umgekehrt: Man kann die Nützlichkeit ignorieren und immer die am wenigsten häßlichen in die Wohnung nehmen, bis wieder das Limit erreicht ist. Oder man könnte einen Quotienten aus der Häßlichkeit und der Nützlichkeit bilden. Für jeden Gegenstand ergibt sich so ein Maß für die Häßlichkeit, die für eine Erhöhung der Nützlichkeit um eine Einheit zu bezahlen ist. Von diesen Gegenständen kann dann immer der billigste ausgewählt werden, der noch nicht zu häßlich ist.

Solche Faustregeln nennt man **Heuristiken**. Heuristiken garantieren nicht, daß eine optimale Lösung gefunden wird, zuweilen ist noch nicht einmal sicher, ob überhaupt eine Lösung gefunden wird.

Aufgabe 6.9 *Schätzen Sie das Zeitverhalten der angegebenen Heuristiken ab. Überlegen Sie sich Beispiele, in dem die Heuristik eine schlechte Lösung findet. Wenn Sie können, dann verbessern Sie die eine oder andere Heuristik noch. Achten Sie dabei darauf, daß der Aufwand für die Heuristik nicht zu groß wird, denn dann hätte man nichts gewonnen.*

6.7 Zusammenfassung

- Die Stoppuhr-Zeit und die Prozessorzeit sind interessante Maße für die Laufzeit von Programmen.

- Durch Abstraktion vom Rechner, vom Betriebssystem und sogar von einer konkreten Programmiersprache versucht man, allgemeine Aussagen über die Laufzeit von Algorithmen zu finden.

- Eine Möglichkeit, die Laufzeit eines Algorithmus allgemein zu beschreiben, ist eine Zählung der Schritte. Allerdings läßt sich nicht immer eindeutig festlegen, was sinnvollerweise als einzelner Schritt zu betrachten ist und was man als mehrere Schritte zu zählen hat.

- Bei der Betrachtung der von der Eingabe abhängigen Laufzeiten eines Algorithmus unterscheidet man den best case, den worst case, und den average case.

- Der worst case ist besonders interessant, weil er beschreibt, wie langsam der Algorithmus werden kann.

- Der average case ist häufig nur mit einer sehr guten Kenntnis der Einsatzsituation und auch dann nur mit großem Aufwand zu berechnen.

- Es ist nicht immer ganz klar, wie man die Größe eines Problems festzulegen hat.

- Heapsort ist ein Sortieralgorithmus, der für große Eingabelisten im worst case ein besseres Zeitverhalten zeigt als Selectionsort.

- Einfache Formeln für Laufzeiten von Algorithmen gewinnt man, indem man konstante Vorfaktoren und Summanden wegläßt, die bei großen Eingaben einen immer kleiner werdenden Anteil haben. Dieses Vorgehen kann man mit dem O-Kalkül formalisieren.

- Die Laufzeit mancher Algorithmen wächst so dramatisch, daß sie praktisch für größere Probleme nicht eingesetzt werden können; Beispiele sind Algorithmen mit exponentiellen Laufzeiten.

- Für manche Probleme konnten (bislang) keine genügend schnellen optimalen Algorithmen gefunden werden. In solchen Fällen gibt man sich häufig mit nichtoptimalen Lösungen zufrieden, und die so modifizierten Probleme löst man mit Hilfe von Heuristiken.

7 Wirkungen der Informatik

Rechner fallen immer wieder aus. Nicht selten macht man Programmierfehler dafür verantwortlich. Hier geben wir einige spektakuläre Rechnerausfälle wieder.

7.1 Ein Fehler im Space Shuttle

Am 10. April 1981 sollte das US-amerikanische Space Shuttle zu seinem ersten Raumflug starten. Ein Softwarefehler verhinderte das. Das geschah folgendermaßen: Die Ausrüstung des Space Shuttle beinhaltet unter anderem fünf Rechner. Normalerweise wird der Shuttle von vieren dieser Rechner gesteuert. Alle vier bearbeiten das gleiche Programm. Die Ausgaben dieser vier Rechner werden immer wieder miteinander verglichen, damit ein Rechner, der ein abweichendes Verhalten zeigt, möglichst schnell erkannt wird und abgeschaltet werden kann. Wenn ein Rechner ausfällt, sind immer noch drei arbeitende Rechner vorhanden, und ein weiterer Ausfall kann ebenso wie der erste erkannt und behandelt werden, indem man den ausgefallenen Rechner abschaltet. Wenn insgesamt zwei Rechner ausfallen sollten, kann man durch Vergleich der beiden übrigen Rechner immer noch erkennen, ob ein Fehler auftritt.

Auf diese Weise können gewisse Hardwarefehler in den verschiedenen Rechnern toleriert werden. Die Software ist jedoch in allen Rechner die gleiche. Was geschieht, wenn diese nicht tut, was man von ihr erwartet? In diesem Fall könnten die vier Rechner alle zum gleichen Zeitpunkt ausfallen, weil sie alle das gleiche Programm bearbeiten. In einer kritischen Flugphase kann ein solches Ereignis dramatische Folgen haben. Aus diesem Grunde ist ein weiterer Rechner installiert worden, der die gleichen Aufgaben lösen soll wie die anderen vier, aber ein anderes Programm dafür benutzt. Wenn die Astronauten bemerken, daß die vier Hauptrechner ausgefallen sind, müssen sie in kurzer Zeit manuell die Kontrolle auf den fünften Rechner umschalten.

Dieser fünfte Rechner läuft stets mit, weil er sonst im kritischen Moment nicht über die nötigen Daten verfügen würde, um die Kontrolle über den Shuttle übernehmen zu können. Er liest diese Daten aus gewissen Datenkanälen, die ihn mit den vier identischen Rechnern verbinden.

Damit der fünfte Rechner die notwendigen Informationen von den Datenkanälen ablesen kann, wird genau festgelegt, zu welchem Zeitpunkt welche Daten über die Datenkanäle wandern. Dazu wird die Zeit in Phasen eingeteilt. In jeder Phase sind bestimmte Daten auf den Kanälen abgreifbar. Jede Zeitphase bekommt eine Nummer. Ein Zähler gibt an, in welcher Phase sich das System jeweils gerade befindet. Am Stand des Zählers kann der fünfte Rechner feststellen, welche Daten von den Kanälen abgelesen werden können.

Wenn nun Datenzugriffe in der falschen Phase stattfinden, oder wenn manche Datenzugriffe in einer Phase nicht ausgeführt werden, kann der fünfte Rechner sich nicht mit den notwendigen Daten versorgen. Für die vier anderen Rechner ist das aber kein kritischer Fehler, wenn sie die Zugriffe in anderen Phasen durchführen. Nur der fünfte Rechner ist darauf angewiesen, daß alle Zugriffe in den richtigen Phasen stattfinden.

Nun gab es, wie man später feststellte, eine Wahrscheinlichkeit von 1:67, daß beim Einschalten der vier Rechner gewisse Datenzugriffe in den falschen Phasen stattfanden, weil ein Jahr zuvor an dem Startprogramm eine Verzögerungsanweisung verändert worden war. Dieser Fehler wurde nicht gefunden, weil der Gesamtstart des Systems nicht oft genug versucht worden war, denn dies ist ein sehr aufwendiges Unterfangen. Wenn Sie mehr über diese Fehler erfahren wollen, können Sie in der Zeitschrift „Software Engineering Notes", Band 6, Nummer 5 vom Oktober 1981 auf den Seiten drei bis zehn den Artikel von John R. Garman „The "bug" heard 'round the world" lesen. Mit der Wahrscheinlichkeit von 1:67 konnte der fünfte Rechner nicht die notwendigen Daten einlesen; er konnte nicht richtig starten. Deshalb ließ man auch den Shuttle nicht losfliegen.

Den Untersuchungen zu Black-Box-Tests zufolge hätte man den Start des Rechensystems wenigstens $\ln(1 - 0.99)/\ln(1 - 1/67)$, also 307 Male ausführen müssen, um einen Fehler mit einer Sicherheit von wenigstens 99% zu finden, der mit einer Wahrscheinlichkeit von höchstens $1/67$ auftritt. Allerdings ist man gar nicht darauf gekommen, daß es für die Funktion des Rechnersystems eine Rolle spielt, wie man die Rechner anschaltet; so ist es leicht verständlich, daß gewisse Fehlermöglichkeiten, wie diese, niemals in Betracht gezogen und deshalb auch nicht gar nicht systematisch getestet werden.

Das Beispiel des Space Shuttle zeigt, daß manche Fehler auch bei einer sorgfältigen Konstruktion nicht ausgeschlossen werden können. Man findet Fehler, deren Auftrittswahrscheinlichkeiten um mehrere Größenordnungen höher sind als die zugelassenen Grenzwahrscheinlichkeiten. Allerdings konnte der beschriebene Ausfall des Rechnersystems im Space Shuttle wohl keine katastrophalen Auswirkungen haben, weil er nur beim Start des Systems auftreten konnte und dann sofort erkennbar war. Er macht dennoch deutlich, wie schwierig die Fehlersuche in einem komplexen System ist, weil man nicht einmal weiß, unter welchen Bedingungen Ausfälle auftreten könnten. Es wäre zu untersuchen, inwiefern nicht Fehler, die unter bestimmten realistischen Bedingungen ebenso wahrscheinlich wie der beschriebene Fehler auftreten, auch noch während der Flugphase das Rechnersystem lahmlegen könnten, oder aufgrund welcher Ansichten man hofft, dies ausschließen zu können.

7.2　Ein Programmierfehler in einem Bestrahlungsgerät

Ein tödlicher Fehler trat 1986 in den USA beim Betrieb eines Bestrahlungsgerät auf, das für die Krebsbehandlung benutzt wurde. Zwei Menschen starben aufgrund dieses Fehlers, wenigstens drei andere wurden verletzt, zum Teil gelähmt. Bei Jonathan Jacky („Safety-Critical Computing: Hazards, Practices, Standards, and Regulation", Seiten 612-631 in

Dunlop/King (ed.), „Computerization and Controversy, Academic Press, Boston 1991) können Sie genauer nachlesen, was wir hier referieren. Die Todesfälle sind nach Angaben eines Mitarbeiters der amerikanischen Gesundheitsbehörde FDA (Food and Drug Agency) die ersten, die direkt auf die Behandlung mit einem Bestrahlungsgerät zurückzuführen sind.

Das Bestrahlungsgerät, der Therac-25 der Firma AECL (Atomic Energy of Canada, Ltd), gehörte zu den modernsten seiner Art. Dieses Bestrahlungsgerät kann zwei verschiedene Typen von Bestrahlungen durchführen: Bestrahlung mit Elektronen, und Bestrahlung mit Röntgenstrahlung. Bei beiden Typen wird zunächst eine Elektronenstrahlung erzeugt. Bei der Behandlung mit Elektronen wird diese Strahlung direkt auf den Körper gerichtet. Beim zweiten Bestrahlungstyp wird in den Elektronenstrahl ein Metallstück eingeführt, wobei Röntgenstrahlung entsteht. Die Energie der Elektronenstrahlung wird bei dieser Betriebsweise schlechter ausgenutzt, deswegen muß der Elektronenstrahl bei dieser Behandlungsmethode wesentlich intensiver sein als bei der direkten Behandlung mit Elektronenstrahlung – Jacky spricht von einem Faktor von bis zu 100. Die beiden Betriebsmodi unterscheiden sich einerseits hinsichtlich der Stärke des Elektronenstrahls, und andererseits hinsichtlich der Tatsache, ob ein Metallstück in den Elektronenweg eingefahren ist oder nicht.

Nun muß unter allen Umständen sichergestellt werden, daß nicht die hohe Elektronenstrahlintensität auftritt, ohne daß sich der Metallgegenstand im Elektronenweg befindet, weil in diesem Fall die PatientIn einer womöglich tödlichen Strahlungsüberdosis ausgesetzt werden kann. Bei zuvor üblichen Bestrahlungsgeräten gab es mechanische und elektrische Sperren, mit denen man diese gefährliche Kombination zu vermeiden suchte. Im Therac-25 gibt es diese Sperren nicht mehr; ein Computerprogramm steuert hier sowohl die Intensität des Elektronenstrahls als auch die Position des Metallstücks, und die gefährliche Kombination sollte nicht durch mechanische und elektrische Sperren, sondern durch die Korrektheit des Computerprogramms vermieden werden. Über eine Tastatur konnte das Bedienungspersonal die gewünschte Behandlungsweise eingeben; an einem Bildschirm konnte man ablesen, welche Werte eingestellt worden waren.

Für gewöhnlich funktionierte dies auch. Beim Therac-25 war jedoch ein Problem unerkannt geblieben: Wenn zunächst eine Röntgenanwendung ausgewählt worden war, das Bedienungspersonal dann aber feststellte, daß diese Auswahl fehlerhaft sei und innerhalb von acht Sekunden auf die Betriebsart der Elektronenstrahlbehandlung umstellte, dann wurde zwar das Metallstück nicht in den Elektronenweg gefahren, aber doch die hohe Intensität eingestellt. So konnte es zu den tödlichen Überdosen kommen.

Daß ein Patient mit einer solchen Überdosis verletzt worden war, wurde aber nicht sofort entdeckt. Zwar stellte die Maschine fest, daß eine andere Dosis als die vorgeschriebene verabreicht worden war. Sie gab aber als Fehlerbeschreibung nur die wenig deutliche Meldung „Malfunction 54" aus – und diese oder ähnliche Fehlermeldungen traten auch im normalen Betrieb der Maschine häufig auf und zeigten für gewöhnlich nur an, daß eine etwas zu geringe Strahlungsdosis abgegeben worden war. Deswegen ignorierte das Bedienungspersonal die Meldung, fuhr mit der Behandlung einfach fort, und verabreichte in einem Fall zwei weitere hundertfache Überdosen. Die erste allein konnte allerdings schon tödlich wirken, wie Experten später erklärten.

In einem Fall fühlte der Patient einen heftigen Schmerz während der Bestrahlung; da man an der Maschine keinen Fehler feststellen konnte, schickte man den Patienten nach Hause und setzte die Behandlung anderer Patienten fort. Der Patient begann, Blut zu spucken, und kam in das Krankenhaus zurück; nach einiger Zeit entwickelte sich eine Lähmung und er fiel in ein Koma. Nach einem halben Jahr starb er. Einen Monat nach dieser fatalen Bestrahlung wurde ein anderer Patient verbrannt, der noch vor dem ersten starb. Der Verzicht auf die bewährten mechanischen und elektrischen Sicherheitsmaßnahmen, den man wohl durch die Computersteuerung rechtfertigen zu können glaubte, hat in diesem Fall aus einer gut beherrschten Technologie eine gefährliche Maschine gemacht.

7.3   Gefahren durch Prozeßrechner

Der zuletzt beschriebene Fall macht auf grausame Weise deutlich, daß der Einsatz von Rechnern nicht nur ein formales Spiel ist, mit dem sich Informatiker nach Herzenslust amüsieren dürften; vielmehr können Gesundheit und Leben von Menschen davon abhängen, ob Rechner richtig arbeiten. Normalerweise haben die Ergebnisse von Computerberechnungen Auswirkungen. Dabei können auch unvorhergesehene Auswirkungen auftreten. Die beschriebenen sind besonders drastisch. In vielen sicherheitsrelevanten Bereichen finden Computer heute Anwendung, unter anderem in Flugzeugen, in der chemischen Großindustrie, in Kernkraftwerken, aber auch schon in Kraftwagen (beispielsweise in Anti-Blockier-Systemen) oder bei der Bahn. In diesem Bereichen kann es außerordentlich gefährlich sein, wenn ein Rechner ausfällt.

Rechner sind in diesem Bereichen oft direkt in die Prozesse eingebunden; deshalb nennt man sie Prozeßrechner oder „embedded systems". Sie nehmen nicht nur von einem Menschen Daten über eine Tastatur entgegen und geben berechnete Werte auf einem Bildschirm aus, die wieder ein Mensch lesen und bewerten könnte, bevor er etwas damit anfängt, sondern häufig benutzen sie elektronische Fühler (sogenannte Sensoren), um Daten aufzunehmen und Motoren oder elektrische Schalter (Effektoren), um direkt auf die Umgebung einzuwirken. Solche Rechner müssen bei bestimmten Vorkommnissen so schnell auf Veränderungen reagieren, daß menschliche Einflußnahme nicht mehr leicht möglich, manchmal sogar unmöglich ist. Ausfälle können in solchen Rechnern fatal sein.

7.4   Gefahren durch Datenbanken

Nicht nur beim Ausfall von Prozeßrechnern sind Menschen durch die Informationstechnik gefährdet. Andere, subtilere Gefahren entstehen durch die Leichtigkeit, mit der Daten gespeichert, transferiert und verändert werden können. Ein totalitäres Regime oder auch nur übereifrige Datensammler in der öffentlichen Verwaltung oder in privaten Unternehmen können diese Technik allzu leicht dazu mißbrauchen, mißliebige Personen genauestens zu überwachen, und zwar nicht nur wenige, sondern erhebliche Teile der Bevölkerung. Die technischen Vorkehrungen dazu lassen sich heute bei uns leicht schaffen, zum Teil gibt es sie bereits und zum Teil entstehen sie gerade. Der Einsatz der Technik muß hinsichtlich der Vernetzung von Rechnern einer gründlichen Kontrolle unterworfen werden, um einen Mißbrauch zu unterbinden. In der Bundesrepublik hat das Bundesverfassungsgericht im Rahmen des Urteils zur Volkszählung 1982 aus dem Grundgesetz ein Recht auf sogenannte „informationelle Selbstbestimmung" abgeleitet. Die Leitsätze des Urteils beginnen folgendermaßen:

> *Unter den Bedingungen der modernen Datenverarbeitung wird der Schutz des einzelnen gegen unbegrenzte Erhebung, Speicherung, Verwendung und Weitergabe seiner persönlichen Daten von dem allgemeinen Persönlichkeitsrecht des Art. 2 Abs. 1 in Verbindung mit Art. 1 Abs. 1 GG umfaßt. Das Grundrecht gewährleistet insoweit die Befugnis des Einzelnen, grundsätzlich selbst über die Preisgabe und Verwendung seiner persönlichen Daten zu bestimmen.*

In der Urteilsbegründung heißt es:

> *Mit dem Recht auf informationelle Selbstbestimmung wären eine Gesellschaftsordnung und eine diese ermöglichende Rechtsordnung nicht vereinbar, in der Bürger nicht mehr wissen können, wer was wann und bei welcher Gelegenheit über sie weiß. Wer unsicher ist, ob abweichende Verhaltensweisen jederzeit notiert und als Informationen dauerhaft gespeichert, verwendet oder weitergegeben werden, wird versuchen, nicht durch solche Verhaltensweisen aufzufallen.*

Daraus folgt, daß die Bedingungen, unter denen personenbezogene Daten erhoben, gespeichert und weitergegeben werden dürfen, eingeschränkt sind und gesetzlich klar geregelt werden müssen.

Probleme beim Rechnereinsatz bestehen bei weitem nicht nur im Bereich von Prozeßrechnern. Das bedeutet, daß nicht nur Ausfälle im herkömmlichen Sinn zur Gefährdung eines Rechtsgutes führen können. Wenn ein Personenüberwachungssystem exakt der Spezifikation entspricht, damit es im technischen Sinne als korrekt anzusehen ist, dann kann sein Einsatz im datenschutzrechtlichen Sinne doch bedenklich sein.

7.5 Begriffssphären

Wenn ein Rechensystem zur Lösung eines Problems eingesetzt werden soll, dann haben die zukünftigen Anwender ein bestimmtes Anliegen. Sie geben sich Mühe, dieses Anliegen – die Lösung einer mehr oder weniger gut bestimmten Aufgabe – möglichst deutlich zu beschreiben. Ein sogenannter Anforderungsingenieur (requirements engineer) ist dafür zuständig, das Anliegen in solche Begriffe zu fassen, daß die Aufgabenstellung und die erhoffte Lösung in einem Rechner repräsentiert werden können. Dann entwickelt man einen Algorithmus und ein Programm für das Anliegen der Anwender. Dieses Programm berechnet bestimmte Ergebnisse, die wieder in die Begriffswelt des Anliegens zurückübersetzt werden müssen. Diese gedeuteten Ergebnisse sind die vom Rechner bestimmten Lösungen. Alle Beteiligten hoffen schließlich, daß die Differenz zwischen der berechneten und der erwünschten Lösung nicht allzu groß ist.

Diesen Ablauf kann man folgendermaßen skizzieren: Es gibt eine Aufgabensphäre. Zum Beispiel könnte eine Bank Girokonten mit einem Programm verwalten wollen. Dann gibt es eine algorithmische Sphäre. Die Kontostände könnten zum Beispiel durch die Werte einiger Variablen repräsentiert werden, und die Vorgänge, die auf einem Konto ablaufen, werden durch bestimmte Vorgänge auf diesen Variablen repräsentiert. Bei Einzahlungen muß der Wert der Variable erhöht werden, bei Abhebungen erniedrigt. Abhebungen dürfen nur unter bestimmten Bedingungen erfolgen, wenn etwa ein Überziehungskredit noch nicht ausgeschöpft ist, oder wenn der Kontoeigentümer besonders vertrauenswürdig ist. All diese Bedingungen müssen algorithmisiert werden – das kann leicht sein, etwa bei der Bestimmung des Überziehungskredits, oder schwierig, wenn die Vertrauenswürdigkeit eingeschätzt werden soll.

Stellen Sie sich nun vor, ein Geschehen in der Aufgabensphäre, etwa eine Überweisung von einem Konto auf ein anderes, fällt an. Was geschieht? Der Betrag und die anderen wichtigen Daten werden einem Rechner eingegeben. Bei dieser Eingabe werden die Begriffe der Aufgabensphäre – Geldbeträge, Kontonummern, Kreditwürdigkeit, Kontoinhaber und so weiter – in die algorithmische Begriffssphäre übersetzt. Die Begriffe der Aufgabensphäre werden hier mit Zahlen und Buchstabefolgen dargestellt. Es läuft ein Programm ab, das man in algorithmischen Begriffen am besten beschreiben kann, und dieses Programm bearbeitet die algorithmisch beschriebene Version des Problems. Endlich gibt das Programm womöglich eine Meldung aus, die besagt, daß die Überweisung vorgenommen werden konnte. Diese Meldung ist in der algorithmischen Begriffssphäre berechnet worden, sie wird aber in der Aufgabensphäre von den Bankangestellten gedeutet.

Die Arbeit der InformatikInnen besteht nun darin, algorithmische Begriffe zu finden, die in die Begriffe in der Aufgabensphäre möglichst gut hin- und von dort ebenso gut wieder zurückübersetzt werden können. Zur Laufzeit des Programms wird keine InformatikerIn mehr beurteilen können, ob die Übersetzungen richtig sind, weil keine mehr zugegen sein muß. Die Bankangestellten sollen den Eindruck haben, das Rechensystem arbeite mit ihren Begriffen aus der Aufgabensphäre. Die Aufgabe der Informatiker ist es, ihnen diese Illusion so leicht wie möglich zu machen: Bei der Dateneingabe sollen die BenutzerInnen die Illusion haben, die Begriffe der Aufgabensphäre problemlos benutzen zu können; der Algorithmus operiert dann mit den Variablen in algorithmischen Begriffen, und die algorithmischen Ergebnisse werden dann wieder so ausgegeben, daß die Anwender glauben können, das System spreche ihre Sprache. Letztendlich besteht die Hoffnung, daß das, was das System als Ergebnis ausgibt, sich nicht allzu sehr von dem unterscheidet, was die AnwenderInnen erwarten.

AnwenderInnen sollen von algorithmischen Begriffen weitmöglichst verschont werden. Damit fällt nicht nur der Algorithmenentwurf, sondern auch alles, was die Übersetzung der Begriffe der Sphären ineinander betrifft, in die Verantwortung der InformatikerInnen. Ein kleines Bild kann die Zusammenhänge veranschaulichen:

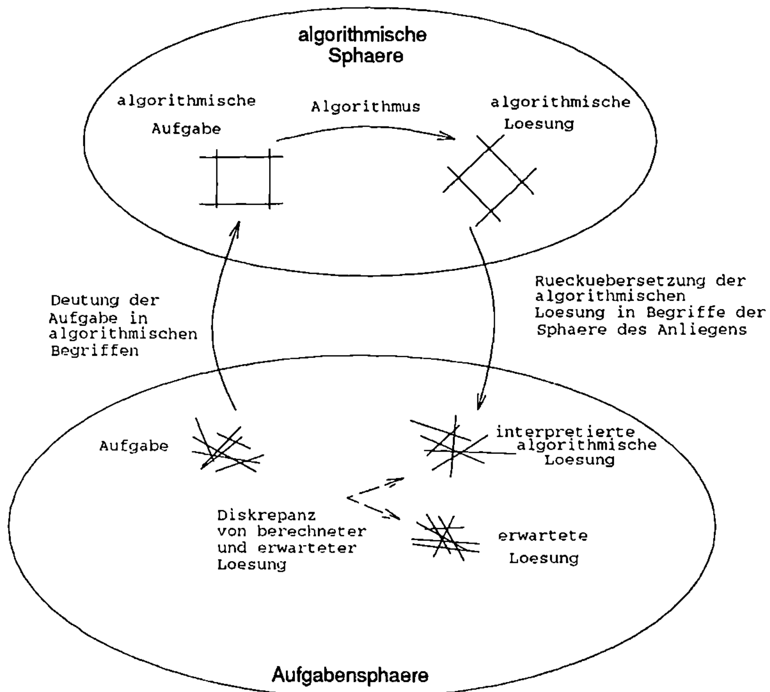

Bei der Dateneingabe wird eine Übersetzung aus der Aufgabensphäre in die algorithmische Sphäre vorgenommen; in der algorithmischen Sphäre beschreibt ein Algorithmus, was mit der Repräsentation der Aufgabenstellung zu geschehen hat, und dann wird bei der Datenausgabe wieder eine Rückübersetzung in die Begriffe der Aufgabensphäre durchgeführt. Endlich besteht die Hoffnung, daß die so interpretierte Lösung mit der Lösung, die die Anwender sich wünschen, möglichst gut übereinstimmt.

Damit dieser Ablauf funktioniert muß

- erstens die InformatikerIn genau wissen, welches die wesentliche Begriffe in der Aufgabensphäre sind und wie man sie sinnvoll in die algorithmische Begriffssphäre übersetzt; deswegen ist auch Kompetenz im Anwendungsbereich nötig. Dann muß

- zweitens ein Algorithmus entworfen und implementiert werden, der die Aufgabe in der algorithmischen Sphäre löst; hier ist Kompetenz in algorithmischen Begriffen nötig. Die algorithmisch bestimmte Lösung muß

- drittens wieder so dargestellt werden, daß sie in Begriffen der Aufgabensphäre zu deuten ist.

Wir haben damit drei Arbeitsschritte unterschieden, in denen die Ursache für eine Diskrepanz zwischen erhoffter und errechneter Lösung liegen kann.

Den ersten Problembereich, die Darstellbarkeit der Begriffe eines Aufgabenbereichs im Rechner, haben wir bereits im Kapitel über Spezifikationen besprochen. Der zweite Be-

dritte Bereich betrifft die Rückübersetzung und die Diskrepanz zwischen berechneter und erwarteter Lösung. Dieser Bereich überdeckt sich zum Teil mit dem ersten, weil auch hier Übersetzungsprobleme eine Rolle spielen. Aber es kommt jetzt der zusätzliche Aspekt der Auswirkungen hinzu, der in den beiden ersten Bereichen nicht auftauchte. Einige möglicherweise gefährliche Auswirkungen haben wir in diesem Kapitel vorgestellt.

7.6 Verantwortbarkeit des Einsatzes von Informatik in der Großtechnik

Aus dem Vorhandensein der drei Problembereiche folgt, daß man in der Rechentechnik nicht alles machen darf, was man sich ausdenken kann. Damit der Einsatz von Rechentechnik verantwortet werden kann, müssen Risiken und Nutzen zueinander in einem angemessenen Verhältnis stehen – und zwar nicht nur für alle Betroffenen insgesamt, sondern auch für einzelne Gruppen; es dürfen nicht manche davon profitieren, daß andere allzu hohen Gefahren ausgesetzt werden.

Nun scheint der Nutzen, den man sich vom Einsatz eines Rechensystems erhofft, leichter abzuschätzen zu sein als das Risiko, das man eingehen muß. Es gibt in der Informatik keine bewährten Verfahren, mit denen man mit großer Sicherheit beurteilen könnte, ob eine Spezifikation einer Aufgabenstellung tatsächlich gerecht wird. Sogar in Bereichen, in denen die Aufgabensphäre sich mit der algorithmischen Sphäre weitgehend deckt, wie etwa bei der Beschreibung der Anforderungen an einen Compiler, gibt es erhebliche Schwierigkeiten, eindeutige Spezifikationen von Programmiersprachenübersetzern zu finden. Die Komplexität vieler gebräuchlicher Algorithmen macht Beweise schwierig und auch sehr ausführliche Tests wenig vertrauenswürdig. Die Auswirkungen, die wir bei der Anwendung der berechneten Lösungen erwarten müssen, sind häufig nur schwer abschätzbar, weil sich nicht immer sofort klar erkennen läßt, ob die berechnete Lösung mit der erwarteten übereinstimmt, und weil man zuweilen unter Zeitdruck steht, ein berechnetes Ergebnis zur Anwendung zu bringen, inbesondere in Prozeßrechnern.

7.7 Programmieren als ethisches Problem

Wir können nie ganz sicher sein, daß ein Rechensystem in jedem Fall die richtige Lösung berechnet. Sowohl die algorithmischen Probleme als auch die Übersetzungsproblematik können letzten Endes nicht mit absoluter Sicherheit gelöst werden. Wenn das Ausmaß des Schreckens bei einem Ausfall des Rechensystems allzu riesig ist, dann kann eine InformatikerIn nicht mehr guten Gewissens die Verantwortung für die Erzeugnisse übernehmen. Man kann allerdings keine allgemeingültigen Grenzen des Vertretbaren aufstellen, denn sowohl das beschriebene Vorgehen bei Entwicklung und Betrieb eines Rechensystems als auch die Beurteilung von Nutzen und Risiken entziehen sich einer eindeutigen quantitativen Analyse. So kann man in diesen Bereichen der Technikanwendung nur an jede Einzelne appellieren, das eigene Verantwortungsbewußtsein zu entwickeln und Augen und Ohren für die problematischen Folgen des Einsatzes von Erzeugnissen des eigenen Spezialgebietes offenzuhalten.

7.8   Ein letztes Beispiel: Militärische Frühwarnsysteme

Besonders schwierig sind solche Probleme vielleicht im Bereich der Großtechnik, und eine Auseinandersetzung mit Rechnereinsätzen in diesen Gebieten kann die moralische Urteilsfähigkeit vielleicht trainieren. Wie stehen Sie zum Einsatz von Rechnern in militärischen Frühwarnsystemen? Heutige Waffensysteme gelangen so schnell an ihr Ziel, daß keine lange Wartezeit mehr zwischen dem Moment besteht, in dem feindliche Raketen gemeldet werden, bis zu dem Moment, in dem sie die eigenen in den Bunkern gelagerten Raketen dort unbrauchbar machen können. Für Raketen, die von Unterseeboten gestartet werden, kann diese Zeit heute einige wenige Minuten betragen. Fortschritte in der Raketentechnik und in der Zielgenauigkeit können die Zeiten noch mehr verkürzen und die von den Raketen ausgehenden Gefahren auch für sogenannte gehärtete, also besonders geschützte Angriffsziele, noch mehr steigen lassen. Unter solchen Bedingungen ist zu befürchten, daß mit einem Angriff nicht auf einen sicher festgestellten Einschlag feindlicher Raketen gewartet wird, sondern daß schon bei möglichst sicheren Anzeichen eines gegnerischen Angriffs ein Gegenangriff gestartet wird.

Rechensysteme übernehmen in modernen Frühwarnsystemen grundlegende Rollen in der Datenübermittlung und -auswertung. Ohne den Einsatz eines rechnergestützten Systems steht die eine Seite womöglich wesentlich schwächer da als die andere. Wenn aber an der falschen Stelle zum falschen Zeitpunkt ein Rechner ausfällt, kann das Ergebnis unter der Bedingung, daß nicht auf unabhängige Weise die Tatsache eines gegnerischen Angriffs verifiziert werden kann, zu einem grausigen Ergebnis führen. Beispiele für Fehlalarme gibt es genügend.

Am 5. Oktober 1960 meldete ein frisch installiertes Frühwarnsystem auf Grönland einen massiven sowjetischen Angriff auf die Vereinigten Staaten; dies kann man bei B. C. Smith („Limits of Correctness in Computers", S. 632–646 in Dunlop/Kling, op.cit.) nachlesen. Die Sicherheit eines solchen Angriffs bezifferte das System mit 99.9%. Zufällig war Chruschtschov gerade in New York. Vielleicht hat dies dazu beigetragen, daß kein Gegenangriff gestartet wurde. Das Problem war: Der aufgehende Mond hatte Radarsignale zur Erde reflektiert.

Die Designer des Systems hatten diese Möglichkeit vergessen. Man wird es nie ausschließen können, daß das eine oder andere Detail beim Entwurf eines Systems vergessen wurde; darum ist es wichtig, daß Menschen genügend Zeit und Informationen haben, die berechneten Analysen zu überprüfen. Was passieren kann, wenn man einen militärischen Entscheidungsprozeß auf dieser Ebene allzu sehr automatisiert oder den Entscheidungsträgern nicht in angemessener Zeit genügend Informationen aus unabhängigen Quellen anbieten kann, um ein fehlerhaftes technisches System zu erkennen, ist kaum vorstellbar.

Frühwarnsysteme mit integrierten Rechensystemen haben schon häufiger zu gefährlichen Situationen geführt. Einem interessanten Bericht von Alan Borning („Computer System Reliability and Nuclear War", S. 112-129, Communications of the ACM, Band 30, Nummer 2, Februar 1987) entnehmen wir Beschreibungen zweier anderer Ausfälle. Der eine geschah am 9. November 1979. Ein Magnetband, auf dem Daten aufgezeichnet waren, die es gestatteten, zu Testzwecken einen Raketenangriff zu simulieren, wurde in einen Rechner eingespielt. Fehlerhafterweise war dieser Rechner zu diesem Moment mit dem wirklichen

Raketenfrühwarnsystem verbunden, das daraufhin einen Angriff meldete. Sechs Minuten lang dauerte der darauf folgende Alarm, in dessen Verlauf taktische Kampfflugzeuge gestartet wurden.

In einem weiteren Fall meldete im Juni 1980 ein Frühwarnsystem den Angriff zunächst zweier, dann weiterer U-Boot-gestützter Raketen. Die Meldungen hörten wieder auf, aber etwas später kamen neue Meldungen über einen Angriff auf die USA. Die Maschinen der in Bereitschaft befindlichen B-52-Bomber wurden gestartet, landgestützte Raketenmannschaften wurden in Alarm versetzt und der luftgestützte Teil des Pazifikbefehlskommando startete. Gleichzeitig konferierten die wichtigsten befehlshabenden Offiziere und kamen zu dem Schluß, daß kein Angriff vorliegen könne. Nach drei Minuten und zwölf Sekunden, so Borning, war der Alarm beendet.

Der Fehler, so stellte sich heraus, war ein ausgefallener Computerchip in einem Kommunikationsrechner, der Daten verteilte. Ein umfangreiches Computernetzwerk verbindet verschiedene Befehlsinstanzen und Frühwarnzentralen im Norden Amerikas. Ständig werden die Datenverbindungen der Befehlszentrale im Pentagon und der Frühwarnzentralen getestet, um Ausfälle schnellstmöglich festzustellen. Die Datenverbindungen werden getestet, indem Leerbotschaften hin und hergeschickt werden. Ungeschickterweise hatte man in diesem Fall Leerbotschaften benutzt, die genau wie Angriffsbotschaften aussahen, nur daß als Anzahl entdeckter Raketen eine Null eingetragen war. Der ausgefallene Chip in dem Verbindungsrechner setzte für diese Nullen zufällige Werte ein.

Die politischen Spannungen, die zum Einsatz solcher Systeme führten, mögen heute vorüber sein. Aber ganz entsprechende Probleme können auftreten, wenn in großtechnischen Anlagen mit einem hohen Gefahrenpotential wie Kernkraftwerken oder in der chemischen Industrie (man denke an Bhopal) Entscheidungen unter Zeitdruck und aufgrund der Berechnungen von Rechensystemen gefällt werden werden müssen. Den Extremfall von Prozeßrechnern, in dem gar kein Mensch mehr eingreifen kann, weil die Entscheidungen allzu schnell getroffen werden müssen, finden wir hier ebenso wie in manchen modernen Flugzeugen.

Rechner werden in immer mehr Anwendungsgebiete Einlaß finden und Auswirkungen haben. Wir haben uns hier besonders auf die Folgen des Rechnereinsatzes konzentriert, der durch den Ausfall von Prozeßrechnern oder dann entstehen kann, wenn Entscheidungen auf der Grundlage von rechnergelieferten Daten unter Zeitdruck gefällt werden müssen; die hier entstehende Probleme sind besonders frappant. Aber auch im Datenschutzbereich ist ein verantwortungsvoller Umgang mit der Rechentechnik gefragt. Fortschritte können nur begrenzt Verbesserungen bringen, da viele Probleme im ungenügenden Verständnis des zu lösenden Problems und der zu erwartenden Auswirkungen liegen und sich dieses Verständnis letztendlich nicht vervollkommnen läßt.

7.9   Zusammenfassung

- Auch bei mehrfacher Auslegung von Rechnerkomponenten fallen Rechensysteme aus; manchmal, wie im Falle des Space Shuttle, sogar gerade deswegen.

- Zuweilen treten Fehler auf, die deshalb nicht getestet werden konnten, weil man sich ihre Möglichkeit nicht vorstellte (wie im Space Shuttle).

- Rechensysteme und damit auch Programme werden heute in Bereichen eingesetzt, in denen durch Fehlfunktionen Menschen verletzt oder getötet werden können, wie der Fall des Therac-25 illustriert.

- Bei der Benutzung von Rechnersteuerungen sollte man nicht auf die in einem Anwendungsbereich herkömmlichen Sicherheitsvorkehrungen verzichten, denn die Korrektheit von Programmen und Rechensystemen kann nicht vollständig gesichert werden und eine sinnvolle Quantifizierung ist nicht möglich.

- An Prozeßrechner sind besondere Anforderungen zu stellen, weil kein Mensch die Ein- und Ausgaben überprüft.

- Datenbanken, in denen personenbezogene Daten verarbeitet werden, können nach Ansicht des Bundesverfassungsgericht mißbräuchlich verwendet werden und müssen deshalb gesetzlicher Kontrolle unterworfen werden. Dadurch soll das Grundrecht auf „informationelle Selbstbestimmung" geschützt werden.

- Die Beschreibungen einer Aufgabe und einer algorithmischen Lösung liegen häufig in verschiedenen Begriffssphären. Daraus resultieren Unsicherheiten in der Übersetzung.

- Der Einsatz von Rechnern in der Großtechnik stellt besondere Anforderungen an die Verantwortung der InformationstechnikerInnen.

- Fehler in Rechnerkomponenten in militärischen Frühwarnsystemen konnten bislang stets erkannt werden, weil Menschen die Meldungen bewerten konnten. Diese Erfahrung lehrt, daß vollständig automatisierte Frühwarn- und Angriffssysteme äußerst problematisch sind.

Nachwort

Zu welchen Einsichten konnten wir unseren LeserInnen verhelfen? Diese Frage können wir nicht beantworten, das können nur Sie tun. Wir können aber kurz auf die Frage antworten, was wir vermitteln wollten, und wir hoffen, daß dies auch für Sie interessant ist.

Unser Ziel war es, einen leicht verständlichen Einstieg in die Informatik zu geben. Dabei deckt selbstverständlich das, was wir besprochen haben, bei weitem nicht die gesamte Informatik ab. Wir haben solche Gebiete ausgewählt, die grundsätzlicher Natur sind. Uns ging es dabei mehr um allgemeine Methoden und Problembereiche als um technische Details.

AnfängerInnen werden häufig die Schwierigkeiten verschwiegen, die mit den Anwendungen der Informatik entstehen. Weil dieser Punkt aber eminent wichtig ist, haben wir ihn über das ganze Buch hinweg immer wieder berührt, und das siebte Kapitel ist ausschließlich diesem Thema gewidmet.

Wir deuteten schon an, daß wie die angesprochenen Themen bei weitem nicht erschöpfend behandeln. Deswegen wollen wir an dieser Stelle den interessierten LeserInnen weiterführende Literaturhinweise für einzelne Gebiete geben.

Literaturhinweise

Pascal K. Jensen, N. Wirth, *Pascal User Manual and Report*, Springer Verlag, Berlin (1985)

Algorithmen U. Manber, *Introduction to Algorithms*, Addison Wesley, Reading/Mass. (1989)

Logik D. Siefkes, *Formalisieren und Beweisen, Logik für Informatiker*, Verlag Vieweg, Braunschweig (1990)

Verifikation D. Gries, *The Science of Programming*, Springer, New York (1981)

mathematische Analysen von Algorithmen D. E. Knuth, *The Art of Computer Programming*, Band 1 bis 3, Addison Wesley, Reading/Mass. (1968-1981, mehrere Auflagen)

Verantwortung, Kritische Anwendungen J. Weizenbaum, *Die Macht der Computer und die Ohnmacht der Vernunft*, Suhrkamp Taschenbuch Wissenschaft, Frankfurt am Main (1978)

Hrsg. J. Bickenbach, R. Keil-Slavik, M. Löwe, R. Wilhelm, *Militarisierte Informatik*, Schriftenreihe Wissenschaft und Frieden, Marburg (1985)

Hrsg. U. Bernhardt, I. Ruhmann, *Ein sauberer Tod, Informatik und Krieg*, Schriftenreihe Wissenschaft und Frieden, Marburg (1991)

Anekdoten J. B. Rochester, J. Gantz, *Der nackte Computer*, DuMont Buchverlag, Köln (1984)

Vielen Dank für das Lesen dieses Buches!

Teil III

Anhang

Symbolverzeichnis

Schreibweise von verwendeten Funktionen:

$a * b$ Multiplikation von a mit b, auch als ab geschrieben.

a/b Division von a durch b.

$\sqrt{x}$ $\sqrt[2]{x}$; die Quadratwurzel von x.

e Die Eulersche Zahl: ≈ 2.7

$\ln x$ $\log_e x$: Der natürliche Logarithmus zur Basis e.

$n!$ Die Fakultätsfunktion $= 1 * 2 * 3 \cdots * n$

$\sum_{i=1}^{n} x_i$ Die Summe der ersten n x_i.

$\lfloor x \rfloor$ Die größte ganze Zahl, die nicht größer als x ist.

$\lceil x \rceil$ Die kleinste ganze Zahl, die nicht kleiner als x ist.

$a \pm b$ steht für die beiden Ausdrücke $a + b$ und $a - b$.

Relationen:

$a < b$ a ist kleiner als b.

$a > b$ a ist größer als b.

$a \leq b$ a ist kleiner oder gleich b.

$a \geq b$ a ist größer oder gleich b.

Mengen und Funktionen:

$\mathbb{N}$ Die Menge der natürlichen Zahlen ohne die 0.

$\{1, \ldots, n\}$ Die Menge, die die Zahlen von 1 bis n enthält.

$i \in G$ i ist Element der Menge G.

$i \notin G$ i ist nicht Element der Menge G.

$\{g : P(g)\}$ Die Menge aller g, für die $P(g)$ gilt. Beispiel: Mit $g \in \mathbb{N}$ und $P(g) = g < 3$ ist $\{g : g < 3\} = \{1, 2\}$.

$A \subset B$ A ist eine echte Teilmenge von B, d.h. $A \neq B$

$A \subseteq B$ A ist eine Teilmenge von B, wobei auch $A = B$ zulässig ist.

$(x_1, \ldots, x_n)$ Das n-Tupel der Elemente x_1 bis x_n.

$A \times B$ Kartesisches Produkt der zwei Mengen A und B, das ist die Menge aller Paare von Elementen aus A und B, wobei die erste Komponente jedes Tupels aus A stammt und die zweite aus B. Mit $A = \{a_1, a_2\}$ und $B = \{b_1, b_2, b_3\}$ ist $A \times B = \{(a_1, b_1), (a_1, b_2), (a_1, b_3), (a_2, b_1), (a_2, b_2), (a_2, b_3)\}$.

$f : A \rightarrow B$ Die Funktion f bildet Elemente aus der Menge A auf Elemente der Menge B ab.

$f : a \mapsto b$ Die Funktion f bildet das Element a auf das Element b ab.

Logische Funktionen:

$\neg A$ Negation.

$A \vee B$ Oder.

$A \wedge B$ Und.

$A \rightarrow B$ Implikation.

$A \leftrightarrow B$ Äquivalenz.

$A \nleftrightarrow B$ Antivalenz.

Musterlösungen

Zu Aufgabe 1.1

Eine Möglichkeit ist die folgende:

- Algorithmus zu Aufgabe 1.1
- 1. Lies die Zahlen p und q ein.
- 2. Berechne die Zahl $e_1 = p + q$ und gib sie als Summe aus.
- 3. Berechne die Zahl $e_2 = p - q$ und gib sie aus.
- 4. Berechne die Zahl $e_3 = p * q$ und gib sie aus.
- 5. Berechne die Zahl $e_4 = p/q$ und gib sie aus.

Zu Aufgabe 1.2

Im Algorithmus in Aufgabe 1.1 gibt es mehrere Unklarheiten:

- Sollen die Zahlen Kommazahlen sein? Ganze Zahlen? Komplexe Zahlen? Rationale Zahlen? Beliebig große Zahlen oder aus einem beschränkten Zahlenbereich? Welche Zahlenmenge soll zugrundegelegt werden? Diese Unklarheit kann man auflösen, indem man die Menge der Zahlen möglichst genau beschreibt, die man verarbeiten will.

- Abhängig von der gewählten Zahlenmenge sind die Ergebnisse mancher Operationen vielleicht nicht in der gewählten Zahlenmenge darstellbar:
  - In welcher Zahlendarstellung sollen die Zahlen eingelesen und ausgegeben werden? Die Dezimaldarstellung der rationalen Zahl 1/3 zum Beispiel bricht nicht ab. Oder wie sollen reelle Zahlen mit nichtabbrechender Dezimaldarstellung wie beispielsweise $\sqrt{2}$ oder π eingegeben werden? Sollen die Zahlen nur mit einer begrenzten Genauigkeit verarbeitet werden, die man etwa in der Anzahl der beachteten Dezimalstellen messen könnte, oder sollen die Ergebnisse beliebig genau bestimmt werden können?

- Was soll bei der Division passieren, wenn die zweite Zahl Null ist?
- Was soll bei der Benutzung ganzer Zahlen passieren, wenn bei der Division eine Kommazahl entsteht?
- Was soll bei der Benutzung natürlicher Zahlen passieren, wenn bei der Subtraktion ein negatives Ergebnis bestimmt wird?
- Was soll bei der Benutzung beschränkter Zahlenmengen passieren, wenn ein allzu großer oder allzu kleiner Wert berechnet wird?

Es muß für die Benutzung des Algorithmus von Aufgabe 1.1 geklärt sein, welche Zahlenmenge zugrundegelegt wird und wie Ein- und Ausgabe und die Grundrechenarten für die gewählte Zahlenmenge definiert werden sollen.

Die Algorithmen, die in diesem Buch beschrieben werden, sind nie ganz exakte Algorithmen: Wir lassen einzelne Fragen immer im Dunkeln. Das ist zwar nicht sehr schön, aber nicht zu vermeiden, weil wir letzten Endes doch auf das Verständnis gewisser Grundbegriffe appellieren müssen, wenn wir Algorithmen erklären wollen.

Zu Aufgabe 1.4

Ein Beispiel für ein sehr kurzes **PASCAL**-Programm ist folgendes:

```
PROGRAM a;BEGIN END.
```

Weil das Programm weder Ein- noch Ausgaben macht, kann man die Zeichenfolge (**INPUT,OUTPUT**) weglassen.

Nach dem **PROGRAM** und dem **BEGIN** muß je ein Leerzeichen stehen, damit die Schlüsselworte für den Übersetzer erkennbar bleiben. Viele andere Leerzeichen und Leerzeilen dienen nicht der Maschine, sondern Menschen und können weggelassen werden, wenn die Lesbarkeit nicht darunter leidet.

In [JensenWirth] wird die Möglichkeit, daß nach dem Punkt, der ein Pascalprogramm beendet, noch Leerzeichen, Leerzeilen oder Kommentare folgen, nicht betrachtet. Ob dies bedeutet, daß nach dem abschließenden Punkt gar nichts mehr folgen darf, oder ob alles, was dann folgt, ignoriert wird, wird nicht eindeutig geklärt. Dies ist jedoch für uns keine wichtige Frage. Wir werden auch nach dem abschließenden Punkt Kommentare, Leerzeichen und Leerzeilen zulassen.

Zu Aufgabe 1.5

Eine Lösungsmöglichkeit sieht so aus:

```
PROGRAM ZweiDreiVier(INPUT, OUTPUT);
CONST
      c = 45.3;
BEGIN
   WRITELN('Das Doppelte, Dreifache und Vierfache von ',
           c,' ist ',2*c,', ',3*c,' und ',4*c,'.');
END.
```

Zu Aufgabe 1.6

```
PROGRAM SumDifProdQuot(INPUT, OUTPUT);
CONST
    c1=3.45;
    c2=3.21;
VAR
    summe, differenz, produkt, quotient: REAL;
BEGIN
    summe:=c1+c2;
    differenz:=c1-c2;
    produkt:=c1*c2;
    quotient:=c1/c2;

    WRITELN('Die Summe von ',c1,' und ',c2,' ist ',summe,',');
    WRITELN('die Differenz ist ',differenz,', das Produkt ist ',
            produkt);
    WRITELN('und der Quotient ist ',quotient,'.');
END.
```

Natürlich würden Sie bei einem Nenner von Null bei der Division etwas besonderes erwarten.

Zu Aufgabe 1.8

Vergessen Sie auch nicht solche Fälle wie die Division durch Null, in denen das Verhalten des Programms nicht eindeutig festgelegt ist.

Zu Aufgabe 1.9

Das Programm „Ausgabeformate" könnte abgeändert werden, indem man die letzte WRITELN-Zeile durch die folgende ersetzt:

```
WRITELN('$',pi:3:2,'$',gross:4:2,'$');
```

Zu Aufgabe 1.12

```
PROGRAM Zweierpotenzen(INPUT, OUTPUT);
VAR
    exponent, potenz: INTEGER;
BEGIN
    exponent:=0; potenz:=1;

    WRITELN('2 hoch ',exponent:2,' ist ',potenz:1);

    exponent:=exponent+1; potenz:=potenz*2;
    WRITELN('2 hoch ',exponent:2,' ist ',potenz:1);

    exponent:=exponent+1; potenz:=potenz*2;
    WRITELN('2 hoch ',exponent:2,' ist ',potenz:1);
```

```
exponent:=exponent+1; potenz:=potenz*2;
WRITELN('2 hoch ',exponent:2,' ist ',potenz:1);

exponent:=exponent+1; potenz:=potenz*2;
WRITELN('2 hoch ',exponent:2,' ist ',potenz:1);

(* Weitere 35-fache Wiederholung der beiden letzten nichtleeren
 *   Zeilen ist hier ausgelassen. *)
END.
```

Bei Betrachtung der Ausgabe wird deutlich, daß ab einem bestimmten Exponenten die Potenz falsch wird. Vielleicht wird der Rechenfehler auch abgefangen, dann bricht das Programm vielleicht vor dem Exponenten 40 mit einer Fehlermeldung ab. Aber vielleicht benutzt die Implementierung sogar eine Zahlendarstellung für die Integer-Zahlen, in der man die Zweierpotenzen bis 2^{40} repräsentieren kann. Dann kann man die Anzahl ausgegebener Zweierpotenzen zum Beispiel auf 100 erhöhen.

Zu Aufgabe 1.13

Sehen Sie sich die Ergebnisse an. In vielen der vorgestellten Fälle wird ihr Pascalprogramm ein merkwürdiges Ergebnis liefern, weil Fehlerfälle nicht abgefangen wurden oder weil die Zahlendarstellung, die der Übersetzer gewählt hat, nicht ausreicht, um die Zwischen- und Endergebnisse zu repräsentieren. So sollte die Funktion SQRT bei negativen Argumenten einen Fehler liefern; so sollten für q=0 die beiden Lösungen 0 und -p lauten, durch Rundungsfehler können aber andere Ergebnisse berechnet werden; und so könnte für p=1000000 das Produkt p*p den Zahlenbereich der ganzen Zahlen überschreiten und damit falsch berechnet werden.

Zu Aufgabe 1.14

Im Program „GleichungMitIf" können wir die Zeile

```
END ELSE BEGIN
```

durch folgendes Programmstück ersetzen:

```
END ELSE IF wurzelausdruck = 0 THEN BEGIN
   WRITELN('Das Ergebnis lautet ',-p/2,' .');
END ELSE BEGIN
```

Das Programm ist allerdings problematisch, weil aufgrund von Rechenungenauigkeiten der Wurzelausdruck ungleich null sein kann, obwohl eine korrekte Berechnung eine Null geliefert hätte. Wenn man einen solchen Fall abfangen will, dann kann man überprüfen, ob der Wurzelausdruck kleiner als ein zulässiger Abweichungswert ist. Diesen Abweichungswert muß man so klein wählen, daß eine Abweichung des Wurzelausdrucks um diese Konstante vom richtigen Wert vernachlässigt werden soll.

Zu Aufgabe 1.16

```
PROGRAM Bereich(INPUT, OUTPUT);
CONST
    a=1.3;
VAR
    IstNeg, IstNull, ZwNullEins, IstEins, ZwEinsZwei, IstZwei,
      GroesserZwei: BOOLEAN;
BEGIN
  IstNeg := a<0;
  IstNull := a=0;
  ZwNullEins := (0<a) AND (a<1);
  IstEins := a=1;
  ZwEinsZwei := (1<a) AND (a<2);
  IstZwei := a=2;
  GroesserZwei := 2<a;

  IF IstNeg THEN WRITELN(a,' ist negativ.');
  IF IstNull THEN WRITELN(a,' ist null.');
  IF ZwNullEins THEN WRITELN(a,' liegt zwischen null und eins.');
  IF IstEins THEN WRITELN(a,' ist eins.');
  IF ZwEinsZwei THEN WRITELN(a,' liegt zwischen eins und zwei.');
  IF IstZwei THEN WRITELN(a,' ist zwei.');
  IF GroesserZwei THEN WRITELN(a,' ist groesser als zwei.');
END;
```

Wenn nicht nur aus der Art und Weise der Belegung der Variablen deutlich werden soll, daß nur eine einzige der **IF**-Anweisungen eine Ausgabe machen wird, dann kann man die sieben **IF**-Anweisungen auch durch eine einzige geschachtelte **IF**-Anweisung ersetzen:

```
IF IstNeg THEN
   WRITELN(a,' ist negativ.')
ELSE IF IstNull THEN
        WRITELN(a,' ist null.')
ELSE IF ZwNullEins THEN
        WRITELN(a," liegt zwischen null und eins.')
ELSE IF IstEins THEN
        WRITELN(a,' ist eins.')
ELSE IF ZwEinsZwei THEN
        WRITELN(a,' liegt zwischen eins und zwei.')
ELSE IF IstZwei THEN
        WRITELN(a,' ist zwei.')
ELSE IF GroesserZwei THEN
        WRITELN(a,' ist groesser als zwei.')
ELSE WRITELN('Ein Fehler ist passiert:',a,
             ' liegt in keinem betrachteten Bereich.');
```

Diese Lösung zeichnet sich dadurch aus, daß sie einen Test für eine Fehlermöglichkeit enthält, und daß schon am **IF**-Block allein deutlich wird, daß nicht mehrere Ausgaben möglich sein sollen.

Zu Aufgabe 1.17

Die Zeile hinter **READLN(nenner);** wird durch folgendes Programmstück ersetzt:

```
IF nenner=0 THEN BEGIN
  WRITELN('Fehler! Der Nenner ist null.');
END ELSE BEGIN
  WRITELN('Das Ergebnis: ',zaehler,'/',nenner,
          '=',zaehler/nenner,'.');
END;
```

Zu Aufgabe 1.18

```
PROGRAM GleichungInteraktiv(INPUT, OUTPUT);
CONST
  (* Ein Wurzelausdruck, der kleiner ist als dieser Wert, wird wie
   * eine Null behandelt, es wird  nur eine Loesung ausgegeben. *)
  KleineKonstante = 1e-15;
VAR
  (* Die Parameter der Gleichung werden hier abgelegt: *)
  p, q: REAL;
  (* Der Ausdruck unter der Wurzel wird hier abgelegt: *)
  wurzelausdruck: REAL;
  (* Die Ergebnisse liefern wir in x0 und x1: *)
  x1, x2: REAL;
BEGIN
  WRITELN('Berechnung der Loesungen einer quadratischen');
  WRITELN(' Gleichung der Form x*x+p*x+q=0');
  WRITELN(' mit den Parametern p und q.');
  WRITELN('Eingabe des Parameters p:');   READLN(p);
  WRITELN('Eingabe des Parameters q:');   READLN(q);
  (* Wir berechnen den Wurzelausdruck: *)
  wurzelausdruck := p*p/4 - q;
  (* Teste, ob der Wurzelausdruck kleiner als Null ist: *)
  IF wurzelausdruck < 0 THEN BEGIN
    (* Wenn der obige Ausdruck wahr ist, da der wurzelausdruck
     * negativ ist, dann liefere eine Fehlermeldung: *)
    WRITELN('Fehler! Wurzelausdruck ist negativ:', Wurzelausdruck);
  IF wurzelausdruck < KleineKonstante THEN BEGIN
      WRITELN('Die einzige Loesung lautet',-p/2);
  END ELSE BEGIN
    (* Wenn der Ausdruck nicht wahr ist, wenn  der wurzelausdruck
     * positiv ist, dann liefere die beiden Ergebnisse: *)
    x1 := -p/2 + SQRT(wurzelausdruck);
    x2 := -p/2 - SQRT(wurzelausdruck);
    WRITELN('Die Ergebnisse lauten ',x1,' und ',x2,' .');
  END;
  (* Egal, ob der Wurzelausdruck kleiner als Null ist
   * oder groesser: Nach der IF-Anweisung wird die folgende
   * WRITELN-Anweisung immer ausgefuehrt: *)
  WRITELN('Das Programm ist beendet!');
END.
```

Zu Aufgabe 1.19

Das Programm „GleichungInteraktiv" wird ergänzt, indem die erste **BEGIN**-Zeile durch folgendes Programmstück ersetzt wird:

```
weitermachen: INTEGER;
BEGIN
  weitermachen:=1;
  WHILE weitermachen <> 0 DO BEGIN
```

Alle Anweisungen des ursprünglichen Programms „GleichungInteraktiv" werden eingerückt, damit deutlich wird, daß sie der **WHILE**-Anweisung untergeordnet sind, und die letzte Zeile des Programms, das **END.**, wird durch folgendes Programmstück ersetzt:

```
(* Abfrage, ob eine weitere Gleichung geloest werden soll: *)
WRITELN('Soll eine weitere quadratische Gleichung ');
WRITELN('geloest werden?');
WRITELN('(Eingabe von 0 fuer NEIN, eine andere Zahl fuer JA)');
READLN(weitermachen);
END;
END.
```

Hinweis: Dieses Programm bricht ab, wenn eine Eingabe erfolgt, die nicht als Zahl gedeutet werden kann, denn die **READ**-Anweisung erwartet eine Integer-Zahl.

Zu Aufgabe 1.20

```
PROGRAM Zweierpotenzen(INPUT, OUTPUT);
VAR
  exponent, potenz: INTEGER;
BEGIN
  exponent:=0; potenz:=1;

  WHILE exponent <= 40 DO BEGIN
    WRITELN('2 hoch ',exponent:2,' ist ',potenz:1);
    exponent:=exponent+1; potenz:=potenz*2;
  END;
END.
```

Zu Aufgabe 2.1

Die letzten Stellungen sind jeweils stabil:

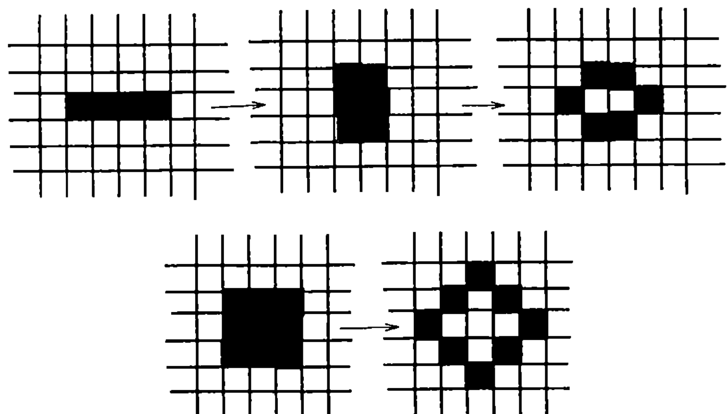

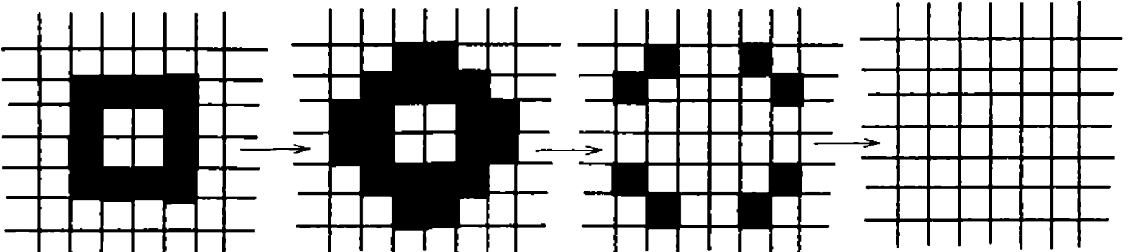

Zu Aufgabe 2.2

```
PROGRAM FeldTest(INPUT, OUTPUT);
CONST
   (* Die Feldgrenzen deklarieren wir als Konstanten, weil
    * sie mehrfach im Programm benutzt werden: *)
   FAnfang = 3;
   FEnde = 9;
VAR
   (* Um die Deklaration und Benutzung dieses Feldes geht es in
    * dieser Aufgabe; es enthaelt FEnde-FAnfang+1 Elemente: *)
   f: ARRAY[FAnfang..FEnde] OF REAL;
   (* In dieser Variable wird die Summe der Elemente berechnet: *)
   summe: REAL;
   (* Dieser Laufindex laeuft durch das Feld *)
   index: INTEGER;
BEGIN
   (* In dieser Schleife erhaelt jedes Feldelement seinen Wert *)
   FOR index:=FAnfang TO FEnde DO BEGIN
     f[index]:=index;
   END;
   (* Die Summe der Elemente haetten wir schon in der soeben
    * durchgefuehrten Schleife berechnen koennen, aber in diesem
    * Beispiel benutzen wir dazu eine Extraschleife: *)
   summe := 0;
   FOR index:=FAnfang TO FEnde DO BEGIN
     summe:=summe+f[index];
   END
   (* Die Ausgabe der Summe: *)
   WRITELN('Die Summe der Feldelemente ist ',summe,'.');
END.
```

Das Feld f hat in diesem Beispiel sieben Elemente.

Zu Aufgabe 2.3

```
PROGRAM NoepelRand;
(* Wenn man die Groesse eines Feldes in einer Konstante angibt,
 * dann muss man im Bedarfsfall an nur einer Stelle Aenderungen
 * durchfuehren.
 *)
CONST groesse = 10;
VAR
   (* Dieses Feld nimmt die Noepelwelt auf: *)
   Noepelwelt: ARRAY[1..groesse, 1..groesse] OF BOOLEAN;
```

```
    (* "i" und "j" sind die Laufvariablen fuer die beiden
     * Feldebenen. *)
    i,j: INTEGER:

BEGIN
    (* Zunaechst wird dafuer gesorgt, dass die Noepelwelt
     * leer ist. *)
    FOR i:=1 TO groesse DO BEGIN
       FOR j:=1 TO groesse DO BEGIN
          Noepelwelt[i,j] := FALSE;
       END;
    END;
    (* Jetzt sollen die Randelemente der Noepelwelt besetzt
     *  werden.  Das wird in zwei Schleifen erledigt: eine
     *  fuer den unteren und den oberen, eine fuer den linken
     *  und fuer den rechten Rand. *)
    FOR i:=1 TO groesse DO BEGIN
       (* Der obere Rand wird in Spalte i gesetzt: *)
       Noepelwelt[1,i] := TRUE;
       (* Der untere Rand wird in Spalte i gesetzt: *)
       Noepelwelt[groesse,i] := TRUE;
    END;
    (* Wenn 2>groesse-1, wird diese Schleife nach der
     *  Sprachdefinition von Pascal nicht ausgefuehrt: *)
    FOR i:=2 TO groesse-1 DO BEGIN
       (* Die erste Spalte wird in Zeile i gesetzt: *)
       Noepelwelt[i,1] := TRUE;
       (* Die letzte Spalte wird in Zeile i gesetzt: *)
       Noepelwelt[i,groesse] := TRUE;
    END;

END.
```

Zu Aufgabe 2.4

p0 darf in allen Anweisungsblöcken des Programms Schachteldemo benutzt werden.

p1 darf in allen Anweisungsblöcken des Programms außer im Block von p0 benutzt werden, also in den Anweisungsblöcken von p11, p12, p1 selbst und von Schachteldemo.

p11 darf überall verwendet werden, wo auch p1 verwendet werden darf.

p12 darf überall verwendet werden, wo auch p1 verwendet werden darf, außer im Anweisungsblock von p11.

Zu Aufgabe 2.5

In der ersten Ausgabezeile werden drei und acht ausgegeben. In der zweiten werden acht und drei ausgegeben. Auch in der dritten werden acht und drei ausgegeben, und in der letzten werden wieder drei und acht ausgegeben. Die Prozedur falschtausch tauscht die Werte der als Parameter angegebenen Variablen nicht, wohl aber die Prozedur tausch.

Zu Aufgabe 2.6

```
PROCEDURE inkrement(VAR n: INTEGER);
BEGIN
  n:=n+1;
END;
```

Zu Aufgabe 2.8

Es muß nur der Test geändert werden, ob eine bestimmte Nachbarzelle einen Nöpel trägt. Wenn der bisherige Test berechnete, daß eine Zelle leer war, weil sie nicht auf dem Spielfeld lag, so muß der neue Test in diesem Fall berechnen, ob die gegenüberliegende Zelle einen Nöpel trägt. Wenn etwa die Zeile mit der Nummer -1 betrachtet wird, dann muß statt dessen die Zeile mit der Nummer **groesse** betrachtet werden, und wenn die Zeile mit der Nummer **groesse+1** betrachtet wird, dann muß statt dessen die Zeile mit der Nummer 1 betrachtet werden. Entsprechendes gilt für Spalten.

Es muß nur in der Prozedur **istlebendig** etwas verändert werden, um die simulierte Welt so erscheinen zu lassen, als ob sie an den Rändern mit den gegenüberliegenden Seiten verbunden wäre.

Zu Aufgabe 2.9

Ein nicht überaus kompliziertes Beispiel ist die folgende Prozedur:

```
PROCEDURE anfangskonstellation;
CONST
  (* Maximal soviele Punkte sollen gemalt werden. *)
  MaxAnzahlPunkte = 1000;
VAR
  (* Diese Variable nimmt die Nummer des ausgewaehlten Menuepunktes
   * auf: *)
  auswahl: INTEGER;
  (* Diese Variable enthaelt eine Eins, wenn das Bild fertig ist *)
  fertig: INTEGER;
  (* Diese Variablen nehmen den gerade betrachteten Punkt der Linie
   *  auf: *)
  PosZeile, PosSpalte: INTEGER;
  (* Diese Variable nimmt auf, ob eine Linie geloescht (TRUE) oder
   *  gesetzt (FALSE) werden soll. *)
  setzen: BOOLEAN;
  (* Diese Variable nimmt auf, wieviele Punkte
   *  gesetzt werden sollen. *)
  AnzahlPunkte: INTEGER;
  (* Diese Variable nimmt auf, wie weit bei jedem Schritt nach
   *  rechts (positiv) oder links (negativ) gegangen werden soll.
   *)
  SchrittHoriz: INTEGER;
  (* Diese Variable nimmt auf, wie weit bei jedem Schritt nach
   *  unten (positiv) oder oben (negativ) gegangen werden soll. *)
  SchrittVert: INTEGER;
BEGIN
```

```
(* Wir beginnen mit einer Schleife, in der man auswaehlen
 * kann, ob man einen Streifen setzen oder loeschen will, ob
 * man sich das aktuelle Noepelfeld ansehen will, oder ob
 * das Anfangsnoepelfeld fertig ist. *)
fertig:=0;
WHILE fertig <> 1 DO BEGIN
  REPEAT
    (* Auswahl eines Punktes: *)
    WRITELN('Noepelwelt aendern:');
    WRITELN('Geben Sie die Zahl der gewuenschten Aktion ein:');
    WRITELN('  1) Feld ausgeben; 2) Linie setzen;');
    WRITELN('  3) Linie loeschen; 4) Ende.');
    READLN(auswahl);
  UNTIL (0<auswahl) AND (auswahl <=4);
  (* Die Konstante 4 muss bei Erweiterung des Menues geaendert
   * werden. *)

  (* Einfachster Fall: Ende *)
  IF auswahl=4 THEN fertig:=1
  (* Auch einfach: Feld ausgeben *)
  ELSE IF auswahl=1 THEN ausgabe(0)
  (* Linie setzen oder loeschen: *)
  ELSE BEGIN
    (* Wenn auswahl=2, dann Linie setzen, sonst loeschen. *)
    setzen:= auswahl=2;
    (* Eingabe des Anfangspunktes: *)
    WRITELN('Anfangspunkt der Linie: Zeile (1..',groesse,'):');
    READLN(PosZeile);
    WRITELN('Anfangspunkt der Linie: Spalte (1..',groesse,'):');
    READLN(PosSpalte);
    (* Anfangspunkt muss im richtigen Bereich liegen *)
    IF (PosZeile<1) OR (PosZeile>groesse)
          OR (PosSpalte<1) OR (PosSpalte>groesse) THEN BEGIN
      WRITELN('Der Punkt [',PosZeile,',',PosSpalte,']');
      WRITELN(' liegt nicht in der Noepelwelt.');
    END ELSE BEGIN
    (* Die Anzahl der Punkte muss bestimmt werden.  Dafuer
     * gibt es eine Maximalzahl, die Fehleingaben
     * erkennbar machen soll. *)
    WRITELN('Anzahl der Punkte (1..',MaxAnzahlPunkte,'):');
    READLN(AnzahlPunkte);
    IF (AnzahlPunkte<1) OR (AnzahlPunkte>MaxAnzahlPunkte) THEN
      BEGIN
        WRITELN('Die Anzahl der Punkte (',AnzahlPunkte,
                ') liegt nicht im zulaessigen Bereich.');
      (* Wenn die Anzahl der Punkte 1 ist, dann haben wir
       * alle Informationen und koennen die Arbeit tun. *)
      END ELSE IF AnzahlPunkte=1 THEN BEGIN
        noepelwelt[PosZeile,PosSpalte,aktuelleebene]:=setzen;
      (* Wenn mehr als ein Punkt gesetzt werden soll, dann
       * muessen wir die Inkremente in horizontaler und
       * vertikaler Richtung einlesen: *)
      END ELSE BEGIN
        WRITELN('Wie weit sollen die Punkte in horizontaler');
        WRITELN(' Richtung auseinanderliegen (negativ: nach');
        WRITELN(' links, positiv: nach rechts, bei');
        WRITELN(' Bereichsueberschreitung wird abgebrochen):');
        READLN(SchrittHoriz);
```

```
WRITELN('Wie weit sollen die Punkte in vertikaler');
WRITELN(' Richtung auseinanderliegen (negativ: nach');
WRITELN(' oben, positiv: nach unten, bei');
WRITELN(' Bereichsueberschreitung wird abgebrochen):');
READLN(SchrittVert);
WHILE (1<=PosZeile) AND (PosZeile<=groesse)
    AND (1<=PosSpalte) AND (PosSpalte<=groesse)
    AND (AnzahlPunkte>0) DO BEGIN
  noepelwelt[PosZeile,PosSpalte,aktuelleebene]:=setzen;
  AnzahlPunkte:=AnzahlPunkte-1;
  PosZeile:=PosZeile+SchrittVert;
  PosSpalte:=PosSpalte+SchrittHoriz;
  END (* WHILE Linie noch nicht fertig *);
 END (* Eingabe der Schrittweiten bis Ende *);
  END (* Eingabe der Punktzahl bis Ende *);
   END (* Linie setzen oder loeschen *);
 END (* WHILE fertig <> 1 *);
END (* Gesamtprozedur *);
```

Diese Prozedur setzt die Deklaration der Prozedur **ausgabe** voraus.

Zu Aufgabe 2.10

Das können Sie nur selbst ausprobieren. Verschiedene Pascalimplementierungen unterscheiden sich da. Auf jeden Fall sollte ein Fehler gemeldet werden.

Zu Aufgabe 2.11

Hier ein Automat, der am Antang Leerzeichen erlaubt, aber nicht verlangt, dann genau ein Vorzeichen zuläßt, aber auch nicht verlangt, auf welches dann eine Anzahl von Ziffern folgen muß, welche wieder von Leerzeichen gefolgt werden darf; es ist eine leichte Änderung des zuvor schon vorgestellten Automaten.

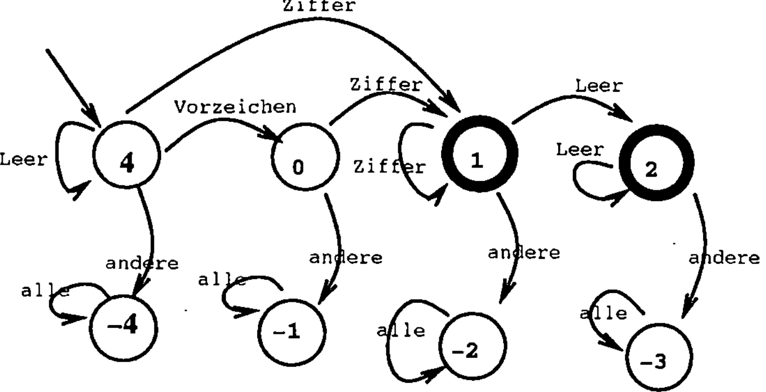

Zu Aufgabe 2.12

Hier eine veränderte Version der Funktion **istziffer**.

```pascal
FUNCTION istziffer(c: CHAR; VAR wert: INTEGER):BOOLEAN;
VAR i: BOOLEAN;
BEGIN
   (* Der Wert der Funktion wird zunaechst in einer Variable
    * abgelegt *)
   i := (c='0') OR (c='1') OR (c='2') OR (c='3') OR
                 (c='4') OR (c='5') OR (c='6') OR (c='7') OR
                 (c='8') OR (c='9');
   IF i THEN BEGIN
     IF c='0' THEN wert:=0
     ELSE IF c='1' THEN wert:=1
     ELSE IF c='2' THEN wert:=2
     ELSE IF c='3' THEN wert:=3
     ELSE IF c='4' THEN wert:=4
     ELSE IF c='5' THEN wert:=5
     ELSE IF c='6' THEN wert:=6
     ELSE IF c='7' THEN wert:=7
     ELSE IF c='8' THEN wert:=8
     ELSE IF c='9' THEN wert:=9
   END;
   istziffer:=i;
END (* istziffer *);
```

In der Funktion **istzahl** werden Kopf und Deklarationen durch die folgenden Zeilen ersetzt:

```pascal
FUNCTION istzahl(s: string; VAR wert: INTEGER):BOOLEAN;
VAR
   i: INTEGER; (* Eine Laufvariable. *)
   zustand: INTEGER; (* Die Zustandsvariable. *)
   zifferwert: INTEGER; (* Der Wert der betrachteten Ziffer *)
```

Der VAR-Parameter **wert** kommt im Kopf und die **INTEGER**-Variable **zifferwert** zur ursprünglichen Funktion hinzu.

Wenn im Zustand 0 das augenblickliche Zeichen daraufhin überprüft wird, ob es eine Ziffer ist, dann muß gleichzeitig sein Ziffernwert bestimmt werden. Der Ziffernwert der ersten Ziffer ist auch die erste Belegung für den **VAR**-Parameter **wert**. Zu diesem Zweck werden die Zeilen um die Zuweisung **zustand := 1** so verändert, daß folgendes entsteht:

```pascal
   ...
   END ELSE IF istziffer(s[i], zifferwert) THEN BEGIN
     (* Die erste Ziffer wurde gelesen; ihr Wert ist der erste
      * Zahlenwert. *)
     zustand := 1;
     wert:=zifferwert;
   END ELSE BEGIN
     ...
```

Wenn im Zustand 1 eine weitere Ziffer eingelesen wird, muß der Wert des **VAR**-Parameters **wert** um diese Ziffer ergänzt werden. Das kann folgendermaßen geschehen:

```
    ...
IF istziffer(s[i], zifferwert) THEN BEGIN
   (* Fuege die neue Ziffer an die Zahl an. *);
   wert:=10*wert+zifferwert;
END ELSE IF s[i]=' ' THEN BEGIN
    ...
```

Zu Aufgabe 2.13

```
PROCEDURE readsicher(VAR wert: INTEGER);
CONST
   (* Dieses ist die maximal zugelassene Laenge der Eingabezeile *)
   MaxEingabeLaenge = 1000;
VAR
   eingabezeile: ARRAY[1..MaxEingabeLaenge] OF CHAR;
   IstEineZahl: BOOLEAN;
BEGIN
   READLN(eingabezeile);
   WHILE NOT istzahl(eingabezeile, wert) DO BEGIN
      WRITELN('Fehler! Die eingegebene Zeile ist nicht die');
      WRITELN(' Darstellung einer ganzen Zahl.');
      WRITELN(' Eingabe wiederholen.');
      READLN(eingabezeile);
   END;
END;
```

Zu Aufgabe 2.14

Die in der Lösung zu Aufgabe 2.9 angegebene Prozedur **anfangskonstellation** kann um einen weiteren Auswahlpunkt namens **Zufallsbesetzung** erweitert werden. In der obigen Prozedur wird dafür eine Unterprozedur **zufallsbesetzung** deklariert, die eine **REAL**-Zahl r zwischen 0 und 100 (je einschließlich) einliest, welche die Wahrscheinlichkeit dafür angeben soll, ob eine beliebige Nöpelweltposition am Anfang besetzt sein soll. Eine Zufallsfunktion, die Zahlen im Bereich von 0 bis $n-1$ (je einschließlich) liefert, wird dann für jedes Feld ausgeführt. Wenn die Zufallszahl für ein Feld echt kleiner ist als $r*n$, dann wird das Feld besetzt, sonst wird es leer. Wenn der Zufallszahlengenerator den Ansprüchen genügt, kann auf diese Weise jedes Feld mit einer Wahrscheinlichkeit von r Prozent besetzt werden.

Die Umsetzung dieser Beschreibung in ein Programm überlassen wir jetzt Ihnen.

Zu Aufgabe 2.15

Die wichtigen Aspekte dieser Aufgabenlösung können wir in einer Musterlösung nicht vermitteln. Sie müssen viele der neu gewonnenen Kenntnisse benutzen und kombinieren. Sie müssen die allgemein gehaltene Aufgabenstellung in eine konkrete umsetzen. Dabei müssen Sie für sich folgende Fragen beantworten: Wie wollen Sie die Öpelwelt darstellen? Welche Operationen wollen sie darauf durchführen? Wie strukturieren Sie das Problem, so daß man es möglichst leicht überblicken kann? Wie wollen Sie die Öpelwelt erweiterbar machen? Welche Änderungen sollen besonders einfach sein, welche Änderungen dürfen auch mehr Aufwand kosten? Wenn Sie sich über diese Fragen klar geworden sind, können Sie es in Angriff nehmen, dieses relativ umfangreiche Programm zu schreiben.

Zu Aufgabe 2.16

Zur Lösung dieser Aufgabe müssen Sie ein neues Modul entwerfen, das eine Statistik erstellen kann. Sie müssen sich überlegen, welche Informationen mit dem Statistikmodell gesammelt werden sollen, auf welche Weise Sie diese Informationen sammeln können, und wie Sie es der BenutzerIn ermöglichen wollen, die gesammelten Informationen anzusehen. Bevor Sie programmieren, teilen Sie auch diese Aufgabe in einige kleinere Teilaufgaben auf, lösen Sie sie eine nach der anderen und setzen Sie dann die Teile zur Gesamtlösung zusammen.

Zu Aufgabe 2.17

```
VAR
   (* Ab hier werden die globalen Variablen des Programms
    * deklariert. *)
   ...
   (* In einem Teil dieser Liste soll der Index des maximalen
    * Elementes gesucht werden. *)
   gesamtliste: ARRAY[listenanfg..listenende] OF INTEGER;
   ...

PROCEDURE maxindex(anfg, ende: INTEGER; VAR maxdex: INTEGER);
VAR
   index: INTEGER;
BEGIN
  maxdex:=anfg;
  FOR index:=anfg+1 TO ende DO BEGIN
    IF gesamtliste[index] >= gesamtliste[maxdex] THEN BEGIN
      maxdex:=index;
    END;
  END;
END;
```

Diese Prozedur kann man falsch benutzen, indem man einen Suchbereich angibt, der nicht vollständig in der Gesamtliste liegt, oder indem man einen leeren Suchbereich angibt (`anfg>ende`).

Außerdem ist wichtig, daß diese Prozedur nicht sicherstellt, daß es wirklich ein maximales Teillistenelement gibt. Es kann mehrere Elemente geben, deren Wert größer ist als alle anderen auftreten Werte. Diese Prozedur läßt sich falsch benutzen, wenn vorausgesetzt wird, daß der berechnete Index auf ein Element zeigt, das größer ist als alle anderen.

Auch wenn bekannt ist, daß das mit dem gelieferten Index bezeichnete Element nicht das einzige mit dem größtem Wert ist, kann man die Prozedur falsch benutzen, wenn davon ausgegangen wird, es werde immer das erste Element mit dem größtmöglichen Wert geliefert, denn unsere Prozedur liefert das letzte solche Element.

Einige der Fehlbenutzungen kann man in der Prozedur abfangen, indem etwa überprüft wird, ob die Bereichsgrenzen zulässig sind, indem ein Test stattfindet, ob `listen-anfg <= anfg <= ende <= listenende` gilt und einen zusätzlich übergebenen `INTEGER-VAR`-Parameter mit einem Fehlercode versehen wird. Andere Fehlbenutzungen lassen sich aus den Parametern der Prozedur allerdings nicht ablesen, sondern nur an der Verwendung des gelieferten Indizes.

Zu Aufgabe 2.18

Wir gingen davon aus, daß die Statistik einer Generation in einem `INTEGER`-Feld aufgeschlüsselt wird. Dieses Feld enthält je ein Element für jeden Öpeltyp und ein zusätzliches Element für die leergebliebenen Öpelweltpositionen. Während des Aufbaus der Statistik bei der Berechnung der neuen Generation ist jedem Öpeltyp und dem „leeren Öpeltyp" ein Feldelement zugeordnet, indem die Anzahl der Zellen dieses Typs aufsummiert wird.

Bei der Sortierung dieses Feldes wird aber diese eindeutige Zuordnung zerstört. Wie kann man nach der Sortierung noch feststellen, um welchen Öpeltyp es sich bei den einzelnen Positionen des sortierten Feldes handelt?

Die Information, welche Anzahl für welchen Öpeltyp steht, kann in einem weiteren Feld gespeichert werden. Jedes Element dieses Öpeltypfeldes korrespondiert dem entsprechenden Element des Öpelanzahlenfeldes. Immer, wenn beim Sortieren des Öpelanzahlenfeldes zwei Elemente ausgetauscht werden, werden auch im Öpeltypfeld die enstprechenden Elemente ausgetauscht. Auf diese Weise kann man den Typ der Öpel, die im Öpelanzahlfeld im Element i stehen im Öpeltypfeld im Element i ablesen.

Zu Aufgabe 2.19

Mit „Selectionsort" kann man die Öpelstatistik sortieren, indem man in einer Schleife immer wieder den Index des größten Elementes des unsortierten Teils des Öpelanzahlfeldes bestimmt, dann dieses Element mit dem letzten austauscht und auch im Öpeltypfeld die entsprechenden Elemente austauscht, bis der unsortierte Teil der Liste bis auf ein Element zusammengeschrumpft ist. Öpelanzahlfeld und Öpeltypfeld bilden zusammen die sortierte Öpelstatistik. Bei der Ausgabe sollte man darauf achten, daß darauf hingewiesen wird, wenn verschiedene Öpeltypen die gleichen Anzahlen aufweisen.

Die programmtechnische Umsetzung dieses Algorithmus und die Einbindung in das Gesamtprogramm überlassen wir Ihnen.

Zu Aufgabe 2.20

Algorithmus zu Aufgabe 2.20: Rekursive Bestimmung des Indizes eines maximalen Elementes einer Teilliste.

1. Eingaben sind die Gesamtliste g sowie die Indizes l und r des linken und des rechten Randes des zu betrachtenden Bereiches.

2. Wenn $l = r$, dann ist die betrachtete Teilliste leer. Liefere als Ergebnis den Index l.

3. Wenn $l > r$, dann liegt ein Fehler vor. Brich mit einer Fehlermeldung ab.

4. Rufe diesen Algorithmus mit einer linken Grenze von $l + 1$ und einer rechten Grenze von r auf. Das Ergebnis wird in i gespeichert.

5. Wenn g_i, ein maximales Element der Liste $g_{l+1} \ldots g_r$, größer ist als g_l, dann liefere i als Ergebnis.

6. Sonst liefere l als Ergebnis.

Zu Aufgabe 2.22

```
CONST
  ...
  listenanfg = ...;
  listenende = ...;
  ...
TYPE
  ...
  tliste = ARRAY[listenanfg..listenende] OF INTEGER;
  ...
(* a ist der Index des linken Randes der zu sortierenden Teilliste
 * der Eingabeliste, e der Index des rechten Randes.  In der
 * Ausgabeliste soll das Ergebnis zu stehen kommen, die
 * Zwischenliste darf fuer Zwischenergebnisse benutzt werden. *)
PROCEDURE mergesort(a,e: INTEGER;
                    VAR eingabeliste, ausgabeliste,
                        zwischenliste: tliste);
VAR
  (* Diese Variable nimmt den Index des mittleren Elementes auf. *)
  m: INTEGER;
  (* Die betrachteten Positionen in den beiden sortierten
   * Teillisten: *)
  poslinks, posrechts: INTEGER;
  (* Der Fuellungsgrad der Ergebnisliste zeigt auf das erste leere
   * Element: *)
  erstesleeres: INTEGER;
BEGIN
  (* Wenn die Liste leer ist, sind wir fertig. *)
  IF a>e THEN BEGIN
    (* nichts zu tun *);
  (* Wenn die Liste nur ein Element enthaelt, muessen wir dieses in
   * die Ausgabeliste uebertragen: *)
  END ELSE IF a=e THEN BEGIN
    ausgabeliste[a]:=eingabeliste[a];
  (* Ansonsten muessen wir die Liste in  Teillisten aufspalten,
   * einzeln sortieren und wieder zusammenfuegen. *)
  END ELSE BEGIN
    (* Bestimme die Mitte zwischen a und e.  Die Funktion TRUNC
     * schneidet Nachkommastellen ab. *)
    m:=TRUNC((a+e)/2);
    (* Jetzt werden die linke und die rechte Teilliste sortiert;
     * wir benutzen die Zwischenliste, um die Zwischenergebnisse
```

```
        *   aufzunehmen.  Die Ausgabeliste kann fuer diese
        *   Sortieroperationen als Zwischenliste benutzt werden. *)
      mergesort(a,m,eingabeliste,zwischenliste,ausgabeliste);
      mergesort(m+1,e,eingabeliste,zwischenliste,ausgabeliste);
      (* Wir betrachten zunaechst die ersten beiden Elemente der
       * Teillisten.  Die Ergebnisliste ist leer: *)
      poslinks:=a; posrechts:=m+1; erstesleeres:=listenanfang;
      (* Solange nicht beide Teillisten leer sind, wird immer das
       * kleinste Element der beiden Teillisten entnommen und an die
       * Ergebnisliste angefuegt: *)
      WHILE poslinks<=m OR posrechts<=e DO BEGIN
          (* Wenn eine Liste leer ist, koennen wir die andere hinten an
           * die Ergebnisliste anfuegen und sind fertig: *)
          (* Zunaechst betrachten wir den Fall, dass die linke
           * Teilliste leer ist: *)
          IF poslinks>m THEN BEGIN
            WHILE posrechts<=e DO BEGIN
              ausgabeliste[erstesleeres]:=zwischenliste[posrechts];
              posrechts:=posrechts+1;
              erstesleeres:=erstesleeres+1;
            END (* WHILE posrechts<=e *);
          (* Jetzt betrachten wir die Moeglichkeit, dass die rechte
           * Teilliste leer ist: *)
          END ELSE IF posrechts>e THEN BEGIN
            WHILE poslinks<=m DO BEGIN
              ausgabeliste[erstesleeres]:=zwischenliste[poslinks];
              poslinks:=poslinks+1;
              erstesleeres:=erstesleeres+1;
            END (* WHILE poslink<=m *);
          (* Jetzt kommt der Fall, dass keine Liste leer ist; wir
           * muessen die ersten Elemente der beiden Teillisten
           * vergleichen und das kleinere an die Ergebnisliste
           * anfuegen. *)
          END ELSE BEGIN
            IF zwischenliste[poslinks]<zwischenliste[posrechts] THEN
            BEGIN
              ausgabeliste[erstesleeres]:=zwischenliste[poslinks];
              poslinks:=poslinks+1;
              erstesleeres:=erstesleeres+1;
            END ELSE BEGIN
              ausgabeliste[erstesleeres]:=zwischenliste[posrechts];
              posrechts:=posrechts+1;
              erstesleeres:=erstesleeres+1;
            END (* IF ersteslinks < erstesrechts ... ELSE ... *);
          END (* Vergleich der ersten Elemente noetig *);
      END (* WHILE nicht beide Listen leer *);
    END (* IF a<e *);
  END;
```

Da die Ausgabeliste verändert werden soll, muß sie als VAR-Parameter übergeben werden, und da auch der Inhalt der Zwischenliste in den rekursiven Aufrufen geändert werden soll, wird auch diese Variable als VAR-Parameter übergeben.

Die Eingabeliste soll nicht verändert werden. Da die Übergabe eines Feldes als Value-Parameter eine relativ zeitraubende und speicherplatzintensive Angelegenheit ist, was für die Übergabe als VAR-Parameter nicht gilt, haben wir auch die Eingabeliste als VAR-Parameter angegeben.

Zu Aufgabe 3.1

Der Informationsgehalt auf die Frage nach der Abendaktivität hat einen Informationsgehalt von:

$$-\log_2(1/3) = \log_2(3) \approx 1.5849\ldots$$

Die Antwort nach dem Würfelwurf hat unter der Annahme, daß es sich nicht um einen Trickwürfel handelt und alle Würfe gleich wahrscheinlich sind, den Informationsgehalt von:

$$-\log_2(1/6) = \log_2(6) \approx 3.1699\ldots$$

Zu Aufgabe 3.2

Die Überprüfung der Addition überlassen wir Ihnen.

Die Dualdarstellung von 2 ist 010 und die Darstellung von 4 ist 100. Damit lautet die Addition wie folgt:

$$
\begin{array}{r}
010 \\
+\quad 100 \\
\hline
110
\end{array}
$$

Das Ergebnis 110 lautet in das Zehnersystem rückübersetzt 6.

Für die zweite Addition benötigen wir noch die Dualdarstellung der Zahl 3, sie lautet 011.

$$
\begin{array}{r}
010 \\
+\quad 011 \\
\hline
101
\end{array}
$$

An der zweiten Stelle tritt dabei ein Übertrag auf, der in der nächsthöherwertigen Stelle verrechnet wird. Das Ergebnis lautet 101 oder im Zehnersystem 5.

Zu Aufgabe 3.3

Mit vier Bits sind 16 Zahlen darstellbar, die Tabelle lautet wie folgt:

Bits	Deutung als Binärzahl
0000	0
0001	1
0010	2
0011	3
0100	4
0101	5
0110	6
0111	7
1000	8
1001	9
1010	10
1011	11
1100	12
1101	13
1110	14
1111	15

Zu Aufgabe 3.4

Ein entsprechendes Maschinensprachenfragment, das diesen Befehl ausführt könnte wie folgendes aussehen:

```
...
ld a, R1
adc 1
st a, R1
halt
```

Zu Aufgabe 4.2

Das Zeichen, das üblicherweise für den Operator „entweder-oder" verwendet wird, ist $\not\leftrightarrow$. Ein anderer Name für diesen Operator ist die **Antivalenz**. Ein dritter Name für den Operator „entweder-oder" ist auch „exklusiv-oder". Der Funktionsverlauf ist folgendermaßen:

entweder-oder

$\nu(A)$	$\nu(B)$	$\nu(A \not\leftrightarrow B)$
F	F	F
F	W	W
W	F	W
W	W	F

Zu Aufgabe 4.3

Das Ergebnis ist genau dann wahr, wenn beide Argumente wahr sind.

und

$\nu(A)$	$\nu(B)$	$\nu(A \wedge B)$
F	F	F
F	W	F
W	F	F
W	W	W

Zu Aufgabe 4.4

Die Funktionstabelle zu der Formel $(\neg A) \vee B$ ist:

$\nu(A)$	$\nu(B)$	$\nu(\neg A)$	$\nu(\neg A \vee B)$
F	F	W	W
F	W	W	W
W	F	F	F
W	W	F	W

Der Funktionsverlauf dieser Formel ist genau gleich dem der Implikation. Da der Funktionsverlauf gleich ist, berechnen diese zwei Funktionen dieselbe Funktion. Dies bedeutet, daß die Formel $(\neg A) \vee B$ eine andere Schreibweise für $A \rightarrow B$ ist.

Zu Aufgabe 4.5

Das Zeichen, das für die Funktion „genau dann, wenn" verwendet wird, ist $\leftrightarrow$. Diese Funktion wird auch Äquivalenz genannt. Sie ist genau dann wahr, wenn beide Argumente den gleichen Wahrheitswert haben.

genau dann, wenn

$\nu(A)$	$\nu(B)$	$\nu(A \leftrightarrow B)$
F	F	W
F	W	F
W	F	F
W	W	W

Zu Aufgabe 4.6

$\nu(A)$	$\nu(B)$	$\nu(C)$	$\nu(A \vee (B \wedge C))$	$\nu((A \vee B) \wedge (A \vee C))$
F	F	F	F	F
F	F	W	F	F
F	W	F	F	F
F	W	W	W	W
W	F	F	W	W
W	F	W	W	W
W	W	F	W	W
W	W	W	W	W

$\nu(A)$	$\nu(B)$	$\nu(C)$	$\nu(A \wedge (B \vee C))$	$\nu((A \wedge B) \vee (A \wedge C))$
F	F	F	F	F
F	F	W	F	F
F	W	F	F	F
F	W	W	F	F
W	F	F	F	F
W	F	W	W	W
W	W	F	W	W
W	W	W	W	W

Die Interpretation zu diesem Funktionsverlauf steht direkt unter der Aufgabe.

Zu Aufgabe 4.7

$$(B \wedge A) \vee (B \wedge D) \vee (A \wedge D) \vee (B \wedge C)$$

Als erstes wird das Kommutativgesetz angewendet, die neue Formel lautet:

$$(B \wedge A) \vee (A \wedge D) \vee (B \wedge D) \vee (B \wedge C)$$

Nun wir das Kommutativgesetz auf die erste Teilformel angewendet; das Resultat lautet:

$$(A \wedge B) \vee (A \wedge D) \vee (B \wedge D) \vee (B \wedge C)$$

An dieser Stelle wir das Assoziativgesetz zweimal angewendet:

$$((A \wedge B) \vee (A \wedge D)) \vee ((B \wedge D) \vee (B \wedge C))$$

Jetzt läßt sich das Distributivgesetz für beide Teilformeln anwenden:

$$(A \wedge (B \vee C)) \vee (B \wedge (D \vee C))$$

Hier wollen wir mit dem Umformen aufhören. An diesen Beispiel wird deutlich, wie schwierig es ist, von Kürzen zu reden, denn es ist nicht unbedingt eindeutig, daß die Formel, die nach der Umformung erhalten wurde, einfacher ist als die ursprüngliche.

Zu Aufgabe 4.8

$\nu(A)$	$\nu(B)$	$\nu(A \to B)$	$\nu(B \to A)$	$\nu((A \to B) \wedge (B \to A))$
F	F	W	W	W
F	W	W	F	F
W	F	F	W	F
W	W	W	W	W

Der Funktionsverlauf der Formel und der Äquvialenz sind gleich; dies bedeutet, daß überall, wo eine Äuivalenz steht, diese mit der Formel aus der Aufgabe ausgetauscht werden darf und umgekehrt.

Zu Aufgabe 4.9

$\nu(A)$	$\nu(B)$	$\nu(A \to B)$
F	F	W
F	W	W
W	F	F
W	W	W

$\nu(A)$	$\nu(B)$	$\nu(B \to A)$
F	F	W
F	W	F
W	F	W
W	W	W

$\nu(A)$	$\nu(B)$	$\nu(\neg A)$	$\nu(\neg B)$	$\nu(\neg B \to \neg A)$
F	F	W	W	W
F	W	W	F	W
W	F	F	W	F
W	W	F	F	W

Die Formel $A \to B$ und die Formel $\neg B \to \neg A$ sind äquivalent. Dies bedeutet, daß die eine durch die andere ersetzt werden darf.

Zu Aufgabe 4.10

$\nu(A)$	$\nu(B)$	$\nu(\neg(A \wedge B))$	$\nu(\neg A \vee \neg B)$	$\nu(\neg(A \wedge B) \leftrightarrow (\neg A \vee \neg B))$
F	F	W	W	W
F	W	W	W	W
W	F	W	W	W
W	W	F	F	W

$\nu(A)$	$\nu(B)$	$\nu(\neg(A \lor B))$	$\nu(\neg A \land \neg B)$	$\nu(\neg(A \lor B) \leftrightarrow (\neg A \land \neg B))$
F	F	W	W	W
F	W	F	F	W
W	F	F	F	W
W	W	F	F	W

Zu Aufgabe 4.11

Als erstes werden den Formeln Namen gegeben, um sie in der Beweisführung benennen zu können.

a.) E

b.) $A \to B \lor D$

c.) $C \to \neg D \land \neg B$

d.) $\neg\neg((A \land E) \lor (\neg A \land \neg E))$

Aus der Formel c.) erhält man die Formel

e.) $D \lor B \to \neg C$ unter Anwendung von De Morgan und der Formel

$$(A \to B) \leftrightarrow (\neg B \to \neg A)$$

Die Formel d.) läßt sich mit De Morgan zur Formel

f.) $\neg((\neg A \lor \neg E) \land (A \lor E))$ umformen.

Aus f.) ist die Formel

g.) $\neg((A \to \neg E) \land (\neg A \to E))$

zu gewinnen. Aus der Formel g.) ist die Formel

h.) $\neg((A \to \neg E) \land (\neg E \to A))$

abzuleiten. Diese Formel wiederum ist umformbar in

i.) $\neg(A \leftrightarrow \neg E)$

An dieser Stelle ist ein wenig Überlegung notwendig: Wenn A nicht äquivalent zu $\neg E$ ist, so ist A äquivalent zu E, machen Sie sich das gegebenfalls mit einer Funktionstabelle klar. Damit gilt die Formel

j.) $A \leftrightarrow E$

Damit gilt aber auch

k.) $E \to A$

Nun sind alle Formeln vorhanden, die nötig sind, um zu beweisen, daß C nicht gilt. Mit a.) und k.) und dem Modus Ponens ist ableitbar

l.) A

Mit l.) und b.) und dem Modus Ponens ist ableitbar

m.) $B \vee D$

mit m.) und e.) schließlich ist das gewünschte Ergebnis abzuleiten

n.) $\neg C$

Zu Aufgabe 4.12

Als erstes führen wir Aussagesymbole für die einzelnen Aussagen ein. Jd steht für Jochen ist da, Nd, Md, Rd bezeichnen das entsprechende für die anderen. Ms bedeutet Matthias spült, Js, Ns, Rs bedeuten wieder das entsprechende für Rainer, Matthias und Jochen.

Die erste Aussagen ist sehr leicht zu formalisieren, *„Norbert ist heute nicht zuhause.“* wird zur Aussage :

1.) $\neg Nd$

Die Aussage *„Wenn Jochen nicht zuhause ist, dann sind Rainer und Matthias zuhause.“* wird zu:

2.) $\neg Jd \rightarrow Md \wedge Rd$

„Wenn Jochen da, ist dann spült Matthias.“ wird zu:

3.) $Jd \rightarrow Ms$

„Norbert spült nicht ab, genau dann wenn Matthias oder Rainer nicht zuhause sind.“ formalisieren wir als:

4.) $\neg Ns \leftrightarrow \neg Md \vee \neg Rd$

Die Aussage *„Wer nicht da ist, spült nicht ab.“* übersetzen wir in vier Aussagen, für jede Person eine:

5.) $\neg Rd \rightarrow \neg Rs$

6.) $\neg Nd \rightarrow \neg Ns$

7.) $\neg Jd \rightarrow \neg Js$

8.) $\neg Md \rightarrow \neg Ms$

Auch die Aussage *„Wer abspült, ist da.“* wird in vier Aussagen übersetzt:

9.) $Rs \rightarrow Rd$

10.) $Ns \rightarrow Nd$

11.) $Js \rightarrow Jd$

12.) $Ms \rightarrow Md$

Mit diesen zwölf Formeln sind die Aussagen, die im Text gemacht sind, formalisiert. Mit den Formeln 1 und 6 und dem Modus Ponens leiten wir die Formel

13.) $\neg Ns$

ab. Mit Hilfe der Formel 13 und der Formel 4 leiten wir, unter Anwendung des Modus Ponens, folgende Aussage ab:

14.) $\neg Md \lor \neg Rd$

Die Formel 2 drehen wir und erhalten die Formel:

15.) $\neg Md \lor \neg Rd \rightarrow Jd$

Nun können wir mit den Formeln 14 und 15 und dem Modus Ponens ableiten, daß gilt:

16.) Jd

Dies gibt uns die Möglichkeit, die Formel 3 und die Formel 16 zu verwenden, indem wir den Modus Ponens anwenden. Ergebnis:

17.) Ms

Damit ist geklärt wer abspült: Es ist Matthias. Die Frage ist nun noch, wer zuhause ist und wer nicht.

Um diese Frage zu klären, formen wir die Formel 14 mit Hilfe der Regel aus Aufgabe 4.4 um zu:

18.) $\neg\neg Md \rightarrow \neg Rd$

Aus 17 und 12 erhalten wir

19.) Md

Dies ist gleich

20.) $\neg\neg Md$

Hiermit und mit der Formel 18 können wir ableiten:

21.) $\neg Rd$

Insgesamt haben wir damit 1. $\neg Nd$, 16. Jd, 19. Md und 21. $\neg Rd$. In die Alltagssprache übersetzt bedeutet dies, daß Norbert und Rainer nicht zuhause sind, daß Matthias und Jochen zuhause sind und daß Matthias spült.

Zu Aufgabe 4.13

Um die erste Ausssage zu formalisieren, benötigt man ein Prädikat und zwei Funktionen. Das Prädikat ist das „größer", das als > geschrieben wird. Die Funktionen sind die Multiplikation und die Addition von Zahlen. Die Funktionen schreiben wir aus Übersichtlichkeitsgründen zwischen die Operanden, wie es üblicherweise gemacht wird; damit lautet die prädikatenlogische Formulierung wie folgt:

$$\forall x \forall y\, [x > 0 \land y > 0 \rightarrow x * y > 0 \land x + y > 0]$$

Für die zweite Aussage werden die Prädikate *mensch* und *sterblich* benötigt, damit lautet die Aussage:

$$\neg \exists x\, [\text{mensch}(x) \land \neg\text{sterblich}(x)]$$

Das zusätzlich benötigte Prädikat für die dritte Aussage ist die Gleichheit, es ist ein zweistelliges Prädikat, das wahr sein soll, wenn die zwei Argumente gleich sind.

$$\forall x \forall y [\text{gleich}(x * y, 0) \leftrightarrow \text{gleich}(x, 0) \lor \text{gleich}(y, 0)]$$

Zu Aufgabe 4.14

In der ersten Formel sind die Variablen y und x frei, während die Variable v gebunden ist. Die Variable x ist frei, da sie nicht mehr im Wirkungsbereich des Allquantors steht, der x bindet. Diesen Allquantor kann man auch weglassen, da er keine Variable bindet und so nutzlos ist. Die Formel lautet:

$$\exists v \, ((p(y) \lor p(v)) \land q(x))$$

Die allquantifizierte Formel lautet:

$$\forall x \forall y \, (\exists v(\forall x(p(y) \lor p(v)) \land q(x)))$$

In der zweiten Formel ist die Variable v gebunden, die Variablen x und y sind frei. Für den Existenzquantor gilt das gleiche wie in der ersten Formel für den Allquantor, er ist nutzlos, da er keine Variable bindet, denn es befindet sich keine solche in seinem Wirkungsberich. Wir lassen ihn deshalb wieder weg. Die Formel lautet damit:

$$p(y) \lor \forall v(q(v) \land q(x))$$

Die allquantifizierte Formel lautet:

$$\forall x \forall y \, (p(y) \lor \forall v(q(v) \land q(x)))$$

Zu Aufgabe 4.15

Nach der Definition ist eine Formel, die mit einem Allquantor beginnt, genau dann wahr, wenn die Formel ohne den Quantor für alle $d \in D$ wahr ist. Damit müssen wir eine Fallunterscheidung machen:

Die Formel ohne Allquantor lautet:

$$(\text{mensch}(x) \rightarrow \text{sterblich}(x))$$

Der erste Fall: (x wird durch ein $d \in D$ ersetzt, wobei d in diesem Fall eine Katze sein soll) Die Vorbedingung der Implikation ist falsch, da in unserem Universum keine Katze ein Mensch ist. Deswegen ist die Gesamtimplikation wahr, und damit ist der Wahrheitswert von sterblich(x) nicht mehr wichtig für den Wahrheitswert der Formel.

zweiter Fall: (x wird durch ein $d \in D$ ersetzt, wobei d ein Elefant sein soll) Dieser Fall ist analog zu dem ersten.

dritter Fall: (x wird durch ein $d \in D$ ersetzt, wobei d eine natürliche Zahl sein soll) Analog.

vierter Fall: (x wird durch den heiligen Geist ersetzt) Analog.

fünfter Fall: (x wird durch ein $d \in D$ ersetzt, wobei d ein Mensch sein soll) In diesem Fall ist der Wahrheitswert ebenfalls wahr, da beide Teile der Implikation wahr sind.

Insgesamt ist der Wahrheitswert der Formel wahr, da für alle $d \in D$ gilt:

$$\omega_{D,I}([x \Leftarrow d]((\text{mensch}(x) \rightarrow \text{sterblich}(x))) = W$$

Zu Aufgabe 4.17

Diese Spezifikation macht keine Aussagen über die Häufigkeit eines Elements aus der Ausgangsliste in der Ergebnisliste. Es wird nur verlangt, daß für jedes Element in der Ausgangsliste ein Element in der Ergebnisliste existiert, über die Anzahl wird keine Aussage getroffen. Wenn in der Ausgangsliste ein Element mehrmals auftritt, so muß dies in der Ergebnisliste nicht mehr der Fall sein. Ebenso ist es erlaubt, Elemente zu vervielfachen, das heißt ein Element in der Ausgangsliste, das nur einmal auftritt, kann in der Ergebnisliste mehrfach auftreten. Mit diesem Effekt ist noch ein weiteres großes Problem verbunden, es wird von der Ergebnisliste nur verlangt, daß sie im Bereich von 1 bis n sortiert ist, darüberhinaus wird keine Anforderung an sie gestellt. Im Extremfall könnte eine Funktion, die dieser Spezifikation entspricht und vermeintlich sortieren soll, folgendes Ergebnis liefern: Sie nimmt das erste Element der Ausgangsliste gibt dieses n mal hintereinander aus, danach liefert sie noch den Rest der Ausgangsliste ohne Veränderung.

Diese Spezifikation verhindert nicht, daß eine Liste sortiert wird, aber sie erzwingt es auch nicht und damit verfehlt sie vollständig ihre Funktion.

Zu Aufgabe 5.1

Die Vollständigkeit einer Spezifikation ist kein objektiv feststellbares Konzept. Eine Auswahl von Fragen, die zu klären sind, bevor eine Implementierung in Angriff genommen wird, ist die folgende:

- Wie lang kann die Zahlenliste werden?

- Was für Zahlen sollen sortiert werden: Natürliche? Kommazahlen? Wie groß können die Zahlen werden? Wie genau sollen sie dargestellt werden?

- Wie soll die Zahlenliste eingegeben und wie soll sie ausgegeben werden?

- Welche Ansprüche bestehen an die Laufzeit des Programms? Wie schnell soll es unter welchen Eingabebedingungen sein?

- Wieviel Speicherplatz steht zur Verfügung? Ist dieser abhängig von der Zahlenmenge?

- In welcher Sprache sollen Fehlermeldungen ausgegeben werden?

- Soll das Ergebnis aufsteigend oder abfallend sortiert sein?

- Wie sollen doppelt auftretende Elemente behandelt werden? Sollen sie weggeworfen oder beibehalten werden?

- Soll eine leere Eingabeliste erlaubt sein?

- Sollen negative Zahlen schon bei der Eingabe zurückgewiesen werden? Welche fehlerhaften Eingaben sollen wie behandelt werden?

Zu Aufgabe 5.2

Der erste und offensichtlichste Fehler des Programms besteht darin, daß es nur sehr kümmerlich dokumentiert ist.

In der **TYPE**-Deklaration fehlt die Angabe des Typs der Arrayelemente. Es wird wohl **OF INTEGER** fehlen.

Dann wird in der Prozedur **selectionsort** nicht abgeprüft, ob die übergebene Länge kleiner ist als **maxarraylaenge**. Ob dies ein Fehler ist, hängt von der Erwartung an die Prozedur ab. Wenn die Prozedur bei fehlerhaften Aufrufen das Programm zum Absturz bringen darf, oder wenn immer gesichert wird, daß die Prozedur nur mit gültigen Argumenten aufgerufen wird, dann liegt kein Fehler vor, ansonsten sehr wohl.

In der Prozedur **selectionsort** findet sich eine andere Merkwürdigkeit. Anders als im beschriebenen Selectionsort-Algorithmus werden der Wert an der Stelle **maxindex** und der letzte Wert im unsortierten Listenteil in jedem Durchlauf der inneren **FOR**-Schleife ausgetauscht, und nicht nur ein Mal nach Bestimmung des maximalen Elementes des unsortierten Teils der Liste. Wenn das Ergebnis dieses Algorithmus stimmt, dann ist gegen dieses Verfahren nur einzuwenden, daß es langsamer ist als das normale, in dem weniger Tauschoperationen durchgeführt werden. Es bleibt die Frage: Sortiert diese Prozedur tatsächlich die Eingabeliste?

Dies kann man sich folgendermaßen klarmachen. Im ursprünglichen Algorithmus zeigte der Index **maxindex** am Ende jedes Durchlaufs der inneren Schleife auf das größte bislang betrachtete Element. Das ist in dieser Version des Algorithmus nicht der Fall, da durch die Tauschoperation möglicherweise ein relativ kleines Element an die durch **maxindex** bezeichnete Position getauscht wird.

Allerdings gilt in diesem Programm am Ende jedes inneren Schleifendurchlaufs, daß das maximale Element entweder an der durch **maxindex** bezeichneten Stelle oder an der durch **ende** bezeichneten Stelle steht.

Damit steht auch vor dem letzten Durchlauf der inneren Schleife das maximale Element der Teilliste, die bei dem Index 1 beginnt und bei dem Index **ende-1** endet, entweder an der Stelle **ende** oder an der Stelle **maxindex**. Im letzten Durchlauf wird das Element an der Stelle **ende** betrachtet. Wir können die folgenden beiden Möglichkeiten unterscheiden:

- Das Element an der Stelle **ende** ist größer als das an der Stelle **maxindex**. In diesem Fall erhält die Variable **maxindex** den Wert von **ende**: **maxindex** zeigt dann wie **ende** auf das letzte Element der betrachteten Liste. Der Austausch ändert das Feld nicht, und das größte Element steht weiterhin am Ende der betrachteten Liste.

- Das Element an der Stelle **ende** ist kleiner oder gleich dem an der Stelle **maxindex**, damit steht ein Maximum an der Stelle **maxindex**. In diesem Fall erhält **maxindex** in der **IF**-Anweisung keinen neuen Wert. Die Austauschoperation wechselt die Werte an der Stelle **maxindex** und **ende** aus, so daß auch in diesem Fall am Ende der Schleife das ein maximales Element an der Stelle **ende** steht.

Auch diese Prozedur sortiert eine Liste von Zahlen, nur langsamer als die originale Selectionsort-Prozedur.

Weitere Programmfehler finden sich in der Eingabeschleife am Beginn des Hauptprogramms. Erstens wird die Variable `fuellungsgrad` nicht für jeden eingelesenen Wert hochgezählt. Da das Zahlenfeld bei 1 beginnt, `fuellungsgrad` aber mit 0 initialisiert wird, muß diese Inkrementierung vor dem Einlesen der Zahl erfolgen.

Zweitens wird nicht der Fall abgefangen, daß die Anzahl eingelesener Zahlen 100 übersteigt. Es ist eine gebräuchliche Forderung, zu verlangen, daß ein Programm auch bei fehlerhaften Eingaben nicht abstürzt, sondern sich mit einer aussagekräftigen Fehlermeldung beendet.

Weiterhin wird nicht geprüft, ob negative Zahlen eingelesen wurden. In der Spezifikation ist nur von positiven Zahlen die Rede. Ob die Verarbeitung von negativen Zahlen als besondere, über die Spezifikation hinausgehende Leistung des Programms angesehen wird, oder ob es als Fehler zu betrachten ist und negative Zahlen eigentlich als fehlerhaft zurückgewiesen werden sollten, hängt von der Deutung der Spezifikation ab.

Schließlich vermißt man noch die Deklaration der in der FOR-Schleife des Hauptprogramms benutzten Variable `lauf`.

Die systematischen Tests überlassen wir Ihnen.

Zu Aufgabe 5.3

Wir betrachten folgende Prozedur:

```
PROCEDURE test;
VAR
   a,b: INTEGER;
   FUNCTION f: INTEGER;
   BEGIN
      b:=0;
      f:=0;
   END;
BEGIN
   b:=1;
   a:=f;
   WRITELN(b);
END;
```

Wir wollen beweisen, daß das Hauptprogramm folgendes erfüllt:

(Keine Vorbedingung)

```
b := 1;
a := f;
```

$$b = 1$$

Nach dem Zuweisungsaxiom müssen wir in der Nachbedingung jedes **a** durch **f** ersetzen; da in der Nachbedingung kein **a** vorkommt, ist die Nachbedingung des Gesamtprogramms gleich der Nachbedingung der ersten Anweisung. Deswegen ist nur nachzuweisen:

$$(\texttt{Keine Vorbedingung})$$

$$\boxed{\texttt{b := 1;}}$$

$$\texttt{b} = 1$$

Nach dem Zuweisungsaxiom ist dazu nachzuweisen:

$$(\texttt{Keine Vorbedingung})$$
$$\longrightarrow$$
$$1 = 1$$

Diese Implikation sehen wir aufgrund unserer mathematischen Vorkenntnisse ein.

Wenn man das Programm aber laufen läßt, gibt es als Wert von **b** nicht den bewiesenen Wert eins aus, sondern eine Null, weil der Wert der Variablen **b** beim Aufruf von **f** verändert wird. Dieser Fehler entsteht, weil im Zuweisungsaxiom die Effekte des Aufrufs einer Funktion oder Prozedur nicht erfaßt werden.

Zu Aufgabe 5.4

Zu beweisen ist:

$$\texttt{a} = \texttt{w1} \land \texttt{b} = \texttt{w2} \land \texttt{c} = \texttt{w3}$$

$$\boxed{\begin{array}{l} \texttt{h := a;} \\ \texttt{a := b;} \\ \texttt{b := c;} \\ \texttt{c := h;} \end{array}}$$

$$\texttt{a} = \texttt{w2} \land \texttt{b} = \texttt{w3} \land \texttt{c} = \texttt{w1}$$

Die einzelnen Beweisschritte sind aus folgendem Diagramm ablesbar:

$$a = w1 \wedge b = w2 \wedge c = w3$$
$$\rightarrow$$
$$b = w2 \wedge c = w3 \wedge a = w1$$

```
h := a;
```

$$b = w2 \wedge c = w3 \wedge h = w1$$

```
a := b;
```

$$a = w2 \wedge c = w3 \wedge h = w1$$

```
b := c;
```

$$a = w2 \wedge b = w3 \wedge h = w1$$

```
c := h;
```

$$a = w2 \wedge b = w3 \wedge c = w1$$

Zu Aufgabe 5.5

Zu beweisen ist:

$$a = w1 \wedge b = w2$$

```
a := b-a;
b := b-a;
a := a+b;
```

$$a = w2 \wedge b = w1$$

Die Beweisschritte kann man aus diesem Diagramm entnehmen; $\leftrightarrow$ bedeutet, daß die rechte Seite und die linke Seite einander äquivalent sind.

$$a = w1 \wedge b = w2$$
$$\leftrightarrow$$
$$b = w2 \wedge a = w1$$
$$\leftrightarrow$$
$$b = w2 \wedge b\text{-}b\text{+}a = w1$$

$$\boxed{\texttt{a := b-a;}}$$

$$b = w2 \wedge b\text{-}a = w1$$
$$\leftrightarrow$$
$$a\text{+}b\text{-}a = w2 \wedge b\text{-}a = w1$$

$$\boxed{\texttt{b := b-a;}}$$

$$a\text{+}b = w2 \wedge b = w1$$

$$\boxed{\texttt{a := a+b;}}$$

$$a = w2 \wedge b = w1$$

Zu Aufgabe 5.6

· Für die in Aufgabe 5.6 genannte **IF**-Anweisung sind nach dem Axiom für die **IF**-Anweisung zwei Teilbeweise zu führen:

Erstens:

$$a > b$$

$$\boxed{\texttt{max := a}}$$

$$max \geq a \wedge max \geq b$$

Dies beweist man folgendermaßen:

$$a > b$$
$$\rightarrow$$
$$a \geq a \wedge a \geq b$$

$$\boxed{\texttt{max := a}}$$

$$max \geq a \wedge max \geq b$$

Zweitens:

$$a \leq b$$

```
max := b
```

$$\mathbf{max} \geq a \wedge \mathbf{max} \geq b$$

Der Beweis erfolgt analog zum ersten Teilbeweis.

Zu Aufgabe 5.7

Wenn eine IF-Anweisung keinen ELSE-Zweig hat, dann kann man sie folgendermaßen schreiben:

$$P$$

```
IF B THEN A
```

$$Q$$

Das bedeutet: Wenn P und B gelten, dann muß nach Ausführung von A auch Q gelten. Wenn P gilt und B nicht gilt, dann muß allein daraus Q folgen.

Dies kann man auch folgendermaßen aufschreiben:

$$\text{Aus } P \wedge B \boxed{A} Q \text{ und } P \wedge \neg B \rightarrow Q$$

folgt

$$P \boxed{\text{IF } B \text{ THEN } A} Q$$

Zu Aufgabe 5.8

Wir beschränken uns auf positive Zahlen. Dann ist nachzuweisen:

$$a = w1 > 0 \wedge b = w2 > 0$$

```
z := a;
s := b;
WHILE z > 0 DO BEGIN
s := s+1;
z := z-1;
END;
```

$$s = w1 + w2$$

In der Schleifeninvariante setzen wir das Verhältnis der Werte von z und s zueinander in Beziehung. Wir schlagen als Schleifeninvariante vor:

$$z \geq 0 \land z + s = w1 + w2$$

Zunächst haben wir nachzuweisen, daß aus der Schleifeninvariante und aus der negierten Schleifenbedingung die Nachbedingung folgt:

$$z \leq 0 \land z \geq 0 \land z + s = w1 + w2 \rightarrow$$
$$s = w1 + w2$$

Dies gelingt, da aus $0 \leq z \leq 0$ folgt: $z = 0$. Damit bleibt zweierlei nachzuweisen:

Erstens ist zu beweisen, daß für die Schleifeninvariante zu Beginn der Schleife gilt:

$$a = w1 > 0 \land b = w2 > 0$$

```
z  := a;
s  := b;
```

$$z \geq 0 \land z + s = w1 + w2$$

Dies gelingt durch Anwendung des Zuweisungsaxioms und der Anwendung mathematischer Kenntnisse. Wir führen die einzelnen Schritte nicht mehr vor.

Zweitens ist zu beweisen, daß die Schleifeninvariante durch einen Schleifendurchlauf erhalten wird, wenn die Schleifenbedingung gilt:

$$z > 0 \land z \geq 0 \land z + s = w1 + w2$$

```
s  := s+1;
z  := z-1;
```

$$z \geq 0 \land z + s = w1 + w2$$

Auch dieser Nachweis gelingt leicht durch Anwendung des Zuweisungsaxioms und mathematischer Grundkenntnisse.

Zu Aufgabe 5.9

In der Schleife des in Aufgabe 5.8 beschriebenen Programms wird der Wert des Ausdrucks $-z$ in jedem Durchlauf um eins erhöht. Bei einem Wert größer oder gleich 0 bricht die Schleife ab.

Letzere Bedingung ist sofort einsichtig, denn aus $-z \geq 0$ folgt $z \leq 0$, und dies widerspricht der Schleifenbedingung. Zum Nachweis, daß in jedem Schleifendurchlauf der Wert von $-z$ um wenigstens eins erhöht wird, kann man zeigen:

$$-z = \mathtt{wert1}$$

```
s  :=  s+1;
z  :=  z-1;
```

$$-z \geq \mathtt{wert1} + 1$$

Dies gelingt wiederum leicht mit Hilfe des Zuweisungsaxioms und mathematischer Grundkenntnisse.

Zu Aufgabe 5.10

Um die Implikation des **ELSE**-Zweiges zu beweisen, können wir in zwei Schritten vorgehen: Erst beweisen wir, daß aus der linken Seite der Implikation die Aussage $\mathtt{lauf} \leq \mathtt{maxdex}$ folgt, und in einem zweiten Schritt beweisen wir, daß aus der linken Seite $\forall i \in \mathbb{N} : 1 \leq i \leq \mathtt{lauf} \rightarrow \mathtt{max} \geq z_i$ folgt.

Der erste Schritt ist trivial: $\mathtt{lauf} \leq \mathtt{maxdex}$ steht selbst schon auf der linken Seite der Implikation.

Den zweiten Schritt machen wir folgendermaßen: Aus der linken Seite erkennen wir, daß $\mathtt{max}$ größer oder gleich allen Elemente mit den Indizes 1 bis $\mathtt{lauf}-1$ ist. Außerdem sehen wir, daß $\mathtt{max}$ nicht kleiner ist als $z_{\mathtt{lauf}}$; deswegen ist $\mathtt{max}$ größer oder gleich diesem Element. Damit wissen wir aber, daß $\mathtt{max}$ größer oder gleich allen Elementen von z_1 bis $z_{\mathtt{lauf}}$ ist, und damit ist der zweite Teil der Implikation bewiesen.

Zu Aufgabe 5.12

Die **WHILE**-Schleife wird beendet, wenn der Ausdruck $\mathtt{lauf}$ größer geworden ist als $\mathtt{maxdex}$; dies ist direkt an der Schleifenbedingung erkennbar. Daß der Ausdruck $\mathtt{lauf}$ in jedem Schleifendurchlauf um eins erhöht wird, sieht man auch sofort. Es ist mit Hilfe des Zuweisungsaxioms formal nachweisbar.

Zu Aufgabe 5.13

Man kann nicht allgemein beweisen, ob zwei Programm äquivalent sind, denn wenn eines der Programme aus einer Endlosschleife besteht, dann ist dieses Problem für jede Eingabe äquivalent mit dem Problem, ob das andere Programm anhält.

Zu Aufgabe 5.15

Formalismen sind in Anwendungsbereichen leistungsfähig, in denen man sich so gut auskennt, daß man nicht mehr jeden Arbeitsschritt intuitiv auf seine Angemessenheit überprüfen muß. Die wichtigen Begriffe und Methoden müssen erkannt und festgelegt sein.

In Bereichen aber, in denen keine Einigkeit über die genaue Gestalt der Grundbegriffe und der Methoden besteht, bestimmte Zwecke zu erreichen, können Formalismen nicht weiterhelfen, denn es ist nicht deutlich, ob die Begriffe und Methoden, die sich in den Formalismen niedergeschlagen haben, sinnvoll sind.

Daraus folgt, daß Verfahren mit starken informellen Komponenten wie etwa Reviews sehr sinnvoll sind, wenn es um die Beurteilung nach Kriterien geht, die sich nicht exakt festlegen lassen. Dazu kann zum Beispiel die Verständlichkeit eines Programms gehören, oder die Frage, ob eine Spezifikation angemessen ist. Stark formalisierte Verfahren wie Beweise sind dann besonders sinnvoll, wenn exakt angegeben werden kann, was an dem zu bewertenden Programm wichtig und was unwichtig ist und mit welchen Methoden man die wichtigen Eigenschaften überprüfen kann. In diesen Bereichen können formalisierte Verfahren aussagekräftigere Ergebnisse liefern, weil das Vorgehen weniger von der persönlichen Einschätzung des prüfenden Menschen abhängt. Ein Nachteil ist, daß solch rigorose Methoden allerdings oft sehr aufwendig sein können. Wann von der formalisierten Methode abgewichen werden darf, damit Aufwand gespart wird, muß wieder der Einschätzung des prüfenden Menschen überlassen bleiben.

Wo Flexibilität nötig ist oder sich hoher Aufwand nicht rechtfertigen läßt, sind formalisierte Methoden fehl am Platze. Wo der hohe Aufwand sich aber rechtfertigen läßt und die Methoden und Begriffe der Anwendungssituation klar sind, kann man formalisierte Methoden einsetzen.

Zu Aufgabe 6.2

Einige mögliche Einwände gegen unsere Schrittzählung sind folgende:

- Es ist nicht klar definiert, was in einer Zeile stehen darf. Die Zeilenzählung als Schrittzählung greift auf das ungenaue Algorithmuskonzept zurück, das wir verwenden.

- Die Ausführung verschiedener Zeilen kann unterschiedlich viel Aufwand kosten.

- In der ersten Zeile eines Algorithmus beschrieben wir bislang immer die Eingabe. Es ist nicht deutlich, warum das einen Arbeitsschritt kosten soll.

Zu Aufgabe 6.3

Im worst case ist das gesuchte Element nicht in der Liste. Es werden zunächst die Schritte 1 und 2 durchgeführt. Für jedes Listenelement wird dann das gesuchte Element mit dem Listenelement verglichen (n Male Schritt 3), dann wird ebenso für jedes Listenelement der Laufindex um eins erhöht (n Male Schritt 4), und endlich wird für jede Listenelement im Anschluß an seine Betrachtung überprüft, ob es noch weitere Elemente gibt (n Male Schritt 5). Wir haben insgesamt $2 + n * 3$ Schritte.

Zu Aufgabe 6.6

Für den ersten Nachweis müssen wir zeigen:

$$\exists c, n_0 \in \mathbb{R} \forall n \geq n_0 \; |10000 * n + 10^{-9} * 2^n| \leq c * 2^n$$

Wenn Sie gut raten können, dann können Sie vielleicht ein c und ein n_0 angeben, daß die Formel erfüllt. Wir werden die Formel allerdings etwas vereinfachen, damit man leichter sieht, wie die gewünschten Konstanten bestimmt werden können.

Bei positivem n_0 ist die obige Aussage äquivalent mit:

$$\exists c, n_0 \in \mathbb{R} \forall n \geq n_0 \; n + 10^{-13} * 2^n \leq c/10000 * 2^n$$

Mit $c = c_1 * 10000$ ist dies äquivalent mit:

$$\exists c_1, n_0 \in \mathbb{R} \forall n \geq n_0 \; n + 10^{-13} * 2^n \leq c_1 * 2^n$$

$$\leftrightarrow$$

$$\exists c_1, n_0 \in \mathbb{R} \forall n \geq n_0 \; n \leq (c_1 - 10^{-13}) * 2^n$$

Mit $c_1 = c_2 + 10^{-13}$ ist dies äquivalent mit

$$\exists c_2, n_0 \in \mathbb{R} \forall n \geq n_0 \; n \leq c_2 * 2^n$$

Wir vermuten, daß $n_0 = 1$ und $c_2 = 1$ die Aussage erfüllen. Wir zeigen dies, indem wir die Aussage für $n = n_0$ nachweisen und dann aus der Tatsache, daß die Aussagen für n gilt, die Aussage für $n + 1$ ableiten.

Für $n = n_0 = 1$ besagt die Aussage $1 \leq 2$, was wir einsehen.

Gelte die Aussage für ein $n \geq n_0$, also $n \leq 2^n$. Wegen $n \geq 1$ gilt $2^n > 1$. Aus $n \leq 2^n$ und $1 < 2^n$ folgt aber $n + 1 \leq 2^n + 2^n = 2 * 2^n = 2^{n+1}$, und dies ist die nachzuweisende Aussage für $n + 1$.

Wir haben nachgewiesen, daß die angegeben Konstanten die Formel erfüllen. Damit ist gezeigt, daß die zu untersuchende Funktion in $O(2^n)$ liegt.

Zu Aufgabe 6.7

Als Problemgröße n wird in diesem Fall gewöhnlich die Listenlänge angegeben. Die Größe der gesuchten und der durchsuchten Zahlen fällt meist – und sinnvollerweise – unter den Tisch.

Mit jedem Berechnungsschritt halbiert sich die Problemgröße in etwa, und der Algorithmus ist beendet, wenn die zu durchsuchende Teilliste leer ist. Im schlechtesten Fall macht der Algorithmus $O(log_2 n)$ Schritte.

Zu Aufgabe 6.8

Wenn eine Menge n Elemente hat, dann gibt es 2^n Teilmengen dieser Menge; eine Aufzählung aller Teilmengen einer Menge hat damit exponentiellen Aufwand, wenn als Problemgröße die Anzahl der Elemente der Ursprungsmenge gewählt wird.

Wenn die Gesamthäßlichkeit (wie die Gesamtnützlichkeit) als Summe der einzelnen Häßlichkeiten und Nützlichkeiten bestimmt wird, dann ist der Aufwand zur Bestimmung von Gesamthäßlichkeit und -nützlichkeit proportional zur Anzahl der Elemente der betrachteten Teilmenge.

Dieser proportionale Anteil der Bestimmung von Häßlichkeit und Nützlichkeit spielt neben dem exponentiellen Aufwand zur Bestimmung aller Teilmengen im O-Kalkül keine Rolle mehr.

Literaturverzeichnis

[Gardner1] M. Gardner, The fatastic combinations of John Conway's new solitaire game "life", Scientific American, Bd. 223, Okt. 1970, S. 120-123

[Gardner2] M. Gardner, On cellular automata, self-reproduction, the Garden of Eden and the game "life", Scientific American, Bd. 224, Feb. 1971, S. 112-117

[GerhartYelowitz] S. L. Gerhart, L. Yelowitz, Observations of Fallibility in Applications of Modern Programming Methodologies, Transactions on Software Engineering, Bd. 2, No. 3, Sep. 1976, S. 195-207

[Hoare] C. A. R. Hoare, An Axiomatic Basis for Computer Programming, Communications of the ACM, Bd. 12, No. 10, Okt. 1969, S. 576-583

[JensenWirth] K. Jensen, N. Wirth, Pascal User Manual and Report, Springer Verlag, Berlin, Heidelberg, New York, Tokyo 1985

[Knuth] D. E. Knuth, The Art of Computer Programming, Bd. 2, Addison Wesley, Reading/Mass. 1981

[Kraemer] S. Krämer, Symbolische Maschinen, Wissenschaftliche Buchgesellschaft, Darmstadt 1988

[ParkMiller] S. K. Park, K. W. Miller, Random number generators: good ones are hard to find, Communications of the ACM, Oktober 1988, Bd. 31, No. 10, S. 1192-1201

Index

Aufbau und Arbeitsweise von Rechenanlagen

Eine Einführung in Rechnerarchitektur und Rechnerorganisation für das Grundstudium der Informatik

von Wolfgang Coy

2., verbesserte und erweiterte Auflage 1992. XII, 367 Seiten. Kartoniert. ISBN 3-528-14388-6

Das Buch bietet eine Einführung in die Gerätetechnik moderner Rechenanlagen bis hin zu Rechnerbetriebssystemen. Dazu werden die Bauteile des Rechners umfassend beschrieben und in die Techniken des Schaltungs- und Rechnerentwurfs eingeführt.

Im *ersten* Teil wird das Konzept der digitalen Schaltung bis hin zum Entwurf sequentieller Maschinen entwickelt. Integrierte Schaltungen werden untersucht, soweit sie zum Verständnis der Rechnerorganisation notwendig sind. Der *zweite* Teil baut auf diesen Kenntnissen auf und führt in die Architektur von Rechenanlagen ein, indem die Struktur einfacher Rechnersysteme untersucht wird. Der *dritte* Teil behandelt einige grundlegende Aspekte der Betriebssysteme, um die Architektur einer Datenverarbeitungsanlage umfassend zu verstehen.

Das Buch ist das Ergebnis langjähriger Vorlesungstätigkeit im Rahmen des Grundstudiums der Informatik an der Universität Bremen. Der Autor hat es verstanden, ein fundiertes Werk zu schaffen, das in didaktisch geschickter Weise das notwendige Wissen bereitstellt, ohne den Leser ausschließlich mit formalen und detaillierten Betrachtungen zu überfordern.

Der Autor, Professor Dr. *Wolfgang Coy*, lehrt am Institut für Informatik der Universität Bremen.

Verlag Vieweg · Postfach 58 29 · D-6200 Wiesbaden 1

Sichtweisen der Informatik

Herausgegeben von Wolfgang Coy, Frieder Nake, Jörg-Martin Pflüger,
Arno Rolf, Jürgen Seetzen, Dirk Siefkes und Reinhard Stransfeld

1992. VIII, 409 Seiten. (Theorie der Informatik; herausgegeben von
Wolfgang Coy) Kartoniert.
ISBN 3-528-05263-5

Dieses Buch ist der erste Band einer neuen Reihe „Theorie der Informatik". Ziel der Reihe ist es, ein Forum zur Diskussion von Ansätzen zu bieten, die die Grundlagen der Informatik in einem breiten Sinne bearbeiten. Philosophische, soziale, rechtliche, politische wie kulturelle Ansätze sollen hier ihren Platz finden neben den physikalischen, technischen, mathematischen und logischen Grundlagen der Wissenschaft Informatik und ihrer Anwendungen.

Das vorliegende Buch zeigt exemplarisch wichtige erste Ergebnisse einer breiteren und fundierten Theoriebildung. „Sichtweisen der Informatik" ist hierbei im doppelten Sinne zu verstehen, indem sowohl eine „Innensicht" wie auch eine „Außensicht" das Faches zur Darstellung gelangt. So geht es letztlich darum, die Verbindung sichtbar werden zu lassen zwischen einer technisch orientierten Wissenschaft und ihren damit unlösbar verknüpften Anwendungen und Auswirkungen.

Die Autoren und Herausgeber dieses Buches sind allesamt führende Teilnehmer eines Diskussionsprozesses, der unter anderem vom Arbeitskreis „Theorie der Informatik" in der GI (Gesellschaft für Informatik) thematisch verfolgt wird.

Verlag Vieweg · Postfach 58 29 · D-6200 Wiesbaden 1

vieweg